中南财经政法大学博导知之录

符少华 著

中国·武汉

图书在版编目(CIP)数据

中南财经政法大学博导知之录/符少华著. -- 武汉：华中科技大学出版社, 2025.4.
ISBN 978-7-5680-7140-6

Ⅰ.G649.286.31

中国国家版本馆CIP数据核字第20256V5D19号

中南财经政法大学博导知之录　　　　　　　　　　　　　　　　符少华　著
Zhongnan Caijing Zhengfa Daxue Bodao Zhi Zhi Lu

策划编辑：杨　静
责任编辑：林凤瑶
封面设计：刘　卉
责任校对：刘　竣
责任监印：朱　玢
出版发行：华中科技大学出版社（中国·武汉）　　电话：(027)81321913
　　　　　武汉市东湖新技术开发区华工科技园　　邮编：430223
录　　排：赵慧萍
印　　刷：武汉科源印刷设计有限公司
开　　本：710mm×1000mm　1/16
印　　张：18.25
字　　数：298千字
版　　次：2025年4月第1版第1次印刷
定　　价：78.00元

本书若有印装质量问题，请向出版社营销中心调换
全国免费服务热线：400-6679-118　　竭诚为您服务
版权所有　侵权必究

部分博士生导师合影

前排（均为国批博导）左起：颜日初、夏兴园、邬义钧、李茂年、李贤沛、周骏

后排（校批、国批博导）左起：赵曼、谷克鉴、罗飞、张中华、郭道扬（国批）、吴俊培（国批）、林汉川、杨灿明

（图片来源：中南财经政法大学档案馆声像档案）

部分"中青年学科带头人"合影

左起：王益松、罗飞、谷克鉴、杨灿明、郭跃进、赵凌云、许建国、张中华、吴志忠、朱延福、杨云彦

（图片来源：中南财经政法大学校庆50周年图册，作者手机翻拍）

原中南财经大学自行审定、批准的第二批博士生导师简介
（图片来源：中南财经政法大学档案馆馆藏，作者手机拍摄）

前言

《中南财经政法大学博导知之录》为《中南财经政法大学"国批博导"知之录》姊妹篇。本书涉及的博士研究生导师均为校批博导。

校批博导即根据国务院学位委员会批文,经各高校自行遴选审定,并报国务院学位委员会备案后,由各高校自行聘任的博士研究生导师(简称校批博导)。博导无论是"国批",还是"校批",都可跨校客聘,也意味着本书所载的博士研究生导师可以跨校兼任。

中南财经政法大学的校批博导遴选评审起步于1995年,正式下文聘任是在1996年春季。本书原计划依据中南财经政法大学研究生部公布的历年博士生导师名单,选定20世纪末校批博导为写作对象,并按研究生部公布的历年博士生导师名单顺序展开写作。但在写作过程中,通过考证原始档案信息发现,其中一位博导为1999年遴选评审,千禧年之初下文获聘的。名单上其他博导的获批年度与批次也与原始档案信息有出入,如按原始档案信息,名单上的1995年与1996年两个年度遴选评定的校批博导,实际同为1996年遴选评定,只是月份不一样;1997年与1998年两个年度、两个批次的校批博导,实际同为1998年一个批次。也就是说,几位校批博导实际获得正式聘任的时间分别为1996年初春与6月、1998年3月、2000年1月。本书原为一个党建工作项目,申报时选择了9位校批博导,最后书稿定稿之时只确定了7位。

这7位博导全部为中共党员,全部为中南财经政法大学自行培养的经济学与法学方面的教学、学术研究、管理专家,他们都有40余年改革开放的奋斗经历,深知新中国经济与法律建设成果来之不易。书中介绍了他们是如何忠诚于党的教育事业,"不忘创校初心、牢记育人使命",呕心沥血"为党育人、为国育才",在学科、学术、教育上,为人民、为社会作出重大贡献,以及他们创新教研、科教报国的系列事迹。

7位博导有一个共同之处，他们的第一学历全部为中南财经政法大学的前身，或湖北大学，或湖北财经学院，或中南财经大学。也就是说，7位博导均是中南财经政法大学自行培养的，其中1人为1965级湖北大学本科毕业生；5人为1977年国家恢复高考后湖北财经学院第一批1977级（4人）与1978级本科毕业生；1人直接为中南财经大学1986届硕士研究生毕业（未读本科）。他们全部为国家改革开放后成长起来的专业研究领域的专家与高等教育专家。

7位博导中，有两度被国际知识产权权威杂志——英国《知识产权管理》（MIP）杂志评选为"全球知识产权界最具影响力50人"、两度被评为中国十大"年度全国知识产权保护重大事件及有影响人物评选活动最具影响力人物"的在国际国内极具影响力的风云人物；有获得过国家"百千万人才工程"等多个国家级荣誉的国家级人才；有各级跨世纪学科带头人；有担任多个国家和地区学术兼职的国际问题专家；有著作再版重印多次的学科专家；有获得过"全国三八红旗手"、被誉为湖北省"最美社科人"的"女能人"；有"荆楚社科名家"。他们几乎都拥有多个国家级、省部级个人综合荣誉或学术奖项。但他们始终为人以学、为学以实、爱生如子、学研不止、谦虚低调。为了表达对他们的敬佩，更重要的是为了让更多的人能够比较全面、真实地了解他们，笔者根据各类档案资料和部分教授自存档案及其弟子与社会对他们的评价，将他们的信息进行了比较全面、真实、系统的收集、梳理和编研，尽量保证这些信息的真实性、完整性，以期这7位博导的精神、品德能持久弘扬、影响深远。

本书体例上不是"篇—章—节"的形式，为突出本书以档案材料为支撑的客观性，以人物学术人生为主线，本书采用以"问题"为导向的直叙方法，介绍了博导们的学术人生、学术成就、社会贡献及道德情操；有的还介绍了其学术观点、学术思想、教育理念。

全书以"教学、学术研究"为重心，以档案史料为依据，本着求真、全面、系统的宗旨，介绍7位大师级、专家级博导在教、研、管等方面的成就和经验。每位博导基本按"档案名片"，学习、工作成长历程，主要研究领域与重要学术成就，主要学术观点、学术理论或学术思想、对社会的贡献与反响（包括社会评价、肯定及其人才培养）等4个方面展开编研、叙述，且都侧重于学术介绍。这样编排主要是想让读者能一目了然地了解博导们的主要信息。通过对这几个方面的梳理，比较全面系统地展现7位博导优秀的学术人生、教学研究经历，学科、学术、育人建设上的主要成就以及学术思想体系。

学术成就和社会贡献是有区别的。在《在学术成就和社会贡献之间》（本力著）一文中有这样一段话："伟大的社会学家马克斯·韦伯曾经把学术与政治作为两个不同的领域加以区别，指出以学术为业和以政治为业的行为差别，前者追求价值无涉和知识的增长，后者追求价值有涉和实现价值目标的有效性。了解了这种区别，就可以很好地理解《经济学家贡献了什么》（克莱因编，科斯、哈耶克、谢林、塔洛克等世界一流经济学家撰写）一书中为什么反复出现'between doing well and doing good'（该书中文版译者将其翻译为'在学术成就和社会贡献之间'，'doing well'指经济学家在专业领域获得的成就，'doing good'指经济学家对社会的贡献）。"不过笔者认为实践中二者很难进行绝对的区分。

本书结尾附各位博导的代表性学术成果、各导师所带博士、各合作导师与合作博士后名单等信息，仅供参考。

本书在研究方法上主要采用了档案查询法、大数据采集法、调研论证法、去伪存真法、反复求真法、历史实证法、现代通信法、上门拜访法、多重审核法、痕迹管理法。

本书的出发点是希望通过此研究与介绍，能比较直观地再现博导们勤奋好学、敬业教学、忘我治学、勇于创新、成就辉煌、著作等身、爱生如子之精神品格，从而服务中南财经政法大学现在与未来的教研；弘扬"中南大"教师高尚的品德与无私忘我的教研境界，传承、光大其优良传统；激励现在乃至后辈师生、学者急起直追。本书介绍了博导们的教研方法、学术观点等，也希望对后来者在求学、治学、科研和社会实践方面能有所启发；还希望能起到爱党、爱国主义教育的作用。同时，希望有心者能走近他们，学习他们，研究他们，记住他们，充分了解他们为国家、为民族、为人类付出的青春、智慧，为昨天、今天乃至未来所作出的卓越贡献，从而扎扎实实、脚踏实地、一步一个脚印地开展学习研究，为国家、为人类成就无尽的创造，让我们的未来更美好。

在人物顺序安排上，本书依据笔者考证后各位博导获聘时间、批次，以及同批次中下文时间的排列顺序。

在写作过程中，总有人问笔者：你都退休了，还这么辛苦地写作，图什么？在撰写过程中，每当笔者遇到困难之时，都曾反复问自己图什么。没有稿费、不为评职称、查询成百上千份档案、亲自上门或电询多所高校档案馆、小心谨慎地求助各类人员、遭遇各种冷待与否决乃至非议、经受两年多撰稿期的酷暑寒冬以及新冠病毒的多次侵扰……至此终成定稿，实乃庆幸之事！至此笔者也可以统一回答了：除了前面的写作目的外，别的，冠冕堂皇点讲是为学校的教师队伍建设发挥余热、尽点绵薄之力；以平凡心来讲，完成获批的党建工作项目，为了自己做事有始有终；还有一个私心，是为了"报恩"！

本书立意于2002年，立项获批、撰稿起笔于2022年，定稿上交于2024年1月底，再经过编辑一年多逐人逐事、精益求精的追档求真与反复修改，拙著终于与读者见面了。

本书的出版凝聚了很多人的心血和智慧，内容上博采了众家成果之长，在成书过程中得到了各级党政组织的大力关怀与支持，得到了众多领导、专家、学者、同仁、亲友的热心指点与帮助，特别是中南财经政法大学党委宣传部、档案馆及校史馆党支部的关怀与支持；得到了中南财经政法大学金融学院、法学院、工商学院图书馆、会计学院以及华中科技大学档案馆、武汉大学档案馆、中国人民大学档案馆、澳门科技大学等单位的大力支持与关怀。在此，一一深表感谢！

特别感谢中南财经政法大学校党委常委、宣传部部长周巍教授的大力支持与指导！感谢"中南大"档案馆、校史馆原馆长、支部书记王贞为老师的大力支持与相助！

同时要深深感谢张中华教授、吴汉东教授、赵曼教授、林汉川教授、罗飞教授、谷克鉴教授、麻昌华教授、曹亮教授、李景友教授、徐剑飞老师、孙文杨老师、孙杨帆老师、王青老师、宋程老师等的热心帮助与大力支持！

特别感谢华中科技大学出版社杨静、林凤瑶等编辑的大力支持与多方面的具有建设性的技术指导！

感谢华中科技大学档案馆的郑老师和中南财经政法大学档案馆的同仁高斯、魏晟华、余娟娟等老师，以及未能一一提到的老师、朋友给予的方便与帮助！

特别感谢九五高寿的老母亲原谅笔者两年多未回老家陪伴、尽"养口体"之孝的大度，以及言语间的不时鼓励、精神上的关怀和支持！也感谢其他家人的理解与支持！

因笔者水平局限，书稿中不当之处在所难免，在此敬请各位读者、方家批评指正。

目录

张中华　博导	/001
覃有土　博导	/043
林汉川　博导	/057
赵　曼　博导	/089
罗　飞　博导	/121
谷克鉴　博导	/135
吴汉东　博导	/165
参考资料	/217
附录	/221

我国改革开放后培养的新一代著名投资学家、教育家
——张中华教授

一、档案名片

中文姓名：张中华

性　　别：男

民　　族：汉族

出生日期：1959年11月

出 生 地：湖南省岳阳市

政治面貌：中共党员

最后学历：博士研究生

最后学位：经济学博士

毕业学校：财政部财政科学研究所

所学专业：固定资产投资（博士）

毕业时间：1991年（博士）

获批博导：根据国务院学位委员会批文、经中南财经大学遴选审定，并报国务院学位委员会备案，1996年春正式下文获批成为"中南财大"财政学专业博士点博士生指导老师

工作单位：中南财经政法大学金融学院

工作类别：教学、科研、行政管理

职　　称：二级教授

从事专业：应用经济学（一级学科）、投资学（二级学科）

学术专长：投资经济理论

主研领域：投资体制、投资调节、资本市场

座 右 铭：宁静致远，淡泊明志

人生信条：天道酬勤

二、成长历程

张中华，中南财经政法大学二级教授、中国知名投资经济学学者、中南财经政法大学"湖南三剑客"之一。他32岁时，成为我国内地固定资产投资方向的第一位博士；36岁时，成为中国第一个投资经济学专业博士点的第一位博士生导师。张中华教授长期致力于投资经济学的教学与科研，不断创新"投资学"领域的研究，其研究成果处于国内领先地位。

1959年11月，张中华教授出生于湖南省岳阳市君山区一个环境优美的乡村，那里东临长江，南濒洞庭湖，依傍中国古代四大名楼之一的岳阳楼。故乡给他留下了许多童年和少年的美好记忆。他从小就很聪慧、好学、善学、乖顺，是个比较幸运的人。

张中华教授的父亲读过私塾，上过新学堂。新中国成立后，他父亲先是从事教师工作，后来担任过村里的会计，且很早就加入了中国共产党。作为一个老共产党员，他在担任村会计时，为集体精打细算，对自己要求很严格，公私分明，两袖清风。张中华教授的母亲善良、贤淑、勤劳、能干，在那个清贫的年代把家务操持得井井有条。在张中华教授童年的记忆里，父亲一有空闲，就为他诵读《三字经》《增广贤文》《古文观止》，讲其中的故事；遇上有文化的人，父亲就会高兴地与之说古道今，时常还与之对联唱和。作为张中华的父亲及启蒙老师，他不仅教小小的张中华知识，还教他如何做人。母亲的为人处世，也深深地影响了张中华。

在上小学、中学的时候，小张中华放学或放假回家还会帮着大人做家务、干农活。他7岁多就帮着姐姐插秧；12岁多捡牛粪，担着四五十公斤的粪肥来回三四里地，导致现在他的肩膀还是一边高、一边低；给庄稼打农药时，药水和汗水混在一起，湿透了他的衣服；冬天挖莲藕时，他踏着冰块赤脚进入野湖劳作。他几乎学会了干所有的农活，这些经历磨炼了他吃苦耐劳的意志。

比起插秧、挑粪、打农药和挖藕，学习对张中华来说，简直就是一种享受了。在别的小孩还是玩泥巴、在妈妈怀里撒娇、在爸爸肩上骑马的懵懂年纪，张中华已经"发蒙"了。他5岁多就上了小学，从小学到初中，再到高中，一路学习成绩都是优秀。那时，虽说当地师资匮乏，但幸运的是他遇上了不少好老师。高中时，他的主课老师都是从湖南师范大学等名校分配来的。后来这些老师大多调到了城市的重点中学。张中华教授回忆说，在学校，课程学习负担不重，可学的东西不多。课外他就找来一些书阅读，有时为借一本小说，要跑上几里路。左右邻居家有两个大学生，一个在岳阳市的一所中学教书，每到寒暑假期都会回乡下居住；一个在武汉，春节也时常返乡。在他们回家后，张中华总爱去他们家里，听他们谈天说地，讲外面的世界；外面的世界让小张中华充满了好奇，他总是有问不完的问题。知识青年上山下乡时期，他们村来了一对兄妹，哥哥爱做学问，不仅对商鞅为何被车裂等历史问题有着浓厚的兴趣，还关注国际时政，一有空闲就读书写作，给报纸杂志投稿；妹妹爱好文艺，还有个被称为"工人诗人"的男友。他们的到来给少年张中华打开了一扇新世界的大门。在他们的影响下，张中华开始阅读范文澜撰写的《中国通史》，阅读《人民日报》《参考消息》等。

还不满16岁的少年张中华，当时已高中毕业。毕业之后，还未成年的他就被招为"人民公社创业队"的队员，与大人、壮小伙们一起在长江大堤旁的沙洲上开荒种地、植树造林。

对于还处在发育年纪、身单力薄的张中华，大人们还是非常照顾的。在"派工"的时候，给他分配的都是比较轻的活儿，他主要负责"守望"：不让人、畜损坏苗木，不让小偷偷盗粮食。

这样的"派工"让张中华有了大量的时间、精力，可以顺带做些不影响"守望"的能"一心二用"的事。做什么呢？最适合的当然是读书。少年张中华特别喜欢读书学习，可那个年代读到高中毕业就算读到顶了。张中华从小就非常崇拜家乡的中国近代民族英雄左宗棠，从知道有这么一位英雄起，他就立志要像左宗棠一样。他记得左宗棠有一句经典名言："能受天磨真铁汉，不招人嫉是庸才。"他不想当"庸才"，他要做一个左宗棠式的张中华，做一个对社会有重大贡献的人。他还特别欣赏左宗棠另一句霸气的名言："立品当如山有岳，持身要比玉无瑕。"他要让自己"在等待的日子里，刻苦读书，谦卑做人，养得深根",到"日后才能枝叶茂盛"。于是,他每天上工去"守望"之时,都会背上一个书包,书包里有书、日记本式的纸质笔记本及笔。到了"守望"的地方,他会拿出书来,边"守望"边看书,时不时还做做笔记。他一直就这么坚持着,也从来没有因"一心二用"误工出过纰漏。

张中华将大量的时间用来看书,还订阅了《诗刊》《人民文学》《湘江文艺》《洞庭文艺》等杂志。

张中华从小就知道家乡岳阳的许多名胜、民间故事,如"八百里洞庭",中外驰名的古岳阳楼及读过无数次的《岳阳楼记》,"大禹治水""湘妃竹""民间紫禁城"等。看了一段时间的书后,他当时心中有了一个梦想:他想当一个业余文学家,把那些有趣的名胜、名人及一些逸事以文学作品的形式写下来,传播给不熟悉的或对它们感兴趣的人。于是他开始尝试写作,写小说、诗歌和散文,并向文学杂志社投稿。然而,有的稿件被无情地退了回来。

虽然退稿对于好胜心很强的少年张中华来说,是一件比较打击自信心的事,业余的文学爱好没有让他如愿以偿地成为业余文学家,但这个文学爱好却无意间让他与教育结缘,这真应了那句古语"有心栽花花不发,无心插柳柳成荫"。

一次,有份稿件被杂志社退回,退回地址写成了"江南大队学校"。当时江南大队学校有好事者一见信是文学杂志社寄来的,便拆开来看,发现这封信是一个叫张中华的人写的文学作品,看到是小说,便一口气读了下来。拆开信件的人觉得张中华是个人才,于是建议学校把张中华招为学校老师。学校领导是个爱才之人,而且当时学校也非常缺乏教师,于是,学校领导在征得张中华同意后,申报上级批准张中华担任学校的教师。1975年7月,还是少年的张中华便幸运地成为一名光荣的人民教师,直到1978年1月他成为一名大学生离开。

当时的"江南大队学校"是一所小学与中学结合办学的"完全中小",不仅有小学部,还设有初中部。当时小张老师与初中部的有些学生年纪差不多,可小张老师在那所学校不仅教过小学四年级的学生,还教过初中一、二年级的学生。

在教学中,小张老师一丝不苟,有板有眼。他亲自动手做教具,带学生到田间地头观察生活，了解自然知识，用诗歌总结他们的学习生活和褒奖好的学生；课外和学生玩在一起，与学生之间是亦师亦友的关系。他虽年纪不大，却懂得让年龄大的学生管理年龄小的学生。当全国科学大会召开的消息传到大队学校，他带着他的学生在村上游行，高喊我们要当科学家，声音在村子的上空久久回响……这期间，小张老师充分享受到了当老师的快乐！

在教学过程中，小张老师逐渐明显感觉到自己所掌握的知识不能满足教学的需要，但他没有知难而退，这更激发了他强烈的求知欲，他边教学边在实践中摸索、边向有丰富教学经验的老师学习、向书本学习，还参加上级教育部门组织的各种培训学习班，比如教师培训班、语数培训班等等。为了不让自己的授课内容干巴巴的，小张老师结合教学任务，认真、系统地读了许多相关书籍，不懂的就求助字典、查阅资料、请教他人，常常学到废寝忘食。坚持下来的结果是小张老师的课堂教学讲解越来越浅显易懂，绘声绘色，深受师生认可。小张老师的知识面越来越宽广，同时这也无意间为他未来的发展累积了更多的知识。

时间在不知不觉中过去，1977年，小张老师与其他成千上万有志青年一起迎来了梦寐以求的高考制度的恢复。这个喜讯对小张老师来说，简直就是人生中的莫大幸事，他兴奋异常，庆幸自己终于有了上大学的机会。他不满足于现状，决定参加高考，并立即付诸行动，开始积极备考；他庆幸这些年不仅没有将已有知识丢弃、荒废，更是积累了更多的知识与分析问题的能力；他更庆幸自己时间充裕，其他同龄人或大他一些的青年，有的已成了家忙于家庭事务，有的整天忙于农活，没有闲暇时间复习功课，备战高考。他觉得自己真是太幸运了：因为自己是中小学老师，有较多的学习时间，他特别感谢当时推荐他并将他招为老师的同事与校长。

参加高考的那两天，很多人进考场没多久就很沮丧地交了试卷。考数学那场时，开考不久，小张老师所在的考场就只剩下两个人：一个是小张老师，而另一个是位三十多岁的青年，后来听说那人也是一位老师。

考完之后，小张老师回忆了自己的答案，预估了自己的考分，他信心满满，很确定自己能考上。果不其然，很快他就收到了入学录取通知书，他以优异的成绩考上了大学。

入学录取通知书上写的是湖北财经学院，然而张中华当时填报的高考志愿并没有湖北财经学院。录取专业为"基建经济"。"基建经济"是干什么的呢？小张老师不是太清楚，身边似乎也没人说得清楚，他当时觉得大概是学习建房子、修路之类的。但他认为，无论如何，自己能够有大学上了，就是大好事！

张中华是在国家恢复高考的第一年——1977年参加高考的。1978年，乍暖还寒的早春二月，小张老师辞掉原来的中小学教师工作，带上一口由姐姐赠送的黄布箱子，辞别生养他的故乡，踏上开往江城武汉的绿皮列车，从洞庭湖畔、岳阳楼边，来到了位于黄鹤楼下、长江之滨的朝思暮想的高等学府，中南财经政法大学的前身之一湖北财经学院。

虽然高中毕业后张中华当过农民，还当过人民教师，可真正成为大学生时，他还是跟现在一般大学生一样才过18岁，刚成年。而班上年龄大的同学有的已经三四十岁。

让人意想不到的是，大学校园的条件比想象中要艰苦，但大学生们都像久旱逢甘霖的小树苗一样如饥似渴地猛吸着知识的甘泉，一个个几乎都废寝忘食，十分珍惜这来之不易的大学学习机会，学习的氛围浓烈到教室从来都是座无虚席，图书馆得早早就去排队占座位。再次获得系统学习机会的张中华，经常吃过早餐就跑去图书馆占好座位，在图书馆，他同大家一样，经常一学就是一整天，一直学到晚上管理员清场。

据张中华教授后来回忆，"那时，课程不多，但面很宽，党史、政治经济学、货币银行学、财政学、统计学、计算机是基础课；专业课很扎实，光设计课程就有5门，会计也学了四五门。老师讲课自由度较大，有一门课的导论，老师前后讲了一个多月；有位老师上课时总爱说'这个我不知道'，总是借机提出一些问题要学生思考。课堂上，同学们就农村包产到户对不对等问题展开热烈讨论。饭后散步、睡觉前的讨论话题，更是广泛而自由。"

据张中华教授的同学介绍，那是思想解放的时代，学生们自由探索的积极性普遍很高，课堂学习的压力不是很大，全中国各种人才又都处于青黄不接的状态，因而大学生们选择就业的机会相当多，思考问题的空间也就很大，自主学习的时间也是大把大把的。大家的兴趣点五花八门，都希望自己博学多才。张中华也不例外，他的兴趣点也不局限于自己的专业，仅大学本科期间，他就研读了大量文献、书籍，积累了较为丰富的学识。经过四年的寒窗苦读，1982年，张中华以优异成绩顺利拿到湖北财经学院基建经济专业本科毕业证书，同时获得经济学学士学位。

在张中华毕业的前一年，即1981年，此时湖北财经学院下设的系不叫"投资系"，而被称为"基本建设经济系"，当时学校该专业已获得招收硕士研究生的资格。那年，张中华从获得信息到准予报名参加硕士研究生考试，仅剩下短短两个月的时间。时间虽然紧迫，但张中华很想报考，一旦做了决定，他便抓紧备考。因张中华好学而且善学，根底打得扎实，经过刻苦努力，他如愿考上了母校的硕士研究生，得以继续深造，师从彭崇熙教授，实现了当时少有的7年本硕连读。

求学7年"本硕连读"的张中华
（图片来源：张中华教授家庭档案）

当年，攻读湖北财经学院硕士学位的学生一共才17人，很多课程都被当作公共课程，在一个大课堂讲授。除专业课程外，学校还开设了哲学和很多经济学基础课程。开设的"资本论"课程学了三个学期，主讲老师是郭慧珍和沈伊利两位教授。教授们讲的是马克思的《资本论》原著，讲得认认真真，都是一句话一句话地掰开来、揉细了讲解。有的时候，书里的一句话会讲解一个上午或者下午。

有时候学校会邀请外校名师来校做学术报告。有次，学校聘请了中国人民大学一位教授作学术报告，主题也是与《资本论》相关。那一个晚上那位教授就讲了《资本论》里的"从手推磨到蒸汽机"。当时，社会刚好在热议第三次技术革命的浪潮。

只要提到《资本论》，张中华教授就会想起那位人大教授的那次讲座，并会有意无意地向身边的年轻老师或学生推荐、分享讲座的内容，且几乎每次推荐、分享的语句都一样。张中华教授说，那位教授以扎实、有力的考证，把事物的发展过程、发展脉络、内在逻辑联系，都揭示得清清楚楚。

那场报告让张中华教授记忆犹新，当时还是学子的张中华已经意识到：无论是学习，还是讲授"资本论"这门课，都不能局限于学习马克思的理论与观点，还必须真真正正、实实在在地去学习马克思分析问题的方法。《资本论》有着完整的体系，第一卷讲的是生产，第二卷讲的是流通，第三卷讲的是分配，逻辑体系极为严密。以至于后来，不管是他自己撰写博士论文，还是作为硕导、博导指导学生做硕博论文，都讲究并强调如何去构造各自的思想体系或逻辑体系，在逻辑的基础上如何去自圆其说。对于这种思维与方法的训练，他认为是非常必要的。

攻读硕士学位期间，张中华遇到了学校当时一位很有影响力的老师，他就是学校首位"孙冶方经济科学奖"的获得者张寄涛教授。张寄涛教授是一位资深的马克思主义理论研究专家。不过当时张寄涛教授只主讲一门课，即专职介绍东欧社会主义经济学家们的理论，让莘莘学子对东欧的社会主义经济有一个较为深刻的认识。张寄涛教授讲理论不是只讲理论本身，还会讲授理论的前提，以及理论之假设条件。张寄涛教授的思维很特别，较之一般人，总会显得更加深邃、更加深刻。比如他会问："这个理论是什么？以什么为前提？前提能不能够成立？如果不能成立，那就需要对这个理论进行发展或者补充，甚至颠覆。"张寄涛教授的思维方式，很大程度上影响着张中华的教学科研生涯。

那时，学生们能听到许多学界名家的演讲。张中华教授清晰地记得，当时来学校演讲过的大家有于光远、张培刚、张卓元等，只要有学界大家演讲，他总会去听。他还对阅读外文期刊、世界银行的工作论文等抱有浓厚的兴趣，每隔一段时间，就要到外文阅览室去。发现好的文献在阅览室没读完，他还会申请带回寝室阅读。那时，他就接触了钱纳里的"标准结构""多国模型"等理论。

这期间，他还外出到北京走访中国社会科学院、中国建设银行总行投资研究所、国家计委、国家经委、财政部的专家学者，见到了张曙光、林森木、田椿生、戴园晨等著名学者。这些名家学者待人十分谦和，对他所提问题都耐心解答。他还去上海调研了企业的技术改造。那时，学校对学生调研是支持的，去北京、上海的路费都是学校报销的。暑假期间他还自费去了株洲，近一个月天天跑企业，仍然是调查企业的技术改造。

1984年12月，张中华以优秀的成绩拿到湖北财经学院投资经济专业硕士研究生毕业证书，并获得经济学硕士学位。毕业分配时，许多国家机关、重要部门将这些凤毛麟角的硕士毕业生当宝贝一样抢，而学校也正需要补充师资力量，但大多数硕士毕业生不想在教育部门当"教书匠"，都去了国家机关、政府重要岗位。当时学校很想把张中华留下来当老师。经过激烈的思想斗争，最终张中华觉得当老师是一个不错的选择：他以前当过老师，感觉教师这个职业挺有意义，能为国家培养更多的人才；且自己还有一定的教学基础与经验，虽然大学教育与中小学教育不同，但还是会有些相通的地方；另外，他认为自己的性格也适合当老师。于是他便听从组织安排，留校成了一名高等教育工作者，再次登上了神圣的杏坛，为一代代求知者传道授业解惑，为国家培养更多为社会主义建设奋斗的人才，为科教事业作出重大贡献。

那个年代，按学校规定，青年老师留校第一个学期还不能直接上讲台授课，要跟着老教师学；后来能直接在讲台上授课了，教学任务也不算重，每年额定的工作量只有144课时。当时正处在20世纪80年代初、中期，国家改革开放刚开展不久，百业处于破旧立新阶段，无论是教育、实业，还是科技各个领域都有诸多问题有待研究。张中华所学或所从事的专业领域——"投资经济"就有很多问题需要研究，如投资的规模、投资的结构、投资的布局等问题。因此，张中华毕业留校后，除了兢兢业业搞好教学工作，还拿出许多的时间、精力投入在学术科研上。

张中华教授至今还记忆深刻的是，那个时候高校学术交流的氛围比较浓厚且有感染力，青年学者、教师之间互相切磋，随时聚会辩论，取长补短。

当年还是青年教工的张中华，住在现为中南财经政法大学首义校区（当时已更名为中南财经大学的校园中区）的48号平房，他当时的邻居多是1981

级—1983级硕士研究生毕业后留校的,大家常你串到我这里、我串到你那里,谈心、探讨各种问题;大伙都在走廊生火做饭,做饭时也不忘记讨论问题。而宿舍正好与中南财经大学图书馆(现为中南财经政法大学首义校区图书馆)及二食堂毗邻。住在别处的青年教工和在读研究生,时常一到"饭点"就会从图书馆或其他地方来到二食堂打饭菜,打包好饭菜后很自然地跑去48号平房,自发聚集,端着饭碗讨论一些当时学术界最新、最前沿的问题或深层次的话题。那个时候,大家探讨的话题都是:现在国家的体制改革会怎么改?会朝着怎样的方向发展?经济的形势该怎么去判断?大家各抒己见,但都有理有据。大家常常讨论得面红脖子粗,各类观点相互交锋,那场景激情而热烈、激动而享受。从此,"48号平房"就成了当时青年学者心中的一个特别标志——"青年民间学术讨论活动中心"。

那个时候,校内外中青年学术组织如雨后春笋般地涌现。当时的张中华也发起、组织、参与了一系列学术组织。在校内,他与钟朋荣、朱延福、郑先炳等一批年轻人自发聚到一起,共同研究、撰发过一组论文;与刘铁炼、吴荣光等青年合作研究发表了投资问题相关的文章;他还是中南财经大学"中青年研究会"的发起人之一及重要骨干。在校外,他是"湖北中青年研究会"历次活动的积极参与者,还参与过"湖南湖北青年学者对话会"活动。1985年与刘铁炼在《经济研究》期刊发表论文时,张中华年仅26岁,刘铁炼还是在读硕士研究生。1986年,首届全国中青年投资理论研讨会在武汉召开,参会者有来自中国社会科学院研究生院的盛洪及财政部财政科学研究所[①]的贾康等,投资学界青年才俊汇集参会,也吸引了众多对投资感兴趣的其他经济学科的青年学者,此次研讨会还邀请了投资界老前辈莅临大会指导,这于投资学界可谓是一次群贤毕至的盛会。张中华不仅与吴荣光等人组成课题组向这次大会提交了一组论文,还担任主报告的主要撰稿人,并独立提交了一篇关于地方政府投资行为与投资规模膨胀的论文;在大会上张中华还两次发言,会下他又组织中南财经大学的青年教师、在校研究生同中国社会科学院的研究生举行了学术沙龙。青年才俊张中华就这样在投资学术界渐渐崭露头角。

---

① 简称财科所。1956年6月,财政部财政科学研究所正式成立,2016年2月更名为中国财政科学研究院。

张中华一口气完成7年"本硕连读"毕业留校后，就在这种浓郁的科研气氛下工作了两年。在此期间，他一直在已更校名为中南财经大学的母校边讲课边进行科研，因教学与科研表现都不错，所以他很快便成为讲师。两年的实践、学业休整之后，1987年9月，张中华又以优秀学生的身份考取财政部财政科学研究所固定资产投资方向博士研究生，在职攻读博士学位。1991年4月，他于该博士点毕业，获经济学博士学位，成为国内第一位固定资产投资方向博士，当然更是中南财经大学在本专业的第一位博士研究生，而当时的张中华博士还不满32岁。

当时的青年教工张中华报考博士研究生，还有一个因"一场学术讲座而与导师结缘"的故事。

中南财经大学向来都有外请教授专家来校作学术报告的惯例。当时财政部财政科学研究所的陶增骥老师，就是中南财经大学聘请的教授，每年都会来校讲学。

有一次，陶教授讲道："固定资产投资是一个大权，因为涉及国民经济的方方面面，国家一定要加以严格调控。"

当时还学生气十足的在读硕士研究生张中华也听了陶教授的课，当场他就向陶教授提了一问："现在不是要扩大企业自主权吗？按照您的说法，主要是扩大生产自主权。生产自主权要扩大的话，就要增加新的设备，进行设备的技术改造。可是没有投资权，怎么实现生产自主权呢？"

陶增骥教授向张中华投去赞许的目光，对他说，这是个好问题，并问他叫什么名字，然后鼓励他继续思考。陶教授回到财政部财政科学研究所后，还跟所带的学生说，中南财经大学的学生学习风气很好，特别喜欢思考问题。

还很青涩的张中华听闻后，受到很大鼓舞。当即他便萌生了要"入陶门为生"的念头。经过刻苦努力，张中华于1987年考取财政部财政科学研究所博士研究生，终于如愿以偿拜在了"陶门"攻读博士学位。

张中华是陶增骥教授步入博士研究生培养教育领域的首位学生。陶增骥教授本就是一个治学很严的人，对这个开门弟子的要求、管理更是十分的严厉，精雕细琢。

报到入学之后，张中华发现，当时财政部财政科学研究所的思想观念是比较正统的，甚至在学界还被认为在某些方面有些保守。不过它有个最大的优点，就是能够理论联系实际，立足于全国范围来做学问，在此学习的学生会获得一些其他高校学生很难得到的到国家重要部门实习调研的机会。读博期间，张中华进入财政部的综合司实习过；到广东省针对预算外资金的使用情况做过调研；到上海、徐州进行过调研。他感觉，在财政部财政科学研究所学习不仅高标准的实习机会比较多，还有一个明显的益处是，学生自己买了新书，看完之后，可以把书交到图书馆，凭购书发票报销。因此，除了可从财政部财政科学研究所图书馆、北京图书馆借书阅览，当时市面上只要有新书，张中华都会买来研读。他从亚当·斯密读到马歇尔、凯恩斯，再读到货币学派、供给学派的理论等，将很多时间都用在了研读经典原著上。这为他后来的论文答辩以及回到工作岗位上的教学、科研积累了更加丰厚的知识。

经过几年的博士研究生学习，眨眼就到了博士研究生毕业倒计时阶段。张中华教授至今记得，在论文答辩当天，仅他一人就耗费了一个上午的时间。答辩委员会向他提问的教授较多，有的教授一人就提了十多个问题；有的提问还超出了论文答辩的范围。他回忆说，当时只要教授们想问的，认为跟他专业有关的，教授们都会提出来。好在张中华专业知识扎实，博览了许多专业期刊文章、专著，熟读了多部专业经典原著，虽然有的内容论文没有涉及，但他都从容地一一给予流利的答辩。教授们都满意地点头，最终，答辩委员会全票同意张中华通过博士学位论文答辩，并授予其博士学位。

博士论文答辩获全票通过、学成归来时的张中华博士
（图片来源：张中华教授家庭档案）

读博期间，张中华因受到严格的学术训练，除了完成学位论文《投资调节论》，在《投资研究》等重要学术期刊发表了多篇论文，还将两篇关于广东、徐州的调研报告发表在了《财政研究参考资料》《财政研究内部报告》上。

博士研究生毕业后，张中华没有因为自己是高学历，是当时国内稀缺的博士而接受其他高校或科研部门抛出的橄榄枝留在北京，或去上海等条件待遇更优越的地方，而是不忘母校多年的培养之恩，谢绝所有邀请，重返中南财经大学投资系继续承担教学、科研工作，并始终保持学者本色，坚守在教学、科研第一线。

在象牙塔顶尖接受过严格学术训练的张中华相比同龄人更出类拔萃：专业知识深厚；教学、科研技能也扎实、突出。再回到科教岗位的张中华，与以往已不可同日而语，完全是厚积薄发。据《中南财经大学报》[①]1996年1月30日第二版介绍：在学术研究方面，张中华教授自1991年以来，主编和参编的著作有《国际投资理论与实践》《港澳台市场经济体制》《中国固定资产投资透析》《投资学》等，撰写论文20余篇。同时还参与或主持完成了国家社会科学基金"七五"重点课题"投资增长与结构变动研究"、香港大学毕业同学会基金项目"香港基础设施投资的经验及其对大陆（内地）的借鉴"、湖北省投资学会项目"我国股市启动初期的股价研究"、中国投资学会项目"建国以来中国投资论著提要及论文索引"等，并通过了有关部门的鉴定，受到专家的好评。文章还介绍，当时张中华教授正主持和参与研究的项目有国家社科基金资助项目及国家教委科研基金资助项目"生产要素区域流动的国际比较研究"等。所发表的部分论文还登载在《经济研究》等一些权威学术刊物上。教学方面，课堂上来"蹭课"的学生越来越多。由于张中华老师当时在教学、科研和培养研究生过程中注重理论联系实际，注重教书育人，各方面表现非常突出，因此张中华博士研究生毕业后仅在大约5年的时间里，就完成了一般人约莫需要10年乃至20年的奋斗目标。仅职称评定张中华就来了个"二连跳"：1992年晋升为副教授；两年后，1994年，又晋升为教授，当然这属于破格晋升。在此期间，

---

① 目前学校校报名为《中南财经政法大学报》，因中南财经政法大学校名多次变更，其校报名称也随之发生变化，不同时期沿用当时的校报名称。

他还被中南财经大学正式任命承担投资系硕士研究生教学任务及兼职处级行政职务。

1994年中南财经大学举办中青年教师教学科研展览，张中华教授位列其中
（图片来源：中南财经政法大学档案馆，作者手机拍摄）

不仅如此，《中南财经大学报》1996年1月20日头版登载题为《我校首次自行审定博导工作圆满结束　青年教授张中华通过评审》的报道："经国务院学位委员会批准，我校为开展自行审定博士生指导教师工作的博士学位授予单位。首次自行审定博导工作于（19）95年12月中旬进行。经个人申报、系（所）学位评定分委员会审核通过、校内外专家通讯评议、学科组评议以及校评委最后评审，一致通过张中华教授为财政学专业点博士生导师。"1996年春正式下文聘任张中华为中南财经大学首个遴选校批博士生导师，同时呈报国务院学位委员会办公室备案。就这样，张中华在中南财经大学创下了两个"最年轻"纪录：最年轻的教授，以及最年轻的博士生导师。

从此以后，张中华教授对教学、学术研究的兴趣越来越浓厚，获得的成就与殊荣也越来越高。1996年上半年，经国务院学位委员会批准，中南财经大学成功获得投资经济专业博士学位授予权，成为我国首获此项学位授予权的高校[①]。后来国家调整了研究生学科专业目录，投资经济被划归到国民经济学专业，中南财经政法大学的投资经济博士学位授权点便又成了我国高校"唯一"。而张中华教授则是这个"我国高校第一且唯一"的投资经济博士学位授权点的领衔申报人；这一年，张中华教授也由财政学专业博士学位授权点博士生导师

---

① 详见1996年9月20日《中南财经大学报》头版。

成功转聘为我国第一个投资经济博士学位授权点的第一位博士生导师及第一学科带头人；这一年，他还获得了湖北省政府的嘉奖。之后他入选省部级人才计划、国家级人才计划，获得省部校级各种科研配套资金资助，包括"霍英东教育基金会"资助；20世纪末还被选入《湖北省社会科学界名人》（第2卷）一书，书中高度评价了他，介绍他"是国内率先对投资结构问题进行系统研究的学者之一"，并对他20世纪八九十年代的重要学术成就、学术观点进行了介绍，同时给予了充分肯定；在中南财经大学临近校庆50周年之时，张中华教授被评为中南财经大学"中青年学科带头人"之一。

1995年12月中旬，中南财经政法大学首次自行审定博导工作
（图片来源：中南财经政法大学档案馆馆藏，作者手机拍摄）

1996年1月30日，《中南财经大学报》第二版介绍学校自行审定的第一位博导
（图片来源：中南财经政法大学档案馆馆藏，作者手机拍摄）

进入21世纪后，张中华教授将自己主要的精力、时间都集中在了一个点上：无论是教授课程、科学研究，还是教材编写，都聚焦、重叠在了投资学上。当然，21世纪，张中华教授也同时做了一些其他重要的课题，如国家级社科项目等，出版了部分专著，发表了一系列专业论文。

看着这份很有分量的履历，可能有人会觉得，张中华教授真是个幸运之人！可是这"幸运"完全是靠他信念支撑下的脚踏实地，辛勤耕耘，以及崇高理想与高效率的行动有机结合拼搏来的。

张中华教授在学校"开学第一课"典礼上对入职新教工的寄语
（图片来源：中南财经政法大学档案馆馆藏，作者手机拍摄）

博士研究生毕业后，张中华教授不仅教学、科研、荣誉都收获颇丰，在行政管理及学术职务上也得到长足发展：1992年5月至1995年8月，张中华被任命为中南财经大学投资系副主任；1995年9月晋升为中南财经大学研究生处处长，并兼中南财经大学博士后流动站领导小组成员[①]。1997年10月至2000年5月任中南财经大学副校长；1999年增补为中共中南财经大学委员会委员、常委[②]；2000年5月被任命为中南财经政法大学副校长[③]，直至2010年3月，同时任中南财经政法大学党委常委；2010年4月起，任中南财经政法大学党委副书记。2011年11月—2017年6月，任中南财经政法大学党委书记。还曾兼任校内外其他学术职务，包括：中南财经大学国民经济学（投资）专业博士研究生导

[①] 详见中南财大〔1995〕第223号文件，1995年12月19日。
[②] 详见中南财大党字〔1999〕第3号文件，1999年2月25日。
[③] 详见中华人民共和国教育部教任〔2000〕19号任职通知。

师组组长;教育部经济学科教学指导委员会(第一届)委员;教育部高等学校金融学类专业教学指导委员会(第一届)副主任;教育部管理学部委员(第一届);中国投资学会(第五届)副会长;中国投资学会投资学科建设委员会(第一届)副主任;中国投资协会委员、投资协会投资政策咨询委员会副主任(第一届);中国财政学会常务理事(两届);湖北省社会科学联合会副主席(两届);湖北省政府咨询委员会委员(第三届、第四届、第五届);湖北省委决策支持顾问。

张中华教授要求"全校要加强知校爱校教育"

张中华书记为诺贝尔经济学奖获得者蒙代尔颁发中南财经政法大学兼职教授证书

(图片来源:中南财经政法大学档案馆馆藏,作者手机翻拍)

身份发生了变化,但是,他始终没有忘记自己首先是个学者,再忙再累也不曾放弃教学与科学研究。除吃饭、睡觉的时间外,在他日程中,没有节假日。在平时的称谓上,他还是习惯听人叫他"张老师","张教授"也行,就不太喜欢别人称呼他"张书记"之类的,他觉得,这样更能让自己始终保持一个学者的本色。

2017年,张中华教授辞去行政职务。同年6月2日,教育部党组成员、中纪委驻教育部纪检组长王立英同志在中南财经政法大学宣布了教育部党组的任免决定:栾永玉同志任中南财经政法大学党委书记;张中华教授不再担任中南财经政法大学党委书记职务。

从此以后,张中华教授便更加全心全意、专心致志于他的教学、科研事业。

三、主要研究领域和学术成就

学界公认,张中华教授是我国知名的投资经济学者,有专家这样介绍并评价他:"张中华教授主要学科专长是从事固定资产投资研究,他治学严谨,成果丰硕,已形成自己的专业优势与特色,其学术水平在国内高等院校中处于领先地位。"

张中华教授一直在高校从事教学与研究,主要研究领域为投资体制、投资调节、资本市场,同时涉猎财政、金融等理论,学术专长为投资经济理论。主讲课程为"投资学"。张中华教授特别善于理论联系实际,并一直将其作为重要原则予以坚持。他在教学、科研领域取得了丰硕的成果,且有许多成果是高水准的。

在教学方面,仅在21世纪,张中华教授先后申报获批:2006年"国家精品课程:'投资学'"项目负责人,2016年"国家级精品资源共享课程:'投资学'"项目负责人,2007年"湖北省品牌专业:'投资学'"项目负责人。2018年领衔申报国家一流专业投资学并成功获批;2020年领衔申报国家一流课程"投资学"并成功获批。

在科研方面，张中华教授主持完成了一系列国家级、省部级及国际性课题。从中南财经政法大学档案馆馆藏已存档信息看，张中华教授主持完成了5项国家级课题，其中国家社会科学基金项目3项，即"中国市场化过程中的地方政府投资行为研究"（1994年获批）、"我国财政投资效应研究"（2000年获批）、"发挥投资对优化供给结构的关键性作用研究"（2018年批准）；国家自然科学基金项目1项，即"金融市场与经济波动"（1998年获批）；教育部（社科司）哲学社会科学发展报告项目1项，即"中国金融发展报告"（2011年获批）。他承担的课题或者项目还有财政部项目"财政部投资及财务管理工作所面临的主要问题及对策"（1996年获批），霍英东教育基金课题"香港、澳门与大陆基础设施投资协调问题研究"，中国投资学会项目"中国投资学科建设问题研究"（2007年获批），湖北省社科基金项目"经济制度创新与湖北投资结构调整"（1997年获批），主编湖北省社科基金项目"湖北省推进学习型党组织建设丛书（经济管理系列）"（2011年获批）等多项省部级科研项目；以及1997年武汉市社科基金项目"武汉市基础实施投资问题研究"和一些横向课题。此外，他还应邀参与了国家投资政策的制定和投资体制改革方案的设计，应邀赴美国、中国香港访问、讲学并进行了许多课题的研究。因其研究成果、理论水平、独到的学术观点总领先于国内同行学者，故他所主持的项目很受同行专家学者瞩目和高度评价。

经过几十年的教学与学术理论研究建设实践，张中华教授已出版《固定资产投资与财政分配》、《中国市场化过程中的地方政府投资行为研究》（湖南人民出版社，1997年）、《告别短缺：中国总需求、总供给与投资理论新探》（中国财政经济出版社，1998年）、《转轨时期的投资理论与实践（论文集）》（中国财政经济出版社，1999年）等专著，主编或参编出版了《中国投资学科建设研究》（中国投资学科建设研究课题组编，高等教育出版社，2011年）、《金融机构创新与风险管理》（主编之一，中国金融出版社，2011年）、《资本市场创新与风险管理》（主编之一，中国金融出版社，2010年）、《房地产与资本市场》（主编之一，中国金融出版社，2009年）等研究报告；主编出版了《投资学》（高等教育出版社，2006年、2009年、2014年、2017年、2021年）等多部教材，受到投资理论界专家的高度评价。在《经济研究》《管理世界》《财贸经济》《财政研究》等期刊上发表学术论文100余篇，许多学术成果理论被《新华文摘》《人大报刊复印资料》《经济学文摘》等摘登或转载，并获得中国财政学会、湖北省社会科学优秀成果奖等一系列奖励。

（一）张中华教授主要学术观点及学术思想体系[①]

张中华教授的研究始终专注于我国投资发展与改革的重大理论与实际问题，坚持理论联系实际，坚持独立思考，跟随中国投资领域的实践不断前行。其专业学术思想体系主要体现在以下几个方面。

◎ 1. 关于基本建设微观扩权与宏观调控

我国城市经济体制改革始于扩大企业生产经营自主权。在实行改革开放政策初期，学术界对要不要扩大企业基本建设投资权存在不同认识。孙冶方认为积累资金的使用是国家应控制的大权；田椿生等认为折旧基金具有积累与补偿基金的双重性质，应由国家统筹安排。张中华与刘铁炼基于对企业实际情况的调研以及对生产经营权与投资决策权关系的理论分析，提出我国经济体制的改革应在扩大企业生产经营权的基础上扩大企业投资的决策权，并建立与之相适应的宏观调控体系。张中华认为扩大企业投资决策权是社会主义商品经济的客观要求：在科学技术迅速进步和消费需求结构不断变化的条件下，企业必须相应地调整生产结构，扩大生产能力，要真正落实企业经营权，必须赋予企业投资决策权；在企业没有投资决策权的条件下，基本建设投资决策权与使用权相分离，决策者不对决策的后果承担责任，投资的使用者因为没有决策权也不承担责任，无法建立基本建设项目责任制和资金有偿使用制；在实行利润留成制后，如果不相应下放投资决策权，企业留成资金会通过各种途径转化为消费基金，从而影响企业的长远发展。扩大企业投资决策权可能与国家调控基本建设规模与结构的要求发生矛盾。企业投资受企业利益的驱动，投资的规模有超过国民经济发展的可能；投资方向可能偏离国民经济发展的需

[①] 文中相关学术观点以及思想体系整理自张中华教授提供的对以前公开发表的学术观点等进行重新归纳、删补、整理、修改而成的比较完整的最新学术思想体系的家庭档案。

要；可能加剧地区经济发展的不平衡。要同时实现扩大企业投资决策权与调节投资规模、结构的双重目标，关键是建立基本建设项目决策责任制和与扩大企业投资决策权相适应的宏观调控系统。为此，必须建立严格的项目决策责任制；将宏观经济的要求转化为市场信息，国家调节企业基本建设的经济杠杆主要有价格、税率和利率；控制银行信贷总规模；由国家组织一定的重点建设。

◎ 2. 关于地方政府投资行为

早在1986年，张中华就将地方政府投资行为作为一个专门问题提出来，通过分析中央政府、地方政府与企业的不同性质及相互关系，明确提出投资体制的改革应由行政性分权转变为经济分权，并主张通过正确划分地方政府、中央政府与企业投资的范围，实行分税制，实现地方政府投资行为的合理化。

1994年，张中华申报的"中国市场化过程中的地方政府投资行为研究"项目获得国家社会科学基金的支持。在课题研究中，他对西方经济学关于政府行为的理论、发展经济学关于政府行为的理论以及社会主义国家的行为理论进行了系统梳理与分析；运用博弈论方法和制度变迁理论，对我国传统体制下和市场化过程中的地方政府投资行为进行了深刻的分析；探讨了地方政府投资职能的重新界定、实现地方政府投资行为合理化的配套改革，以及如何提高地方政府投资效率。

◎ 3. 关于投资规模

1986年，张中华与吴荣光、刘铁炼合作发表《投资膨胀：经济增长与平衡的矛盾及其对策》，深入分析了我国传统体制下和体制转轨时期反复出现投资增长过快和投资率过高问题的深层原因。他们指出，投资膨胀可以归因于经济增长方式没有伴随经济发展阶段的变化由外延式增长为主转向内涵式增长为主。为了实现经济增长方式的转变，必须改革整个经济体制。以往的改革停留在中央政府与地方政府之间的行政分权上，导致"对地方政府扩权—投资规模膨胀—中央政府收回对地方政府下放的权力—投资调整收缩"的反复循环。要根治投资膨胀，需要从宏观、中观和微观三个层次系统调整投资的权力、责任和利益关系；要确立企业投资主体地位，发展股份投资，降低中央政府与地方政府投资比重；要以基础设施的完善程度作为考核地方政府的主要指标，割断企业与地方政府的直接联系；中央政府的计划管理要转向远景预测、产业规划、地区规划和政策指导。投资膨胀的治理要与投资结构的调整优化、经济结构相结合。

◎ 4. 关于投资结构

张中华早在1987年就在《投资研究》上发表论文探讨产业与投资结构的优化问题。他认为产业与投资结构优化的战略是产业与投资结构配置行为的指导，其正确与否带来的效益或损失远比各项具体的投资行为的得失大得多。确定产业与投资结构优化的正确战略是产业与投资结构优化的关键所在。

较早的产业与投资结构优化战略是源于亚当·斯密创立并经李嘉图发展的绝对优势和比较优势学说。这种战略主张各国都应着力发展自己生产成本较低的优势产业，并积极开展对外贸易，由此增加国民财富，提高劳动生产率。这种战略强调市场机制，无疑是有意义的。但是，比较优势战略也存在不足。首先，传统的比较优势战略只注意到了由劳动力成本或资源成本引起的产品成本和价格的差别，没有深入考察企业规模与行业规模对产品成本和价格的影响；其次，比较优势战略着眼于依据经济资源的供给情况安排和调整投资结构，而忽视了对市场需求及其变化的研究，或者说是以供给适合市场需求为前提的；最后，传统的比较优势战略是以完全竞争为前提的，而现实中各国政府都会在不同程度上对经济进行干预。张中华等人的论文主张在开放性经济系统中，整个国民经济和各地区产业与投资结构的配置应立足于国际国内市场，以增强国际竞争能力为基本导向，积极寻找有市场空隙的产业；着力于提高劳动生产率；促进技术创新；积极利用企业规模效应和行业规模效应。论文就怎样评价空隙、从空隙中崛起需要具备哪些条件、可能遇到哪些困难、应采取怎样的对策等问题进行了系统阐述。

1989年，张中华教授在他参与的国家重点社科"七五"课题项目"投资增长与结构变化研究"中，与他人合作，采用"非线性动态规划"对大道定理给予了修正，并将其成功应用到中国投资结构分析。

◎ 5. 投资区域配置变动规律探讨

张中华教授在认真梳理国内外关于资本区域配置理论的基础上，系统考察了典型国家资本区域配置和我国资本区域配置演变的历史，总结投资的区域配置有如下特征：

其一，投资区域分布总是非均衡的，始终存在着集聚与扩散两种运动趋势。投资通常是在地理位置优越、自然资源丰富、交通便利或人口集中、劳动力供给充分的地区集聚，由此产生投资的密集区和稀疏区。投资在地域上的集聚在一定范围内可以带来经济效益，但超过某一临界值，效益就会递减甚至产生负效益，于是投资就会向外扩散。

其二，制度变革和市场的统一是投资区域合理配置的先决条件。

其三，科学技术进步是投资区域配置格局变动的基本推动力量。

其四，优化投资区域配置往往以基础设施投资为先导。

其五，投资区域配置与产业结构的变化紧密相连。经济成长的每个阶段都有与之相联系的起主导作用的部门，因为每个主导部门所需要的原材料不同，对技术、人才、土地和交通运输条件的需求不同，销售市场不同，其适宜发展的地区也就不尽相同，于是主导产业的变化通常伴随着投资区域的变化。

其六，投资区域配置涉及效率和公平两个基本方面。

其七，对外开放程度直接影响投资的区域配置。

◎ 6. 告别短缺：中国总需求、总供给与投资理论新探

伴随着改革开放的不断深化，我国社会总需求与总供给的对比关系于20世纪末期发生了由总供给不足到总需求不足的根本变化。张中华出版专著《告别短缺：中国总需求、总供给与投资理论新探》，把现代经济理论的发展、创新与中国改革实践紧密结合起来，在系统深入分析我国经济体制改革现实制约因素和博弈行为、准确把握经济体制改革基本趋势的基础上，运用"理论回顾—理论再研究—实证研究"的科学范式和"理论分析—历史分析—现实分析—对策研究"的逻辑结构，对西方经济相关理论进行了系统回顾、阐释和反思；立足中国实际，对社会总需求、总供给与投资总量、投资结构、投资区域配置以

及资本市场的理论进行了创新性的思考,在较深层次上揭示了我国经济运行形态转换中交织的各种矛盾、问题及其症结所在。

他鲜明地提出,以1997年为转折点,我国总需求与总供给对比关系已经发生历史性的深刻变化,并依据国情对我国总需求与总供给的变化趋势、宏观经济总量政策的取向、产业结构与投资结构政策的选择、投资区域配置的未来趋向及应当采取的投资区域配置政策、投资、储蓄与资本市场发展等问题提出了富有启发性的意见。

张中华认为,从就业不足、生产能力闲置、商品供给过剩、物价大幅度回落、银行存贷差额扩大、贸易出口大于进口、企业亏损严重等多个维度判断,我国总需求与总供给的对比关系已经发生由供给不足到需求不足的历史性变化。这种变化无疑与政府的紧缩政策有关,但根本原因是我国的经济体制发生了不可逆转的变化,以市场化为基本取向的改革从根本上改变了我国经济的流程。如果说在传统的计划经济体制之下,是供给决定人们需求满足的程度,那么在市场经济条件下,则是市场有效需求拉动供给。总需求不足是市场经济的一般特征,总需求不足并不是资本主义经济特有的现象,总供给不足也不是社会主义经济特有的现象,受基本国情的影响,相对于实现充分就业的要求而言,我们面对的问题,不是要不要扩大社会总需求,而是以何种速度、通过何种路径、向哪些产业部门以及怎样扩大社会总需求。

张中华主张我国宏观经济政策的基本取向要由抑制需求、防止通货膨胀转向扩大有效需求和改进供给。他指出,发展经济固然不能单纯依靠扩大有效需求来实现,还需要优化供给结构和提高效率,但是结构和效率问题主要只能靠市场解决。他建议通过收入分配体制改革、拓展私人消费领域、发展消费信贷等措施增加消费需求;通过建立健全私人财产保护制度、企业资本金制度与企业投资激励制度、加速折旧制度和扩大公共投资等措施增加投资需求;通过抑制非技术产品进口、增强我国企业国际竞争能力和减少外商超国民待遇增加国际需求。

张中华认为我国产业结构的突出问题已不再是加工工业超前发展与基础产业、基础设施供给滞后的矛盾,必须经过制度创新,通过需求结构的合理化来实现投资结构与产业结构的合理化;我国资本配置政策的基本取向是着力转变地方政府职能,消除阻碍资本区域合理流动的行政壁垒,实行区域市场一体化，积极促进跨区域企业集团投资的发展；必须改革银企关系，发展直接融资市场，规范证券市场，加强金融监管，审慎开放资本市场。

◎ 7. 货币政策、资本市场与经济增长

1997年以后，我国宏观经济政策由抑制总需求转向运用货币政策和财政政策扩大总需求，但货币政策的效果不佳，不得不主要依靠财政政策。针对此问题，张中华于2002年在《管理世界》上发表《论我国的货币政策、资本市场与经济增长》一文，深入分析了货币政策与资本市场的关联，以及货币政策传导受到阻碍的底层原因，探讨了通过完善资本市场，改进货币政策传导机制，从而提高货币政策效应的对策。

他认为，在存在资本市场的条件下，企业与居民将多大比例的货币资本用于真实投资或证券投资，取决于这两种投资收益与风险的比较。我国股票市场价格持续走高并大幅度偏离其内在价值使股票投资的预期收益率高于真实投资的收益率。同时，我国居民的边际消费倾向呈现走低的趋势，货币政策不能通过资本市场的传导有效地增加真实投资与消费。要提高货币政策的有效性，从实体经济角度应着力提高真实投资的预期收益率和居民的边际消费倾向；从货币政策的角度应科学确立货币政策的调控目标，并着力改进货币政策的传导机制。

◎ 8. 高质量发展阶段的投资结构优化

自2012年起，我国固定资产投资增长率持续下降，经济结构中存在的问题凸显出来。目前，我国已开启全面建设社会主义现代化国家的新征程，投资发展与改革面临许多新的机遇和挑战。

张中华和他的博士研究生刘泽圻合作在《中南财经政法大学学报》上发表论文，从创新、协调、开放、绿色及共享五个维度分析了高质量发展与投资结构优化的内在联系以及优化投资结构的必要性；考察了目前我国投资领域中制约高质量发展的突出问题；探讨了如何通过优化投资结构促进高质量发展。他们认为，投资既创造需求，又创造供给，投资结构的优化可以改变要素的条件、组合方式和配置效率，推动经济发展动力变革、质量变革和效率变革。当前，我国基础研究投入水平低、创新投入效率不高、科技成果转化率低，原始

创新能力不足,关键技术和核心技术受制于人,制约创新发展;现代农业、现代制造业、社会性基础设施、新型基础设施投资不足,而房地产投资占比居高不下,制约协调发展;绿色技术研发和应用投资、环境污染治理投资不足,能源投资结构不合理,制约绿色发展;外商投资和对外投资增速放缓,投资结构失衡,制约开放发展;财产性收入差距明显,公共产品供给不均,制约共享发展。要培育创新驱动力、补齐经济发展的短板、完成"双碳目标"、形成经济开放新格局、完善国民收入分配体系,实现共同富裕和高质量发展,就必须深化对新发展理论的认识,明确高质量发展与投资结构优化的底层逻辑,着力优化投资结构,提高投资效率,发挥投资在新时代对优化供给结构的关键作用。

张中华教授在《2014中国金融发展报告》成果发布会暨
第七届中国金融与投资论坛上发布报告研究成果
(图片来源:中南财经政法大学档案馆馆藏,作者手机拍摄)

此外，张中华自2002年开始与周骏教授、朱新蓉教授等共同主持出版《中国金融与投资发展报告》系列，对资本市场与货币政策、资本市场与实体经济、资本市场与投资、资本市场与房地产、资本市场与汇率、金融机构创新与风险管理等问题进行了系统研究。2012—2016年，他与朱新蓉教授等一起主持了教育部（社科司）哲学社会科学发展报告项目"中国金融发展报告"，对中国经济金融宏观调控、金融机构、金融市场、金融国际化和金融监管的发展进行跟踪研究并提出对策建议。

（二）张中华教授关于"大学教育研究"的四个"不该改变"

张中华教授经历了几十年的求学、治学与大学教育管理事业，但他始终如一地笃守着学者本色。对于大学教育他认为："与其过分地关注未来的变化，不如我们很好地思考一下，未来哪些是不变的。"他强调应从以下四方面去关注大学教育。

◎ 1. 张中华教授认为，无论未来如何变化，学者的本色是不该改变的

张教授最为看重"学者本色"。古人说："博学之，审问之，慎思之，明辨之，笃行之。"无论什么时候，我们都要把读书与写作，当作一种生活习惯，一种生活常态，一种重要的、不可或缺的事情来对待。

◎ 2. 张中华教授认为，家国情怀是不该改变的

张中华教授觉得，从古至今，成大事者无不有着浓烈的家国情怀，他们以兼济天下为己任。他说："如今，大量的时代课题没有现成的答案，需要大家去研究，需要大家去回答，需要大家贡献中国的智慧、中国的方案。怎样回应时代的呼唤，回应国家的需要，是一个学者应该考量的问题。"

张中华在攻读硕士学位、博士学位（还包括他留校的两年）期间，没有人、没有任何组织（包括学校、研究生管理部门、教研室）要求他必须发表多少数量的论文。可他不仅自发写了，还投稿发表了多篇论文，有不少论文还发表在《经济研究》等权威学术刊物上。那么是什么激励了他呢？一方面

是"兴趣",另一方面是"时代呼唤""社会时需"。因为当时国家刚刚启动改革开放,作为一个好奇而又有着强烈责任感、关注国家命运的年轻人,他自然非常关注中国的未来发展。改革开放会走向何处?投资体制最终应该怎么改?投资的规模压缩及其膨胀是什么原因?有什么好办法既可以好好治理投资的膨胀,又可以促使经济快速地发展?有很多很多的问题,急需像张中华这样的有志青年去思考。

之前的"48号平房现象"就非常能说明问题,大家聚集在一起,对类似的一些问题感兴趣,都在深刻思考这些问题。因此,大家会不约而同,并很容易找到共同的话题。讨论之后,就会有心得、体会,大家都有了一种"天下兴亡,匹夫有责"的家国意识,有按捺不住要干一番事业的冲动感,如何把这种感觉表达出来呢?于是大家开始写文章。

张中华教授当时之所以会去写作,之所以会去做课题,完全是出于"以天下为己任"的这样一种冲动。

◎ 3. 张中华教授认为不该改变的是"理性平和"

"钻研学问,是要透过事物的现象揭示其本质,从而把握事物运动的规律。"张中华教授强调,"因此,进行学术研究,需要秉持历史的观点和辩证的观点,保持理性平和,主观、狭隘、偏执,都是不可取的。"做学问是个慢工细活,追求的是客观真理。所以张教授说:"在研究过程中,你选择什么问题进行研究,你提出什么样的政策建议,你怎样客观地历史地辩证地看问题,能不能够得出经得起时代检验的一些结论,都需要保持一种理性平和的态度去对待。"

张中华教授就是这样对待学术研究的。从20世纪末至今,他一直致力于《投资学》教材的创新、改革。《投资学》这部教材,是一部普通高等教育国家级"十五""十一五""十二五"规划教材。从2002年起,至2021年已出版了5版;不仅如此,《投资学》(第五版)除了是"十二五"普通高等教育本科国家级规划教材,还是iCourse·教材、中国大学MOOC教材、高等学校金融学专业主要课程精品系列教材丛书之一。此前,他还于1996年与谢进城教授合作出版了供工商管理硕士研究生使用的教材《投资学》。如果从那时算起,张中华对《投资学》的探索历经了二十几个春秋寒暑。这部教材至今生命力旺盛,仍然非常鲜活，这是因为它凝聚了张中华教授从学生到教师几十年关注研究投资学的心血。

从新中国成立至改革开放初期，中国没有投资学，只有基本建设经济学，是专门研究固定资产投资的，后来有一些以投资经济学或投资管理学命名的教材，也是专门研究固定资产投资或产业投资的，不涉及证券投资研究。西方以《投资学》命名的教材，却只研究证券投资，而不研究固定资产投资或产业投资。这两种研究说明一个问题：实体经济与虚拟经济，或实体经济与货币经济形成了研究相互脱节的情况。张中华教授则是把二者结合起来进行研究，他率先探讨了两者间的内在联系与规律性，从而编撰出了有别于其他《投资学》的新式教材。

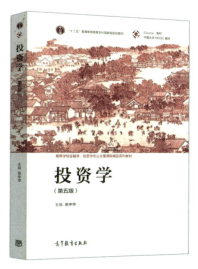

《投资学》（第五版）"十二五"普通高等教育本科国家级规划教材、iCourse·教材、中国大学MOOC教材、高等学校金融学专业主要课程精品系列教材丛书之一
（图片来源：中南财经政法大学图书馆馆藏）

张中华教授指出，教材建设一定要有科学性，所思考的问题需以前期大量研究为基础。

张教授早在读本科时，在学习"基本建设经济学"时，就注重相关知识的积累，并广泛阅读经济学文献，积极思考投资理论与实践问题。站上"基本建设经济学"课程教学的讲台后，他就开始结合实际系统思考投资体制、投资规模、投资结构以及投资区域的配置和宏观的管理等问题。

那个时候很少有人研究投资结构，连投资结构的内涵是什么、投资结构包括什么内容，都不曾有系统专著对其进行阐述，可张中华教授在比较早的时候就已对这些问题进行思考了。投资区域的配置问题也是如此：当时的教材中，投资区域的配置只是投资计划中的一个小问题，不过是短短的几句话，张中华教授则把它变成了独立的问题，然后加以延展，进行深入研究，探寻它的运动规律。

《投资学》之所以后来能够成书，甚至成为新版教材，主要是因为张中华教授在前期做了大量调研，在调研的基础上对内容进行梳理、表述，并对相关内容进行体系化。

当然，张中华教授并没有全盘否定旧版《投资学》教材，也广泛地吸收了国内外的优秀成果，他系统地介绍了投资相关的知识，例如证券的投资、资本资产的定价模型、套利定价模型。经过许多年的发展和积累，国外一些经济学家因对投资方面的研究而获得了诺贝尔经济学奖。张教授在教材中大量吸收这些优秀成果。另外，他还结合中国实际，作了深入细致的思考。因此，张中华教授编写的新版《投资学》教材具有科学性，并且具有很强的实用价值，经受住了时代的检验。

张中华教授指出，如若思考的问题不能接触到事物本质，就会出现错误的甚至会是相反的结论。社会科学之所以需要理性观察，需要辩证思考，需要历史分析，需要随同时代的进步而向前行进，不断创新理念，道理就在这里。

◎ 4．张中华教授认为不该改变淡泊宁静的心态

"淡泊以明志，宁静以致远"。这也是张教授的座右铭。张中华教授能充分理解，现在学者一般压力都比较大，尤其是年轻的老师，既要努力竞评职称，又要养家糊口，且竞争越来越激烈，学校对老师教研成果的要求也越来越高，外界的诱惑也越来越多。不过，张教授认为："'学需静也，非静无以成学'，学者就是要静心，坐得了冷板凳，能够抵挡住各种各样的诱惑。这样，才能够真正把精力都集中到做学问上面。"

张中华教授总结的四点"不该改变"，不仅是他自身几十年求学、治学的真实写照，也是他长期从事大学教育管理的宝贵经验与智慧结晶。

四、教育理念、社会贡献及社会反响

（一）张中华教授的教育理念

张中华教授很重视投资专业人才的培养，并随时随地注意这个问题，无论场合大小、正式或非正式场合都会提及，在重大场合更会借机集中论述强调。张中华教授认为，要培养出合格的投资专业人才，就应对投资学专业进行教学教育改革，因而通过几十年的教学研究与实践，张中华教授对投资学教学教育改革进行了深入思考，形成了他独具特色的教育思想体系。

◎ 1. 结构转型升级与投资专业发展

2017年，在"中南大"隆重召开的第五届中国投资学年会暨投资学科建设研讨会上，张中华教授做了主旨演讲，阐述了新时期投资学科人才培养的重要性与目标。他认为，大学的根本使命是培养人才。大学学科、专业、学位点的设置归根到底是为培养人才服务的，而培养人才的根本目的是满足经济、社会发展对人才的需求。大学的活动有许多内在的规律，但千规律、万规律，与经济社会的发展需求相适应是第一规律，大学学科专业结构、培养目标和培养方案的调整必须与社会需求的变化相适应。

我国经济结构的转型升级，对投资学科的发展和投资专门人才的培养提出了新的更高的要求，投资学科发展和人才培养的重要性将更加突出。为了适应经济转型升级的要求，投资学专业应着力培养复合型、创新型和开放型的人才。投资专业的学生既要懂得金融投资，又要懂得实业投资；既要懂得金融、财政，了解宏观经济运行，又要懂得工程与项目，了解企业经营；既要有必备的专业知识，更需要具有创新精神、创新思维和创新能力；既要立足中国大地，又要仰望星空，放眼全球。

不同类型的学校办学条件、学生来源、师资力量不尽相同，必须走特色发展之路，应制定差异化的人才培养目标和教学方案，增强学生的自主选择性，大力改革教学方式和方法，积极运用现代教学技术手段，在差异化的基础上构建新型的校企合作关系。

◎ **2. 投资学课程思政的内在要求、实现路径与价值**

张中华积极参与投资学课程思政的理论探索与实践。在他看来，课程思政的要义是立德树人，而所谓"德"至少包含道德、品德和德行三层内涵，其中道德是指遵从道，依道而行；品德是指人们的内在品格与行为倾向；德行是指品德的外在表现，通过行为加以体现的善。同时，道德可区分为道德追求、道德倡导与道德规范三个不同范畴。课程思政要达成立德树人的目标，就要通过"格物致知"和道德倡导，让学生认识自然、社会之"道"，依"道"而行，守住道德规范底线，养成优良品德，知行合一，致力于由内而外的道德追求，不断"向善迁上"。专业课程之所以能够融入思政元素，或者说专业课之所以能够引导学生向上向善，就在于两者都是为了求真。专业课程教学与思想政治教育相融的基础在于科学性。正如柏拉图所指出的，真正的善不是现成的东西，而是在持续不断的真理追求中获得的。

依据对效益与风险考量的不同，投资者可以划分为五重境界：一是为个人或为单位获取收益的同时，为国家、为社会、为利益相关者产生正的外部性；二是为个人或单位获取收益的同时，为利益相关者（委托人、供货商、客户等）产生正的外部性；三是为国家、为社会、为他人或其他组织而不计个人得失；四是为个人或单位利益，在法律允许范围内给社会和他人带来负外部性；五是为个人或单位利益，触碰道德、法律底线，给社会和他人带来负外部性。我们培养的学生，不应是精致的利己主义者，而应在为个人或单位获取利益的同时，为利益相关者，为国家、为社会产生正的外部性；为了他人、社会、国家和民族的利益，可以不计个人得失。

做好课程思政教育，要将思想政治教育的基本要求贯穿于专业课程的教学之中，做到润物无声，在潜移默化中达成政治思想教育的目标。为此，在投资学的教学中应寓价值引领于专业知识传授；融科学探索与道德倡导于一体；融言传与身教于一体。教师要像陶行知所说的那样"捧着一颗心来，不带半根草去"，要做学生的知心人、贴心人、暖心人，不仅是学生的良师，更是学生的益友。

寓思想政治教育于专业教育，不仅不会削弱和损害专业的教学目标，而且还可以从多个方面丰富投资学的教学内容，提升专业课的教学质量：让广大学生不仅站在投资者个人的立场思考投资问题，还站在社会和全人类的立场思考投资问题，这样在提升投资学的高度的同时，还可以提升学生的格局和境界，开阔学生的视野；通过考察投资的历史、现状，跟随投资实践前行，让学生知道投资从哪里来，现有处在何种方位，今后要去往何处，这样就延展了投资学专业课程的长度；在经济基础与上层建筑、生产力与生产关系的矛盾运动中考察投资，拓展课程的宽度；不仅传授知识，还注重培养学生追求真理、知行合一的优良品格，增大课程的挑战度；以学生为中心，教师言传身教，增加了课程的温度。

◎ 3. 投资学专业的变与不变

从1978年入校读本科至今，张中华见证了投资学专业日新月异的嬗变。但是，在研讨新时期投资学科发展的研讨会上，张中华用五个不变总结了中南财经政法大学投资学专业发展的经验：一是为民报国、立德树人的初心不变；二是理论联系实际、学以致用的治学之道不变；三是虚实结合、文理兼修复合型人才的培养目标不变；四是兼容并蓄、和谐相助的教师传统不变；五是重视学生横向学习、自主学习不变。投资学专业为国家培养了一大批国之栋梁、国之英才和国之专才，靠的不是大师鸿儒，而是坚守为民报国的初心，坚守学以致用的治学之道，坚守复合型性人才培养目标，坚守教师和谐相助，坚守以学生为中心。

◎ 4. 中国特色投资学的构建

张中华认为，中国投资的实践为中国投资学的建设提供了丰富的思想素材，同时也提出许多需要研究的课题，实践呼唤中国特色投资学。

中国特色投资学应包括四层内容：一是揭示社会化生产条件下投资运行规律和投资者行为特征。二是揭示市场经济条件下投资的共性。三是揭示不同经济发展阶段性投资的运行规律。四是揭示中国自然资源禀赋、文化传统、人口结构、经济体制、政治体制等因素对投资运行的影响，从中国投资的历史发展中总结发现中国投资运行的特征和规律。

中国投资学的理论源泉：中国投资学的构建无疑要积极借鉴西方投资学的有用成分，但必须以马克思主义为指导，以习近平新时代中国特色社会主义经济思想为精髓，并从中国传统文化中吸取营养。中国的投资是在中国特定的经济、政治、社会、文化、生态环境条件下运行的，既会受到中国经济、政治、社会、文化、生态环境条件的影响和制约，反过来又对中国的经济、政治、社会、文化、生态环境产生广泛而深远的影响。

我国经济进入新常态，其重要的标志是投资增长受到资源供给和生态环境的压力而持续下降。中国经济由高速增长转向高质量发展，必须深化供给侧结构改革，必须深化投融资体制改革，发挥投资对优化供给结构的关键作用。习近平新时代中国特色社会主义思想博大精深，包含着深刻的投资思想。不仅如此，习近平新时代中国特色社会主义思想中所蕴含的立场、基本方法和基本观点还为我们研究观察中国投资实践，总结中国投资实践经验和规律提供了指导，并且提出了大量需要研究的问题。如投资怎样坚持人民立场？投资在经济新常态下面临哪些新的机遇与新的挑战？投资如何贯彻创新、协调、开放、绿色、共享的发展理念？如何评估股票投资的价值？如何让证券投资更好地服务于实体经济？如何深化投资的体制改革与开放，在充分发挥市场机制对资本配置的决定性作用的同时更好地发挥政府作用？等等。构建中国投资学，不仅要求我们学深悟透中国特色社会主义思想的精髓，还要求我们运用其基本原理和思想方法去研究投资领域的理论与实践问题，从而构建适应时代要求的专业理论、知识体系，将习近平新时代中国特色社会主义思想转化为专业话语，讲好专业故事。

中国投资学要综合运用逻辑归纳演绎与历史分析、实证分析相结合的方法。要从中外现有研究文献中归纳提炼投资的基本原理，从中国投资发展的历史中归纳总结基本经验和教训，提炼投资的理论范畴；运用逻辑演绎推理方法揭示投资与消费，投资与经济增长、经济结构变动，投资与财富积累的关系；阐述投资与相关经济变量相互影响的底层逻辑等。同时，要通过实证检验逻辑归纳演绎的结论是否正确。

（二）张中华教授的社会贡献

◎ 1. 对国家投资体制改革的贡献

早在20世纪80年代末期，张中华教授在中国投资学年会上两次作重点发言，通过对我国投资体制现状的客观分析，提出必须通过明确政府职能，实行分税制改革和加强银行的垂直领导来实行地方政府投资行为的合理化。张中华创见性的观点引起了广泛的关注，并受到国家有关部委的重视。1988年，受国家计委邀请，张中华参加了投资体制改革方案的起草工作。

◎ 2. 对湖北省、武汉市投资发展的贡献

张中华教授长期受聘为湖北省政府咨询委员会委员、湖北省委决策支持顾问和武汉市政府决策咨询委员会委员，在潜心投资学术问题研究的同时，十分重视投资改革与发展的重大实践问题，尤其关注湖北、武汉市的投资实践问题。

湖北地处中部地区，承东启西，连通南北，在全国经济发展中具有十分重要的地位。要在中部地区实现率先崛起，并成为长江经济带开放开发的战略支点，必须充分发挥湖北"九省通衢"的地理优势和科教优势，着力增加有效投资和优化投资结构，推进经济结构转型升级和经济提质增效。为此，张中华就湖北的发展问题提出了一系列建议。

（1）关于湖北的投资环境。

在湖北省政府咨询委员会召开的湖北投资环境专题研讨会上，张中华提出衡量投资环境的关键指标，一是从投资进入回收的时间，其中包括投资前期即从洽谈、审批到建成投产的时间，以及从建成投产到收回投资成本的时间。二是投资的交易成本、投资成本和生产经营成本。要营造良好的投资环境，首先必须减少行政审批事项，简化行政审批程序、环节，提高行政审批效率，从而缩短行政审批的时间。其次，必须着力减少交易成本，尤其是构建对公共权力的约束机制，让权力在阳光下运行，杜绝设租寻租。再次，保持政策的稳定性。投资是跨期选择，具有不可逆性，投资项目一旦上马，中途政策变

卦，可能导致投资者处于被动状态，甚至产生不可挽回的损失。最后，发展产业集群，以商招商，为投资者加快投产、降低投资成本和生产经营成本创造良好外部条件。

（2）关于湖北省文化事业进一步繁荣发展大计。

2015年2月10日，张中华以中南财经政法大学党委书记、教授的身份参加了在武汉举行的、有省委省政府主要领导与文化界名家代表参加座谈的、共商推动湖北省文化事业进一步繁荣发展大计的"2015年湖北文化界新春座谈会"。会上，张教授说"近年来，湖北省理论战线的工作可圈可点"，评价了令他"印象最深的有三件事"，并重点就湖北省"需要进一步推进哲学和社会科学的理论创新"向省委、省政府谈了他的观点，他"期盼省委、省政府进一步重视和加强湖北理论研究的组织和领导，进一步推动理论创新"，并提出了三点建议："一是加大湖北省社会科学课题的支持力度。二是组织湖北社会科学研究成果的系列出版，出版荆楚名人名作系列、重大课题成果集萃系列、青年马克思主义学者的优秀创新作品。三是加大对中国特色社会主义理论进高校的支持，充分发挥高校思政课的主渠道作用，推出一批思政MOOC课程和公开视频课程，加大思政课老师的培训、交流力度，同时，积极推动省领导、道德楷模等走进大学课堂和论坛，为学生授课讲学。"

（3）关于科技金融发展。

张中华主持过武汉市科技局课题项目，就武汉市科技金融的发展提出建议。课题报告认为，武汉市科技实力雄厚，研究投入和成果在全国具有领先地位，但科技创新成果的转化率不高，原因有很多，重要的一条是科技金融的发展不足。要促进湖北武汉的科技创新，必须大力发展科技金融：一是大力发展天使基金、风险投资基金和政府风险投资引导基金。美国硅谷和国内深圳市科技创新发展的经验表明，风险投资对于科技创新是不可或缺的，就像人的生命离不开血液，机器离不开能源一样。二是发展科技银行，鼓励商业银行接受企业以知识产权作为抵押申请贷款。三是增加政府科技创新直接补贴、科技贷款补助、科技产品公共采购、政府风险投资引导基金，更好地发挥政府的引导作用。四是发展知识产权价值评估、风险投资与银行贷款保险，多措并举，合力协同促进科技创新。

(4) 关于武汉城市群的发展。

早在武汉城市群建设方案获批之前，在湖北省政府征询年度政府工作报告的会议上张中华提出，以武汉市中心城区为圆心，以车程45分钟为半径，发展武汉都市圈，培植湖北经济发展的增长极，并带动周边地区发展。为此，首先应实现都市圈内基础设施的互联互通，特别是构建一体化的交通网络和通信网络；其次应实行圈内产业的分工协作，都市中心区以发展高科技产业和现代服务业为主，周边地区发展各具特色的加工制造业、旅游业和都市农业；再次应构建圈内利益协调机制，实行税收分享，促进公共服务供给的均等化。

(5) 关于如何发挥政府发展规划的作用。

在"武汉2049"远景发展战略专题研讨会上，张中华提出，政府制定经济社会发展规划，不能只考虑做什么，还应考虑不做什么，如要保护江河湖泊和山体，要确定需保护的区域范围；要提升城市的功能等级，促进城市产业的转型升级，要列出禁止投资的类型；要保护好城市的文物古迹。市场经济条件下，企业是投资的主体，企业投资什么、投资多少主要依据市场需求而定，随着科学技术的进步和消费需求的转型升级，市场需求是不断变化的，充满不确定性，政府不宜具体规划企业应发展哪些产业。政府制定城市发展战略，主要应根据城市的生态和自然承载能力，预测人口规模，制定土地使用规划和交通道路规划，从而决定城市的功能定位和基本格局。政府看不准的事不做；做不好的事不做；适合未来做的事不急于现在做。要为城市的发展预留空间。要投资的基础设施和公共服务项目，则需要考虑长远，避免建了拆、拆了建。

张中华教授积极参政议政，他的许多建议不仅获得政府部门的认可并采纳，还多次荣获湖北省委决策支持工作优秀成果二、三等奖。

（三）张中华教授在学科建设上的贡献

学术界认为，张中华教授在投资学科的建设方面是一位开创者，为国家和中南财经政法大学的学科建设作出了不可或缺的贡献：他在1993年于中南财经大学首次为硕士研究生开设"中外投资理论比较研究"课程；他最早于1996年领衔中南财经大学成功申报、获批我国高校第一个投资经济方向博士点，并成为国内第一位投资经济方向博士生导师；他专门以"投资学科建设"作为课题项目进行了中国投资学科建设问题研究，促进了投资学科的建设、发展；1996年他在出版的《投资学》创新教材中突破原有同类教材的框架，以投资决策为核心，引入投资—储蓄的分析方法，首次对投资学进行了大胆的创新；之后，他对第一版《投资学》进行了多次创新改革，前后推出了七版《投资学》。七个版本《投资学》教材的出版，是一个学者20余年对事业执着、坚持、坚守与创新的结晶，这充分说明张中华教授一直保持着真正学者的本色。

进入21世纪之后，中南财经政法大学在全国高等教育学校公共基础课中首创了"经济学通论""法学通论""管理学通论"三门必修课程，而此"三通"教材之一的《管理学通论》是张中华教授主编的。他为强力推进经、法、管三大学科的交叉、渗透、融通，拓宽学生的视野，提升学生的综合素质作出了重要贡献。

中南财经政法大学在全国高校公共基础课中首创的"三通"教材
（图片来源：中南财经政法大学档案馆校史展览馆展存图片翻拍）

（四）社会对张中华教授的重要肯定

张中华教授经过几十年的教学、科研，乃至教学管理，硕果累累，其水平受到师生与社会的充分肯定，并获得了一系列荣誉。

◎ 1. 个人主要综合荣誉

张中华教授个人主要综合荣誉如下：

1995年，获霍英东教育基金会青年教师基金资助[1]；

1996年2月9日，获批1995年度湖北省有突出贡献的中青年专家称号[2]；

1997年，入选国家百千万人才工程[3]；

1997年，被遴选为首批"财政部部属院校跨世纪学科（学术）带头人培养对象"[4]；

1998年，荣获湖北省十大杰出青年称号；

1998年，被中南财经大学推荐为湖北省跨世纪学科带头人人选[5]；

1999年3月，作为"对投资结构进行系统研究的学者"入选《湖北省社会科学界名人》（第2卷）（湖北省社会科学联合会编）；

2000年7月，获批为1999年度国务院政府特殊津贴专家；

2001年，入选"湖北省跨世纪111人才工程"。

◎ 2. 教学、学术主要荣誉

张中华教授教学、学术主要获奖如下：

1997年，《中国市场进程中地方政府投资行为研究》获中国财政学会优秀科研成果奖一等奖；

2001年1月，《告别短缺：中国社会总需求、总供给与投资理论新探》获第二届湖北省人文社会科学优秀科研成果奖（1994—1998年）二等奖；

2003年，《论产业结构、投资结构与需求结构》获第三届湖北省人文社会科学优秀科研成果奖三等奖；

2006年，主持的"投资学"课程被教育部评为精品课程；

---

[1] 参见《人民日报》1996年1月23日报道。
[2] 参见"湖北省各类高级专家考核名册"，1997年12月。
[3] 1998年12月3日获批。
[4] 参见中南财大人字〔1997〕第194号。
[5] 参见中南财大人字〔1998〕第162号。

2008年，作为第二主编的《投资与资本市场》（中国金融出版社，2005年）获第六届湖北省社会科学优秀成果奖二等奖；

2012年，主编的2009年《投资学》获湖北省优秀教材一等奖；

2009版《投资学》2012年获湖北省优秀教材一等奖
（图片来源：中南财经政法大学图书馆馆藏）

2013年，《房地产与资本市场》（第一主编）荣获第八届湖北省社会科学优秀成果奖一等奖。

以张中华教授为第一主编的、2009年出版的《房地产与资本市场》
获第八届湖北省社会科学优秀成果奖一等奖
（图片来源：中南财经政法大学金融学院）

◎ 3. 社会服务主要荣誉

张中华教授社会服务主要荣誉如下：

2013年6月，《简论湖北发展的阶段性特征》荣获湖北省委决策支持工作优秀成果三等奖；

2015年，《湖北应紧紧扭住投资这个"牛鼻子"促进竞进提质改革发展》荣获湖北省委决策支持工作优秀成果二等奖。

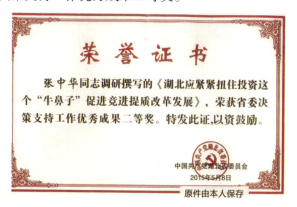

2015年《湖北应紧紧扭住投资这个"牛鼻子"促进竞进提质改革发展》
获湖北省委决策支持工作优秀成果二等奖
(图片来源：中南财经政法大学金融学院提供)

覃有土　博导

我国改革开放后培养的新一代著名法学家、教育家
　　　　——覃有土教授

一、档案名片

姓　　名：覃有土

性　　别：男

国　　籍：中国

民　　族：壮族

生卒时间：1945年7月—2023年3月

出 生 地：广西田东县

政治面貌：中共党员

最后学位：法学硕士

毕业学校：湖北财经学院

所学专业：民商法

毕业时间：1982年

获聘博导：1996年6月，根据国务院学位委员会批文、经武汉大学自行审定，受聘为武汉大学民商法学专业博士生导师，并报国务院学位委员会办公室备案

工作单位：中南财经政法大学法学院、原中南财经政法大学武汉学院（现武汉学院）

工作类别：教学、科研、行政管理

职　　称：教授

从事专业：民商法

学术专长：民商法

主研领域：民法学、商法学、保险法

二、成长历程

覃有土，男，壮族，1945年7月出生于广西壮族自治区田东县一个世代务农的农民家庭；2023年3月12日8点47分因病医治无效，于汉口逝世，享年78岁。

覃有土先生是我国著名民商法学家、商法学奠基人之一，中南财经政法大学原副校长、教授、博士生导师。

覃有土教授，1965年8月，考取原湖北大学（现中南财经政法大学前身之一）法律系读本科，1970年7月毕业留校，在学校毕业办从事文书工作。

有着"杏坛讲学"梦想的覃有土，不甘在行政岗位干一辈子。1979年，他在不影响工作的情况下，拼命挤时间复习功课，非常顺利地考上湖北财经学院（现中南财经政法大学前身之一）硕士研究生，1979年9月—1982年7月于湖北财经学院法律系攻读硕士学位。1982年获法学硕士学位①。覃有土获得硕士学位后，继续留在母校，并如愿以偿地由行政转为教学、研究工作。

1984年中南政法学院恢复建校，覃有土跟随院系一同转入新复校的中南政法学院，继续在杏坛为一届一届的求知者们传道授业解惑。留校任教的覃有土老师，由于能脚踏实地工作，教学、科研都表现得扎实、沉稳、突出，先后在中南政法学院一步一个脚印地逐步晋升为助教、讲师、副教授、教授。

20世纪90年代初期，全国已开始实行部分高校自行审定、聘任博士生导师制度，但当时的中南政法学院不具备自行审定、聘任博士生导师的条件。然而，覃有土教授在民商法的教学、研究方面都已取得突出成就，仅出版的经济法、经济合同法、债权法、保险法等民商法方面的专著及主编与参编的著作、教材就有10部左右。自他攻读硕士学位开始到1996年上半年为止，10多年的

---

① 参见《中南财经政法大学学科学术发展史》"法学院学者名录"章节，第508页，2003年版。

时间,覃有土教授先后在债权法、保险法、票据法三个方向进行了研究,且在三个方向都取得了相当重要的成果。因而,1996年6月起被武汉大学聘任为民商法博士点博士生导师①,开启了他为国家培养高精尖博士人才的教育教学生涯,他在武汉大学带博士研究生一直到2005年。实际上,覃有土教授自20世纪90年代初就已成为武汉大学兼职教授,从武汉大学档案馆馆藏中初步搜索到的覃有土教授所带硕士毕业生名单显示,最早的时间为1992年。

1999年3月,覃有土教授入选由湖北省社会科学联合会编写出版的《湖北省社会科学界名人》(第2卷)②,该卷还专文介绍了覃有土教授20世纪的主要教学、研究成就。文章说,覃有土先生"1988年被破格晋升为副教授,1992年被国务院批准享受政府特殊津贴待遇,1993年晋升为教授,1996年被聘为武汉大学民法学博士生导师。现任中南政法学院副院长、院学位委员会主席、院学术委员会副主任。同时还兼任中国法学会理事、中国民法经济法研究会理事、湖北省行为法学研究会副会长、武汉市经济法研究会副会长、武汉市法学会副会长等。先后发表论文30余篇,出版著作14部,计230万余字。""覃有土教授主要研究方向,一是债权法,二是保险法,三是票据法。""10多年来,他在上述三个方向上都富有成果。"

2000年全国掀起了高等院校合并热潮,原本同根生的中南财经大学与中南政法学院两所高校合并成了一所高校,覃有土教授被新组建的中南财经政法大学继续聘任为教授,其继续在民商法教学、研究岗位上从事着他心爱的高等教育事业。

2000年9月,中南财经政法大学获批民商法学科博士学位授权点,覃有土教授获聘中南财经政法大学民商法学科博士点博士研究生培养指导教师,并于2002年开始招收本校教师赵家仪为本校首个民商法学科博士点博士研究生,直到2007年,覃有土教授为中南财经政法大学培养了博士研究生23人,为国家及中南财经政法大学的法学博士教育作出了重要贡献。

---

① 据中南财经政法大学博士生导师分年汇总表公布的历年博导名单。
② 参见湖北省社会科学联合会组编出版的《湖北省社会科学界名人》(第2卷)《跨入民法研究领域的前沿》一文,湖北人民出版社,1999年。

覃有土教授是一个非常勤奋的人，是一个"多产"的学者。20世纪仅著作方面就出版了14部之多。进入21世纪之后，覃有土教授将精力、研究重心主要集中在了商法和保险法的研究上。自2000年起，覃有土教授仅商法方面的教材和专著就出版了9部以上；保险法方面的教材和专著出版了7部；还将与他人合作主编的《民法学》编写出版到了第9版。在论文方面，涉猎知识产权、婚姻法、证券投资等方向。

覃有土教授从事了几十年的教学、科研，取得了常人难得的可喜的学术成就。同时，他还教研、行政双肩挑工作了20多年。覃有土教授于1984年12月—1987年3月担任中南政法学院经济法系副主任；1988年12月—1991年1月担任中南政法学院教务处处长；1991年1月28日被司法部党组任命为中南政法学院副院长直至2000年5月①。2000年中南财经大学与中南政法学院合并组建中南财经政法大学，覃有土教授被任命为中南财经政法大学副校长②；2004年中南财经政法大学武汉学院成立，覃有土教授被中南财经政法大学校党委常务委员会选派，任命为"武汉学院"院长，2007年5月经中南财经政法大学校党委常务委员会研究决定，继续选派覃有土等同志到武汉学院任职，覃有土任武汉学院董事会副董事长、院长③，直至2010年退休。2002年覃有土教授当选湖北省第五届政协委员。同时还兼任过一系列学术职务与社会行政职务，即武汉大学民商法专业硕士与博士研究生导师、中国法学会理事、国家司法考试协调委员会委员、中国法学会商法研究会副会长、湖北省人民政府法律专家咨询委员会委员、中国民法经济法研究会理事、湖北省行为法学会副会长、武汉市法学会副会长、武汉市经济法研究会副会长、中国保险法研究会顾问等。

2016年1月6日，已脱离中南财经政法大学而独立转设的武汉学院举行了一场特别的颁奖仪式。据报道："'陈一丹奖教奖学金'第六度在武汉学院颁发，共有43名师生分享了百万巨奖，其中著名民商法学家、武汉学院首任院长覃有土成为首位教育功勋奖的获得者。"

---

① 以上任职参见萧伯符主编、李俊群等撰稿的《中南政法学院史稿（1948—1994）》。
② 见中华人民共和国教育部教任〔2000〕19号任职通知。
③ 见中南大函字〔2007〕13号函件。

2004年夏，中南财经政法大学武汉学院①首任院长覃有土教授
陪中南财经政法大学校领导视察武汉学院
（图片来源：中南财经政法大学档案馆馆藏）

2016年1月覃有土教授成为"陈一丹奖教奖学金"首位教育功勋奖获得者
（图片来源：武汉学院校园网）

2020年12月10日下午，中南财经政法大学法学院民商事法学教研室特邀覃有土教授为全体教研室教师做了题为"民商事法学课程建设"的专题讲座。此次讲座，旨在加深教师对于民商事法学课程改革方向的思考，从而更好地提高教师的教研能力。覃有土教授通过课程建设的背景、课程建设的内涵、课程

---

① 2015年，原中南财经政法大学武汉学院转设成为民办本科高校，并正式更名为武汉学院。

建设的基本思路以及下一步改革建议四个部分展开对民商事法学课程建设的讲述，强调了要以现有人才培养方案中设置的民商法学相关课程为抓手，既要结合法学学生的应用型人才培养目标，也要结合现有的法学院师资力量，不断深耕课程，教师们必须加强学习，将民商事法律理论制度与实践结合起来，更好地教导学生。同时，教师们在不断学习和摸索的过程中，会发现民商事法律制度仍存在很多尚待拓展的空间，这些都是值得教师们去探索思考的知识领域。

现如今覃有土教授已驾鹤西去，愿他一路走好！

民商法教研室讲座现场

（图片来源：中南财经政法大学法学院官网）

三、主要研究领域与学术成就

（一）覃有土教授主要研究领域

自1982年来，覃有土教授于中南财经政法大学从事民商法的教学与学术研究几十年，为本科生、硕士生、博士生讲授民法学、合同法、保险法、票据法、商法总论等课程，相继开设债权法、保险法、票据法、商法总论等课程。

覃有土教授的主要研究领域是民商法，但他涉猎民商法的分支法领域颇多，且都有一定的建树。

覃有土教授先后在法律出版社、北京大学出版社、中国政法大学出版社及光明日报出版社等出版了专著和教材30余部。在债权制度研究方面，先后出版了《我国经济合同的理论和实践》《债权法》等专著；在保险法研究方面，先后出版和发表了《保险法概论》《保险法学》《新编保险法学》《论保险的职能和作用》《论保险的含义及其要素》等著述及文章；在票据制度研究方面出版了《有价证券法的理论与实务》《票据法全书》等著作。

教材在一定时期能系统反映学术发展与教学、科研成果的与时俱进。因此，在社会科研不断进步、教师教学实践不断发展的境况下，必然会要求教材要不断进行修订。国际国内的诸多经典教材都呈现出一个基本的规律：隔几年（在特殊情况下甚至有的只过了一年）就修订一次教材，为的是使教材能紧跟时代脉搏，日臻完善，从而形成经典，广为流传。这已是教材编写不成文的一种规律。覃有土教授不仅遵循了这一规律，还特别善于编写教材，根据中南财经政法大学法学院介绍，覃有土教授主编的《保险法》教材（北京大学出版社，1998年）是我国保险法学的开山之作，其主编的"九五"国家级规划教材《社会保障法》（覃有土等编著，1997年版）、"十五"国家级规划教材《商法学》（普通高等教育教材，覃有土主编，高等教育出版社，2004年版）、高等政法院校规划教材《民法学》（中国政法大学出版社，覃有土副主编或主编，1997年11月第一版，至2022年已修订至第九版）、高等政法院校法学主干课程教材《商法学》（中国政法大学出版社，独编，1999年第一版；至今修订版仍在出版）、高等院校应用型本科"十三五"规划教材《民法概论》（覃有土主编，华中科技大学出版社，2016年）、高等法学教育通用教材《保险法教程》（独编，2002年修订版）、全国高等教育法学专业核心课程教材21世纪法学创新系列教材《保险法学》（独编，2003年版）等，深受广大读者欢迎。覃有土教授主编的集理论研究与实际运用于一体的《票据法全书》被认为填补了我国票据法大型工具书的空白。撰写的《有价证券法的理论与实务》问世后多次重印，被湖北省经济法研究会和省经济学团体联合会评为优秀著作。

除以上教材成果，覃有土教授重要代表性著作成果还有：普通高等教育教材《商法学》系列教材，自学考试新教材《保险法》，全国高等教育自学考试

《保险法自学辅导》，自考教材《保险法》《保险法自学考试指导与题解》《保险法概论》《经济合同法通论》，21世纪法学丛书《保险法概论》（第2版），《债权法》（覃有土等编著，光明日报出版社，1989年版），等等。《保险法概论》同时还获司法部奖励，并先后重印出版三次。

覃有土教授在《中国法学》《法学研究》《法学》《现代法学》等刊物发表重要论文一百多篇。代表性学术论文有《浅论我国公证立法》（中国法学，1991）、《同一法律问题的悬殊规定——评大陆与台湾对两岸人民继承彼岸遗产的不同态度》（法学研究，1992）等，且所撰写的论文有多项获奖。

覃有土教授论著观点独特而备受学界关注，有不少成果被收录，如《论保险的含义及其要素》被收入《中国"八五"科学技术成果选》（第四卷）。此外，覃有土教授撰写的《论海峡两岸法定继承之异同》和《我国继承法基本原则探讨》分别被收入《中国"八五"科学技术成果选》（第三卷）和《中国人文社会科学博士硕士文库》。

覃有土教授主要承担并完成了一系列国家、部省市级课题项目，如1987年负责承担了司法部课题"债权法研究"；1994年负责承担了司法部课题"市场经济机制中的中国社会保障问题研究"；1997年负责承担了国家社科基金项目"中国社会保障法研究"，起讫时间为1997年—2000年；负责承担了司法部1999年规划项目"中国商事法基础理论研究"，起讫时间为1999—2001年；以及司法部的"市场经济机制下的中国社会保障制度研究"项目等。

（二）覃有土教授主要学术观点

◎ 1. 关于债法的问题

覃有土教授认为，债是民法学的核心。所谓民法是调整商品经济的基本法律，从某种意义上说指的是债权法。民法债权制度的兴与衰，与社会的安定和发展息息相关。衡量一国民事立法完善与否，商品经济发展水平如何，当首先观其债权立法。基于这种认识，覃教授在读研究生时就选择了这一重要的研究方向。之后，覃有土教授进一步提出合同制度为"债"这个民法学的核心之核心，但合同制度仅是债所发生的根据的一种，它无法替代债权制度。债权制度具有国际性，立法操作者应充分地采取其共性与通性，减少其区域色彩。

◎ 2．关于继承法问题

覃有土教授认为，继承权是由所有权派生而来的，调整继承关系的继承法理当列入民法体系。完整的民法体系还应该包括婚姻家庭制度。与债权制度富于个性相反，婚姻继承制度具有浓厚的民族色彩，爱是海峡两岸婚姻继承立法司法活动得以沟通的天然基础。

◎ 3．关于保险法问题

覃有土教授认为，保险的职能只能是组织经济补偿。通过收取保险费而积累起来的保险基金，类似银行储蓄的储蓄资金，是对作为一个总体的被保险人的一种负债，不能视为保险人的利润而据以纳税，否则，保险的结果将是不保险了。告知并非保险合同义务，它只是合同成立前保险人的意思表示，合同成立之前是不存在义务的。

◎ 4．关于民商法与经济法的关系问题

覃有土教授认为，一个独立的法律部门不是靠学生们争论出来的，也不是立法者所能解决的问题，经济法能否独立出来，应由实践去定义。

◎ 5．关于民法与商法关系问题

覃有土教授在民法与商法两个研究领域都倾注了很大心血。覃有土教授认为，商法是民法的特别法，其中的保险法、票据法与民法债权制度关系密切，研究债权法不可不研究保险法和票据法。市场经济愈发达，社会就愈需要与之相应的完善的保险法律制度和票据制度。因此，他指出，民法与商法合一同民法与商法分立，各自有其历史的因由和法文化的原则，两者各有其利弊，不可以一概而论，更不可简单地给予肯定或否定。

◎ 6. 关于社会保障问题

覃有土教授认为社会保障法是民法（私权）社会化的产物，是从"契约"到"身份"变迁的标志；民法是社会保障法的私法化，社会保障法是对传统民法于生存权保障之缺失的补充；社会保障法之研究与构建，应以生存权为中心，整合包括民法、劳动法与社会保障法之理念与价值，作一体化研究。

四、社会贡献及社会反响

（一）社会贡献

据中南财经政法大学法学院介绍："他（覃有土教授）一生钟情学术，为我国民商法学科建设、理论发展和人才培养作出了杰出贡献。"

在学科建设方面，覃有土教授主编出版了我国保险法学的开山之作——1998年《保险法》教材、主编出版了"九五"国家级规划教材《社会保障法》、独编出版了"十五"国家级规划教材《商法学》、主编出版了高等院校应用型本科"十三五"规划教材《民法概论》、主编出版了高等法学教育通用教材《保险法教程》、编著出版了全国高等教育法学专业核心课程教材21世纪法学创新系列教材丛书《保险法学》、与他人合作主编出版了九版高等政法院校规划教材《民法学》及多版高等政法院校法学主干课程教材《商法学》。他主编的集理论研究与实际运用于一体的《票据法全书》被公认"填补了我国票据法大型工具书的空白"。

（二）社会反响

◎ 1. 社会评价

学界认为，在覃有土教授的"研究成果中，《债权法》《保险法概论》均属新中国成立以来该研究领域最早完成的系统而全面的研究论著，同行给予较高的评价，影响较大"。同行认为"他在以上三个研究方向已进入前沿领域，特别是债权法和保险法的研究方向上，一是起步较早，二是成果较突出，三有与他人不同的研究风格，从而在国内确定了自己的学术地位"。

《湖北省社会科学界名人》（第2卷）评价覃有土教授"其研究成果在相关领域数次领先国内同行，具有开拓性和创建性"。

法学专家网认为，覃有土教授"相继研究商法、保险法、社会保障法和商业法基础理论等前沿领域，并在相关领域四次领先国内同行，具有开拓性和创建性"。

2023年3月12日，中南财经政法大学法学院发布的讣告中称覃有土教授为中国共产党优秀党员、我国著名民商法学家、我国商法学奠基人之一、中南财经政法大学教授。

2023年3月13日，中南财经政法大学法学院微信公众号发布的纪念文章《覃有土教授生平》称："覃有土教授是中南财经政法大学商法学科的奠基者。……在法学界和法律实务界享有崇高声望。……覃有土教授忠诚于党和国家的教育事业，淡泊名利、追求真理，为中国商法学的发展作出了卓越贡献，为湖北省商法学的建立、发展和繁荣作出了开创性的不可磨灭的贡献，为中南财经政法大学商法学科的建立、发展和繁荣作出了开创性的不可磨灭的贡献。覃有土教授深受全国商法学同人的敬重和爱戴。覃有土教授克明俊德、甘为人梯、大公无私，全心全意地扶持青年、提携后辈，天下桃李，悉在公门。覃有土教授的一生，是为中国民商法学事业不懈奋斗的一生。克符孔圣（周公）业，奕世不可追。覃有土教授的离去是中国法学界、湖北省法学界、中南财经政法大学的重大损失！学界后辈将化悲痛为力量，以覃有土教授为榜样，不忘初心、砥砺前行。覃有土教授永垂不朽！"

《极目新闻》称："覃有土教授的一生，是为中国民商法学事业不懈奋斗的一生。覃有土教授的离去是中国法学界、湖北省法学界、中南财经政法大学的重大损失。"

武汉学院称："覃有土先生为武汉学院的建设发展和成功转设作出了突出贡献，2016年获武汉学院'陈一丹奖教奖学金'教育功勋奖和第一届梅花鹿勋章。覃有土先生的逝世是武汉学院的重大损失！我们沉痛悼念并深切缅怀覃有土先生！"

◎ 2. 社会肯定

覃有土教授主要综合荣誉如下：

1992年，被国务院批准为享受政府特殊津贴待遇专家[①]；

1999年3月，入选《湖北省社会科学界名人》（第2卷）；

2001年3月，与中南财经政法大学其他两位教授一同荣获武汉市仲裁委员会第二届优秀仲裁员称号；

2016年1月，成为武汉学院"陈一丹奖教奖学金"首位教育功勋奖获得者。

工作以来，先后被《中国社会科学家大辞典》（英文版）、《中国当代知名学者辞典》、《中华法学大辞典》（民商法卷）、《中国高等教育专家名典》等作为著名学者收录。

学术主要获奖方面：覃有土教授撰写的《同一法律的悬殊规定》被司法部评为"八五"期间优秀论文；编著出版的《债权法》《保险法概论》获湖北省社会科学优秀成果奖三等奖；《保险法概论》获司法部优秀成果奖二等奖。

---

① 1993年1月28日获批，参见2018年版《中南财经政法大学学科学术发展史》，第1771页。

我国改革开放后培养的第一代著名中小企业管理学专家、
新一代产业经济学家、教育家
——林汉川教授

一、档案名片

中文姓名：林汉川

性　　别：男

国　　籍：中国

民　　族：汉族

出生日期：1949年2月

出 生 地：重庆市

政治面貌：中共党员

最后学历：博士研究生

最后学位：经济学博士

毕业学校：中南财经大学（中南财经政法大学前身之一）

所学专业：政治经济学

毕业时间：1997年

获批博导：根据国务院学位委员会批文、经中南财经大学遴选审定、并报国务院学位委员会备案，1998年3月正式获批中南财大政治经济学专业博士点博士生指导教师

工作单位：中南财经政法大学经济学院、对外经济贸易大学国际商学院、浙江工业大学中小企业研究院

工作类别：教学与研究

职　　称：国家二级教授

从事专业：中小企业管理、产业经济学

主研领域：现代企业理论与企业制度、中小企业发展与政策、公司治理与组织变革、产业结构调整与转型升级、企业国际化经营等

二、成长历程

林汉川，男，1949年2月生，重庆市人。经济学博士，国家二级教授，对外经济贸易大学特聘教授、特聘研究员，多所高校特聘教授，中南财经政法大学、对外经济贸易大学、浙江工业大学等高校博士生导师，对外经济贸易大学产业经济学专业博士后流动站联系导师，享受国务院政府津贴专家。

林汉川教授，1986年7月于中南财经大学工业经济专业硕士研究生毕业，同时获得经济学硕士学位。林教授获得的硕士学位看起来与其他硕士毕业研究生无异，可他付出的努力比一般硕士研究生要多得多。因他的起点不同于一般硕士研究生：他在考取硕士研究生之前，只是一个从没上过大学的普通工人，他完全是出于对当时现实经济生活的困惑与振兴国家经济的渴望，从国家恢复高考后的1979年才开始一边工作一边自修大学课程，以勤补拙，数年如一日。为此他写下了52本读书笔记，终于从一名拖家带口、以普通工人收入养家糊口的老三届学生，脱胎换骨，走进大学象牙塔。在读硕士研究生的三年里，林汉川的宝贝女儿不幸身患白血病，为此，他遍访名医。因而，求学期间，他几乎经常披星戴月，每天在学校和医院之间来回奔波。即使生活到了这样的境地，他竟然还出版了两部著作，发表了23篇论文。可让他极其痛心的是，硕士研究生的论文答辩刚刚完成，心爱的女儿还是随天使飘然而去，再见却只能在他的记忆里与梦中。

林汉川硕士毕业后，留在母校当了一名高校教育工作者。自1986年硕士研究生毕业留校任教至1992年，林汉川老师在完成规定的繁重教学任务与教研室行政事务等工作的前提下，参与编写了20部专著（包括教材，其中主编10部），发表70多篇专业论文，完成涉及5个省市的科研课题。他当时已经公开出版各种论著达近200万字，他在中央一级报刊上发表了专业学术论文26篇，其中10余篇论文被中国人民大学《复印报刊资料》等有学术引领性、权威性的报刊转载，其学术观点在学术界同行中产生了一定反响。5年多的时间里，他曾9次荣获国家体改委、国家国资局、中央人民广播电台、《经济日报》、湖北省委宣传部、湖北省经团联等颁发的省部级及以上奖励，被湖北省《公共关系导报》编辑部聘为副主编，被湖北省行为科学学会等五个省市的学会、行业协会聘为常务理事、理事。而这些成就却是在不到10平方米的小书房里完成的。每次同事、学生只要到他的书房看到那桌上堆积的书，靠墙而立的两大黑书柜书籍、手稿，地面散放着的，以及床上堆得只能容纳一人空间的那一叠叠专业著作与资料，就会由衷地感叹：那六年不到的时间里公开发表的约200万字的成果背后，倾注了书房主人多少汗水与心血啊！

《中南财经大学报》有关林汉川教授与人合作主编的著作《企业公共关系原理与实务》
（图片来源：中南财经政法大学档案馆馆藏，作者手机翻拍）

仅仅五六年的时间，林汉川老师竟能取得这么大的成绩，当时就有人向他讨教成功的秘诀，他则谦虚地认为自己是获益于"三个优化"：第一，优化时间。科研上对自己采取目标与网络图管理，设定一个个分目标，即一个时期只研究一个课题。第二，优化方法。产生一代，就预研、构想一代，使学术研究形成一个良性循环。第三，优化内容。先找准突破口，然后集中精力进行"歼灭战"。

"应知学问难，在乎点滴勤"，刻苦勤奋才是"三个优化"之根基。从1979年开始，林汉川极少于晚上十一点半前就寝过。他在撰写《外国国有资产管理比较》时，一连数个月都泡在图书馆里，经常疲乏得连站都站不稳。

20世纪90年代初在不到10平方米的小书房里勤勉奋发的林汉川老师
（图片来源：中南财经政法大学档案馆馆藏，作者翻拍）

不过成功的橄榄枝让勤勉、奋发的"书房主人"收获了一份常人难以想象的、可能需要奋斗十年二十年乃至倾尽一生也恐难实现的目标——职称三年三级连跳、"双破格"的惊人喜悦：1992年林汉川迎来了破格晋升副教授的开心；两年之后，他又迎来了破格晋升教授的惊喜！更让人没想到的是，林汉川教授没有从此故步自封，而是以此作为新的起点，经过刻苦努力，就在破格晋升教授的1994年成功考取博士研究生，师从国批博导夏兴园教授，攻读政治经济学专业博士学位。经过三年的在职深造，1997年林汉川教授于中南财经大学经济研究所政治经济学专业博士研究生顺利毕业，同年获得经济学博士学位。

1998年3月30日，《中南财经大学报》头版一篇题为《学校自行审定六教授为新博导》的报道中称：

> 本报讯，日前，学校发出通知，公布了我校自行审定的博士生指导教师名单。
>
> 经国务院学位委员会批准，我校为开展自行审定博士生指导教师工作的博士学位授予单位。按照《中南财经大学自行审定博士生指导

> 教师实施细则》的规定和要求，经个人申报、系（所）学位评定分委员会审核、校内外同行专家通讯评议、学科组评审、校评委批准，有六位教授为新的博士生指导教师，即政治经济学林汉川教授、国民经济学赵曼教授、财政学许建国教授、杨灿明教授、会计学罗飞教授、企业管理学谷克鉴教授。

由此，林汉川教授于1998年3月（而非1997年）被评审聘任为中南财经大学政治经济学博士生导师，并报国务院学位委员会备案；同时还兼任硕士生导师组组长。自此，林汉川教授便有了更高层次的施展自己理想抱负、为国家培养更多高精尖人才的杏坛舞台，自此他更是不遗余力地拼搏向前。

1999年3月，由湖北省社会科学联合会编写的《湖北省社会科学界名人》（第2卷）高度评价林汉川教授，认为他是"企业改革与发展的操心人"。专篇中有几段文字是这样介绍的："林汉川刻苦钻研、开拓创新，在国有企业改革与发展、国有资产管理、区域经济学、公共关系学等学术领域都取得较好的研究成果。""他已公开发表多种论著……参加撰写专著和教材26部，其中专著6部、主编16部；发表学术论文160多篇，其中在《中国社会科学》《中国工业经济研究》《管理世界》《人民日报》《光明日报》《经济日报》等国家一级报刊发表30多篇，还有20多篇论文被《人民日报》、《新华文摘》、中国人民大学《复印报刊资料》等转载；参加国际及全国大型学术研讨会20多次，主持与参加完成国家、省（市）级以上课题6个，并且10多次获得财政部、国家体改委、国家国有资产管理局、《经济日报》、中央人民广播电台，湖北省委、省政府、省委宣传部、省社联等省部级以上奖励。"

文章还说："林汉川撰写的论文《破产整顿后的思考》一文，1987年5月在《光明日报》理论版头条用3000多字的篇幅给予发表，《光明日报》为此文加了'编者按'，认为该文'从理论和实践上开拓了深化企业改革的途径'，'回答了一个值得思考的问题，即处于破产边缘的全民所有制企业如何避免破产？如何走向复苏！'他撰写的论文《试论搞活企业的动力机制》一文，国内同行专家认为，该文'对搞活国有企业的动力机制的内容与途径提出了系统的、可操作的思路'，该文的许多见解被国家体改委承担的'企业活力'课题组所吸收。他撰写的《国有企业领导体制改革新思路》一文，在全国产生了重大的学术价值与社会影响：《人民日报》主办的《理论参考》全文登载，向全国介绍这一新模式；《光明日报》发表了这一创新思路，人大复印资料也给予全文转载。除此之外，林汉川撰写的《公关热反思》一文，《经济日报》以3000多字篇幅给予发表，全国同行专家认为该文是'中国公关理论上的一个里程碑'，该文被全国公关界四家报纸杂志转载，他撰写的《公关策划学》一书，是全国第一本公关策划教材，填补了我国公关专业这方面的空白。该书问世后，已被10多所大学作为教材使用。"

林汉川教授比较注重国际交流，在中南大任职期间，曾于1996年赴美国和乌克兰进行学术访问与交流，1998年到荷兰蒂尔堡大学访问，并作了合作研究。

国家自然科学基金属于国家高级别研究基金，也是一项同国际接轨的研究基金，向来以其权威性而成为众多高水平研究者角逐的目标，其中的重点项目更是以竞争之激烈、评审之严格而闻名。是否能获批国家自然科学基金的资助，一直成为检验一所高校在学术科研实力方面的一个重要指标，同时也是当时高校进入"211"工程的重要条件之一，对一所学校学科的发展、科研的进步，都意义深远。林汉川教授在1995年就曾申报获批过一次国家自然科学基金面上项目，且为中南财经政法大学国家自然科学基金科研项目获批史上第二人、当时中青年教师中的第一人；在世纪之交的2000年，林汉川教授又给中南大师生带来了一个惊人的喜讯：他主持申报的国家自然科学基金重点项目"我国中小企业发展研究"课题获得批准，在世纪之交来了一个完美的承前启后。据当年的《中南财经政法大学报》报道："这次参加申报国家自然科学基金管理科学部重点项目的几乎全部都是国家重点大学的学者和国家有关部委的官员，像林教授这样来自尚未进入'211'工程的院校就只有一个。他此次申请，为我校实现了国家自然科学基金重点项目资助'零'的突破，也表明我校在科研上又上了一个新的台阶，对我校社会声望和学术水平的提高，起了积极作用。"

在谈到课题从申报到获准立项一年来的经历时，林教授有着颇多感触。他与他的助手及同门师弟、1998级当时在读的博士生洪正华都感慨："这个过程本身就是一笔宝贵的财富。"

1999年10月，林汉川教授在刚刚主持完成1995年申报获批的国家自然科学基金面上项目后，幸运地接触到了"我国中小企业发展研究"这个令他十分感兴趣且早已有过思考，同时对他来说极具优势又极具挑战性的重点项目。从确定申报开始，林教授就下定决心，要从战略上抱定必胜信心；从战术上系统准备，组织一支精干研究团队，扎扎实实地整理撰写一份具有优势、能力战群雄的申报材料。在交报告前的整整5个月时间里，他的主要工作、生活都是围绕此课题项目运转的，包括寒假、春节等所有国家法定节假日也不曾休息过。

据林汉川教授后来回忆："其间，学校正经历院系调整，在做好本职工作的同时，其他的时间都投入课题准备之中。"这就是林汉川教授的办事风格，这就是他潜心学问的最突出的特征。林教授说，当时他和他的团队"从所有可获取的途径共收集了'中小企业改革与发展问题'的资料1030篇，相关著作近500部，编印了厚厚一叠目录索引"。在提交的报告中，林汉川教授把课题内容概括为1份总报告、14个分支报告、9大问题、8个关键环节、5个方面创新。林教授回忆介绍道，当时"设计了一套科学合理的技术路线，将以我国中小企业现状、市场竞争活力、国际比较、技术创新、发展战略、政策支持、法律体系等多层次地展开研究"。林教授明确地表示："研究成果将直接送交政府有关部门，为他们对中小企业发展问题的宏观决策提供科学依据、可操作性的方案与实施对策，同时，更要为各类中小企业经营者战略决策与经营管理提供一套可操作性的新思路与行之有效的新方法。"

申报材料提交上报之后，依据国家自然科学基金委员会管理科学部有关重点项目评议的惯例，只有经过择优遴选，经同行评议之后，最前的两位高分获得者才具备资格进入后面的学科评审会的答辩程序。令人兴奋的是，林汉川教授负责的项目从全国当时50多位参与申报的群雄中脱颖而出，且作为同行专家评议计分最高分和其他竞争对手进行最后的答辩角逐。当时听闻喜讯的林教授团队人员互碰拳头。在高兴的同时他们立即投入了下一个环节的关键准备阶段。

答辩材料的准备与答辩的模拟阶段正好是武汉温度最高、天气最热的酷暑7月，整整一个月的时间，他们撰写答辩材料，一遍遍反复修改材料、演练模拟答辩过程。

功夫不负有心人，2000年7月底，在厦门大学国际学术交流中心举行的国家自然科学基金委员会管理科学部重点项目答辩会上，面对当时第九届全国人大常委会副委员长成思危在内的国内外知名管理学者所担任的评委委员会，林教授沉着冷静，对自己的课题答辩胸有成竹、侃侃而谈，评委提出的问题他都对答如流、毫无破绽。

三个月后的金秋十月，终于传来了一年辛苦耕耘换来的金色喜讯！这对林汉川教授课题团队来说是一件大喜事！对学校也是一件大喜事！

当有记者问林教授中南大的学术研究问题时，林教授说："我校能承接这样的国家重点项目课题，说明我们学校是有实力的，学术科研是能上档次的，关键是要在校内进一步加大宣传，营造和完善良好的科研氛围，进行精心的组织和合理的安排；而我们科教工作者则要有远大的目标，要耐得住寂寞，能够坐下来，踏踏实实地开展研究。比如这个课题，就涉及我校已有的经济学、产业经济学、区域经济学、企业管理学、国民经济管理学、金融学等许多学科。只要我们精心组织，不仅能够很好地完成课题研究，也可进一步提高学校的科研能力和促进学科的发展，这对我校的整体发展是很重要的。"

林教授及其团队成员这种敢于挑战、精心备战、沉着应战的科研精神与办事风格，即使在现在，乃至将来都有可借鉴之处与指导意义。

在中南财经政法大学期间，林汉川教授每每谈起自己的成长历程时，总会提到，是李贤沛教授等老教师们给他提供了无私的帮助与扶持，他才会从痛苦的情感与艰难的生活中走出来，为报答这份情，所以他才深深地将自己的感激之情融入了对极其渴求知识的学生的精心培养与自己对学术的痴情研究之中。

林汉川教授几十年来一直坚守在教学、科研第一线。与此同时，他还几乎一直是教研、行政双肩挑。

1986年7月—1992年7月，林汉川任中南财经大学企业管理教研室副主任、主任，工业经济系总支副书记。1992年7月—1999年10月，任中南财经大学经济研究所副所长、所长。1999年6月起任中南财经政法大学经济学院副院长、院长，还兼任中国商业联合会专家委员，中国国有资产管理学会理事，湖北省行为科学学会副会长兼秘书长。直至2002年2月调离中南财经政法大学。

2002年开始，林汉川被对外经济贸易大学聘为特级教授，担任对外经济贸易大学校学术委员会副主任、校学位委员会副主任、校长顾问；"惠园"特聘教授、中小企业研究中心主任、北京企业国际化经营研究基地首席专家、《中国中小企业发展年度报告》主编、《中国企业海外发展年度报告》主编等。

2012年以后，林汉川担任浙江工业大学中国中小企业研究院院长、名誉院长、浙江省中小微企业转型升级协同创新中心主任、浙江省中小企业转型升级新型重点专业智库首席专家、杭州电子科技大学特聘教授、浙江省信息化与经济社会发展研究中心特聘研究员；还兼任中国工业经济学会副理事长、中国企业管理研究会常务理事等职。

目前，林汉川教授依然以饱满的热情与激情在学术道路上笔耕不辍、学研不止。

三、主要研究领域和学术成就

（一）主要学术成就

林汉川教授自20世纪八九十年代开始开展国有资产管理等相关学术研究以来，在国内率先且长期站在中小企业发展与需求的前沿阵地，为我国中小企业理论创新、实践决策、政策支持与人才培养等方面作出了特别突出的贡献，在全国中小企业领域产生了较大的学术影响与社会效应。

进入21世纪后，林汉川教授带领其团队将教学、研究重心完全放在了"中小企业管理"上。21世纪以来，林汉川教授长期从事中小企业发展战略、转型升级、寻求竞争优势、国际化经营、政策支持等方面的研究，取得了丰硕的学术研究成果。

◎ **1. 在教学资源方面**

在21世纪以来，林汉川教授就申报并获批国家级精品课程"中小企业管理"及全国普通高校精品教材《中小企业管理》。

◎ 2．在科研项目方面

（1）中南大任职期间科研项目。

林汉川教授主持完成了国有资产管理与中小微企业发展相关的国家级、省部级及其他课题系列科研项目。中南大任职期间，林教授早在1993年就负责承担了湖北省社科基金项目"具有中国特色企业管理模式研究"。之后，他主持完成的项目有：

① 国家社会科学基金项目"我国中小企业转型升级问题研究"（2001年获批）；

② 国家自然科学基金面上项目"中国特色企业管理模式研究"（1995年获批）；

③ 国家自然科学基金重点项目"我国中小企业发展研究"（2000年获批）；

④ 国家教委项目"国有企业资本运营性管理模式研究"（1997年获批）；

⑤ 财政部项目"我国国有控股公司管理模式研究"（1996年获批）；

⑥ 湖北省教育厅社科"十五"规划第一批项目"湖北中小企业发展现状与对策研究"（2001年）；

⑦ 武汉市社科基金课题"武汉市加快发展高新技术产业的财政金融对策研究"（1999年获批）。

（2）调离中南财经政法大学后科研项目情况。

调离中南财经政法大学后的20余年里，林汉川教授主持完成的课题项目，仅国家级的就达15项，包括：

① 作为首席专家主持的国家社会科学基金重大项目2项：

新时代加强中国中小企业国际竞争力的模式与路径研究（项目号：18ZDA056）。

全球金融危机下我国先进制造业发展战略研究（项目号：08&ZD039）。

② 主持完成国家自然科学基金重点项目2项：

中国企业转型升级战略及其竞争优势研究（项目号：71332007）。

我国中小企业发展与支持系统研究（项目号：79930400）。

③ 主持完成教育部哲学社会科学研究重大课题攻关项目1项：

提升中国产品海外形象研究（项目号：13JZD017）。

④ 主持完成教育部哲学社会科学发展报告项目2项：

《中国中小企业发展报告》（2014—2016年）（项目号：13JBG001）。

《中国中小企业发展报告》（2017—2019年）（项目号：13JBG001）。

⑤ 主持完成国家社会科学基金一般项目3项：

我国中小企业转型升级问题研究（项目号：01BJY052）。

我国中小企业发展战略问题研究（项目号：02BJL026）。

构建我国中小企业"走出去"的政策支持体系研究（项目号：06BJY057）。

⑥ 主持完成的国家自然科学基金面上与应急项目5项，其中国家自然科学基金面上项目2项：

中国国有控股公司组织与管理模式研究（项目号：79570088）

我国中小企业竞争力评价体系、实证分析与多边比较研究（项目号：70272006，）；

⑦ 国家自然科学基金出版基金项目1项：

中国中小企业发展机制研究（项目号：70124011）。

⑧ 国家自然科学基金应急项目2项：

我国保税区目标模式研究（项目号：70241004）。

促进我国民间创新活动的政策支持体系研究（项目号：70641026）。

◎ 3. 学术论文方面

林汉川教授已公开发表学术论文200多篇，仅在《中国社会科学》《经济研究》《管理世界》《中国工业经济》《数量经济技术经济研究》等国家重要报纸期刊上就发表了80多篇。其中在国内权威的《中国社会科学》期刊上就刊载了5篇，具体代表作为：

（1）《中国不同行业中小企业竞争力评价比较研究》（《中国社会科学》，2005）；

（2）《中小企业发展中所面临的问题——北京、辽宁、江苏、浙江、湖北、广东、云南问卷调查报告》（《中国社会科学》，2003）；

（3）《高新技术开发区建设的理论思考》（《中国社会科学》，1995）；

（4）*Comparative Study on the Evaluation of the Competitiveness of SMEs in Different Industries in China*（Social Sciences in China，2006）；

（5）*The Construction of New High-Technology Development Zones in China*（Social Sciences in China，1996）；

还在《经济研究》等其他A类期刊发表了较高档次的专业学术论文数十篇，如《我国东中西部中小企业竞争力实证比较研究》（林汉川、管鸿禧，《经济研究》，2004年12月）；在《人民日报》《光明日报》《经济日报》等国家级党报上发文10余篇，其代表作为：

（1）刘淑春、林汉川，《推动数字经济和实体经济融合发展》（《人民日报》，2022年2月11日）；

（2）刘淑春、林汉川，《发展具有全球竞争力的数字经济》（《光明日报》，2022年7月12日）；

（3）刘淑春、林汉川，《探索符合我国实际的中小企业数字化转型之路》（《光明日报》，2021年10月26日）；

（4）尚会永、林汉川，《建设制造强国不能忽视中小企业》（《人民日报》，2015年9月9日）；

（5）林汉川、田东山，《WTO与中小企业政府支持体系》（《光明日报》，2002年1月15日）；

（6）林汉川，《抓住机遇，规避风险》（《人民日报》，2002年4月28日）；

（7）林汉川，《债转股的风险与防范》（《光明日报》，2000年3月31日）；

（8）林汉川，《企业技术创新的环境优化研究》（《光明日报》，1997年6月7日）；

（9）林汉川，《转换企业经营机制更需加强企业管理》（《经济日报》，1993年7月6日）；

（10）林汉川，《"公关热"的反思》（《经济日报》，1990年12月29日）；

（11）林汉川，《承包制的问题与对策》（《光明日报》，1989年9月23日）；

（12）林汉川，《城镇集体企业的改革》（《光明日报》，1988年8月20日）；

（13）林汉川、陈永和，《破产整顿复苏后的思考》（《光明日报》，1987年5月2日）；

(14) 林汉川，《发展横向经济联合应注意问题》（《人民日报》，1986年6月27日）。

◎ **4．著作出版方面**

20世纪，林汉川教授参编、主编及独著著作和教材26部，其中专著6部、主编16部；进入21世纪，林汉川教授现已出版相关主要学术著作28部（套）。其21世纪出版的代表作具体包括：

（1）林汉川等著，企业管理出版社出版的《我国中小企业成长壮大与高质量发展若干问题研究》（2021年）、《中国企业转型升级若干问题的调研报告》（2013年）、《提升中国产品海外形象研究》（2017年）；

（2）林汉川主编，《WTO与中小企业转型升级》（经济管理出版社，2002年）；

（3）林汉川等著，中国财政经济出版社出版的《中小企业发展的国别比较》《中国高新技术中小企业发展研究》《中国中小企业发展与就业问题研究》（2001年），《我国中小企业竞争力评价与实证研究》（2004年）；

（4）林汉川、魏中奇主编：《中小企业存在与发展》《中小企业发展与创新》（上海财经大学出版社，2001年）；

（5）林汉川、田东生著，《WTO与中小企业发展》（上海财经大学出版社，2001年）；

（6）林汉川、邱红著，对外经贸大学出版社出版的《中小企业创业管理》（2005年）、《中小企业战略管理》《中小企业运营与控制》（2006年）；

（7）林汉川主编，《北京企业国际化经营发展报告》（3部，2005—2007年，北京同心出版社）；

（8）林汉川、张新民等主编，《中国企业国际化经营研究报告》（3部，2010—2012年）（中国商务出版社）；

（9）张新民、林汉川等主编《中国企业海外发展报告》（5部，2013—2017年）（对外经济贸易大学出版社）；

（10）林汉川等主编《中国中小企业发展研究报告》（11部，2011—2021

年）（其中企业管理出版社出版3部，2011—2013年；北京大学出版社出版5部，2014—2018年；对外经济贸易大学出版社出版3部，2019—2021年）。

◎ 5．向各级组织、部门提交研究报告方面

林汉川教授到目前为止已向中央领导、国家社科规划办、国务院有关部门、浙江省委、浙江省政府提交研究报告40多篇（部），已得到中央领导批示10余人次，有4篇研究报告被国家社科规划办《成果要报》采用，有近30篇获得省部级以上领导批示与采用，为全国中小企业发展提供了有力的理论支撑和重要的决策参考。

这些创新性研究成果为我国中小企业发展积累了大量学术理论基础与研究方法；也证明林教授及其团队已经在中小企业学术领域做出了国内一流的创新性成果。其学术成果获得全国高校人文社科优秀成果、孙冶方经济科学奖、安子介国际贸易研究奖、湖北省和北京市以及浙江省哲学人文社会科学、蒋一苇企业改革与发展学术基金优秀著作、国家级与北京市政府优秀教学成果等省部级以上一、二、三等奖奖励30余项，其中仅一等奖就有10多项。

（二）主要研究领域和研究专长

林汉川教授研究领域和研究专长主要涉及中小企业发展与政策、中小企业竞争力提升路径与政策、中小微企业转型升级战略与政策、中小微企业融资模式创新与政策、中小企业人才培养模式等方面，且在这五个方面都取得了比较突出的学术研究成就。具体体现在：

◎ 1．中小企业发展与政策方面的研究

自20世纪90年代至今，林汉川教授一直专注中小企业发展问题研究。在国内率先开展我国高新技术开发区与高新技术企业的发展问题研究，发表的《高新技术开发区建设的理论思考》（《中国社会科学》，1995年4期）一文，在国内引起了较大反响；之后他又在国内率先主持了国家自然科学基金第一个关于中小企业的重点项目"我国中小企业发展与支持系统研究"（2000年获批，

项目号：79930400）与国家社会科学基金一般项目"我国中小企业发展战略问题研究"（项目号：02BJL026），进而研究了一系列我国中小企业发展中面临的急需解决的重要问题：中小企业界定标准是我国发展中小企业面临的首要基础性问题，林汉川教授对全球44个国家和地区的中小企业界定标准的演变历程、法律依据、形成原因与指定规律进行了专题剖析，并对新中国成立以来6次中小企业界定标准的演变规律作了系统分析，在此基础上，又于国内率先用三个研究报告《中小企业的界定与评价》（《中国工业经济》，2000）、《美、日、欧盟等中小企业最新界定标准比较及其启示》（《管理世界》，2002）、《日本中小企业界定标准的演变与启示》（《世界经济》，2002），提出我国界定中小企业标准的新思路与对策建议。之后，林汉川教授受国务院发展中心委托，完成了摸清我国中小企业发展现状与面临问题的调研报告《中小企业发展中所面临的问题——北京、辽宁、江苏、浙江、湖北、广东、云南问卷调查报告》（《中国社会科学》，2003），该研究报告在国内首次对全国七个省市14000家中小企业展开大规模大范围的问卷调查与系统的实证分析，该成果具有独创性与特殊的实践指导意义，为制定扶持与促进中小企业发展政策提供了重要依据。进入21世纪后，林汉川教授承担了教育部哲学社会科学发展报告项目"中国中小企业发展报告"，并完成2011—2018年中小企业发展年度报告8部。该系列研究报告有利于解决我国中小企业发展迅猛且各种动态变化数据少、信息不对称的难题，促进了我国中小企业持续、健康、快速的发展。这些研究成果是林汉川教授牵头组织全国众多高校中小企业研究组织的学者以及相关部门联合攻关的结晶。而这种以中小企业年度发展为重点主持展开系统分析与评价，并撰写出年度发展报告，在我国国内高校中目前尚属领先甚至暂为唯一。该系列研究报告中，许多内容已多次被国家与省部级领导及相关部门采用。

以上成果有的已被国务院发展研究中心直接采用，有的同时作为国家经贸委起草的《关于中小企业标准暂行规定》的重要参考依据。同时这些研究成果曾获得全国高校人文社科优秀成果奖、孙冶方经济科学奖、北京市政府哲学社会科学优秀成果奖一、二、三等奖等系列奖项。

◎ **2. 我国中小企业竞争力提升路径与政策**

随着林汉川教授对中小企业发展的深入研究，进而开展如何提升中小企业竞争力路径与政策等重要现实问题的探索。

林汉川教授主持承担了国家自然基金面上项目"我国中小企业竞争力评价体系、实证分析与多边比较研究"（项目号：70272006），在国内率先完成一系列我国中小企业竞争力评价、实证分析与政策的重要研究成果：发表了《我国不同行业中小企业竞争力实证比较研究》（《中国社会科学》，2005）、《我国东中西部中小企业竞争力实证比较研究》（《经济研究》，2004）、《中国民营与国有上市公司中行业先锋企业比较研究》（《管理世界》，2006）、《我国中小企业竞争力现状调查与评价实证比较研究》等系列论文，以及专著《我国中小企业竞争力评价与实证研究》（中国财政经济出版社，2004年）。

针对此项研究，林汉川教授又分别主持完成了国家社科基金重大项目"全球金融危机下我国先进制造业发展战略研究"（项目号：08&ZD039）与教育部重大课题攻关项目"提升中国产品海外形象研究"（项目号：13JZD017），进一步将提升中小企业竞争力问题融入全球经济范畴，进行了更加深入系统的研究。产出了一批重要成果：专著《提升中国产品海外形象研究》（企业管理出版社，2017年），《加快"中国制造"标准走出去的难题和政策建议》（全国哲学社会科学工作办公室国家社会科学基金《成果要报》，2017年第20期），《我国民营企业参与"一带一路"国际产能合作的困境与对策研究》（教育部《专家智库建议》，2016年4月），《全球价值链嵌入的技术进步效应——来自中国工业面板数据的经验研究》（《中国工业经济》，2014年第9期），《建设制造强国不能忽视中小企业》（《人民日报》，2015），以及《中国企业海外发展报告》（2009—2017，共9部，对外经济贸易大学出版社）等。这些成果为我国在"十一五""十二五""十三五"期间从整体上提升中小企业竞争力，实现二次创业提供了重要理论思路和实证依据，为各级管理部门从产业政策、产业组织政策、区域布局政策、技术创新政策、融资服务政策等方面支持中小企业经营者从资源禀赋和要素禀赋两方面提升中小企业竞争力，提供了一套新的思路和新的措施。

上述成果分别获得过蒋一苇企业改革与发展学术基金优秀著作、第十四届安子介国际贸易研究奖优秀论文、武汉市政府第十次社会科学优秀成果、北京市政府第十二届社科优秀成果奖、首届中国管理科学（学术类）奖、第六届中国管理科学（学术类）奖等6大奖项，其中不乏省部级一等奖。

◎ 3. 中小微企业转型升级战略与政策

林汉川教授的另一研究重点是聚焦我国中小微企业转型升级问题。为此他主持了国家社会科学基金项目"我国中小企业转型升级问题研究"（项目号：01BJY052）与国家自然科学基金重点项目"中国企业转型升级战略及其竞争优势研究"（项目号：71332007）。林汉川教授带领团队通过深入全国18个省区、对400多家企业求真务实地调查研究，针对其中15项纷繁复杂的重点问题，提出了有决策价值与关乎企业长远发展的对策建议。完成了《中国企业转型升级若干问题的调研报告》（企业管理出版社，2013年），《转型期我国中小企业发展的若干问题研究》（中国社会科学出版社，2012年），《中国中小微企业转型升级与景气动态的调研报告》（中国社会科学出版社，2014年）等三部著作，这些著作分别系统阐述了中国企业国际化经营转型升级与中小微企业转型升级两项重大战略新思路与政策措施，破解我国中小企业转型升级过程中组织效率低下、技术创新能力不足、融资模式困境等前沿理论体系难题，并提出了相关对策与建议。其系列成果还分别获得全国高等学校科学研究优秀成果一等奖、二等奖各1个，及省部级社会科学优秀成果奖一等奖6个。该系列成果中有28份研究报告分别获得国家、省部级领导批示以及被相关部门采用，为国家及省市地方中小微企业转型升级工作提供了理论支撑与决策参考，产生了良好的社会效应。

◎ 4. 中小微企业融资模式创新与政策

中小微企业融资难是一个世界难题，也是林汉川教授一直非常关注与重视的研究重点问题。针对融资难的问题，林教授带领团队在深入调查研究我国中关村科技园区试点"新三板"市场的融资创新模式基础上，总结了中关村科技园区试点"新三板"市场具有入场条件宽松、挂牌时间短、融资效率高的三大优势，以及试点过程中存在的扩容难、转板难、管理难等突出问题，提出在全国更大范围内加快发展与推广"新三板"市场的对策建议，其研究成果报告

《发展"新三板"市场创建中国高新技术企业融资新平台》为国家"新三板"市场在全国扩容与推广提供了重要的决策依据,并起到了加速作用。

林汉川教授完成的另一研究报告《关于完善中小企业集合债融资创新模式的对策建议》,2010年1月20日发表,第二天就得到有关国家领导参阅批示。与此同时,针对全球金融危机后我国小微企业生产经营与融资出现严重困境问题,林汉川教授带领团队深入6个省16个市10多个行业113家企业实地调研考察,在国内首次提出我国小微企业的严重困境不仅仅是融资难问题,还有用工贵、用料贵、融资贵、费用贵与订单难、转型难、生存难的"四贵三难"问题。该调研报告关于我国小微企业解困的政策建议分析了我国中小企业"四贵三难"问题形成的原因,创新性地提出了我国小微企业解困思路与实现路径的针对性对策建议:加大税收优惠是我国小微企业当前解困的最佳政策选择;实施国家"抓大放小"向"抓大扶小"战略思路转型与体制机制创新是解困的长效之道;只有内外兼治、加速立法、多措并举、综合治理,才有可能破解困境。其研究成果得到中央宣传部全国哲学社会科学规划办、工信部及其他有关中央领导的充分肯定;同时被报送国家有关领导作为决策参考。该成果为2012年全国经济工作会议与2012—2016对我国小微企业减税政策的制定提供了扎实的决策依据,并为我国对小微企业连续多次实施减税政策提供了宏观解决方案与有力的智力支持。

四、社会贡献及社会反响

(一)社会贡献

自2002年以来,林汉川教授带领其研究团队紧紧围绕我国中小企业发展与提升竞争力中亟待解决的紧迫问题,完成了30多份对政府部门决策有重要参考价值与对实践有重要指导意义的研究报告。这些研究报告已得到时任国家重要领导人和浙江省委省政府等的批示，并被相关政府部门相继采用。这些研究报告为我国中小企业成长壮大与高质量发展积累了大量能切实解决实际问题的理论基础、研究方法与应用能力。林汉川教授及其研究团队为政府和广大中小微企业提供新思路与新途径等智力支持，多组报告得到国家和省部级领导人批示，被相关政府部门采用。

（1）研究报告《民营经济出现信心不振苗头性问题的调研报告》，被国务院办公厅2021年的专报采用，获时任中共中央政治局常委、国务院总理李克强，时任中共中央政治局委员、国务院副总理刘鹤批示。

（2）研究报告《基于企业订单对规模以上工业企业发展问题的调研报告》，被国务院办公厅2021年9月的专报采用，同时获时任中共中央政治局常委、国务院总理李克强，时任中共中央政治局委员、国务院副总理刘鹤批示。

（3）研究报告《创建共性技术研发平台存在问题的调研报告》，被国务院办公厅2021年11月的专报采用，同时获时任中共中央政治局委员、国务院副总理刘鹤批示。

（4）研究报告《制造业"稳投资"面临困境与对策建议》，2020年10月被国务院办公厅的专报采用，同时获时任中共中央政治局常委、国务院总理李克强，时任国务委员、国务院秘书长肖捷批示。

（5）研究报告《双创主体融通发展情况、存在问题及相关建议》，2022年被国务院办公厅的专报采用，同时获时任中共中央政治局委员、国务院副总理胡春华批示。

（6）研究报告《普陀岛和海南岛应创建"国际海岛旅游免税试验区"的建议》，2016年获时任国务院副总理汪洋的批示，同时被全国哲学社会科学工作办公室国家社会科学基金《成果要报》及国家旅游局（现文化和旅游部）等相关部门采用；且受时任浙江省省长李强（现国务院总理）的批示。

（7）研究报告《关于完善中小企业集合债融资创新模式的对策建议》，2010年获时任中共中央政治局委员、第十一届全国政协副主席王刚的批示，并送时任国务院副总理王岐山参阅；该成果已被国家相关部门采用。

（8）研究报告《优化企业投资项目审批中介服务的调研报告》，获时任浙江省省长李强批示。

（9）研究报告《"个转企"的瓶颈与突破问题研究》，被浙江省发改委2014年的《决策咨询》第12期采用，同时获时任浙江省委书记夏宝龙批示。

（10）研究报告《"小升规"转型的理论、瓶颈与突破问题》，被浙江省发改委2015年第24期的《决策咨询》采用，同时获时任浙江省委书记夏宝龙批示。

（11）研究报告《中小企业资金链担保链风险防范化解问题研究》，被浙江省发改委2016年的《决策咨询》第1期采用，时任浙江省委书记夏宝龙做了重要批示。

（12）研究报告《关于实施数字经济一号工程若干建议的突出问题与对策建议》，被浙江省发改委2018年的《决策咨询》第24期采用，同时获时任浙江省省长袁家军及时任浙江省副省长高兴夫批示。

（13）《实施数字经济政策供给的导向与对策建议》，被浙江省政府研究室2018年的《调查与思考》第67期采用，同时获时任浙江省省长袁家军及时任副省长高兴夫批示。

（14）研究报告《浙江省加快建设"全球金融科技中心"的质量与路径》，被浙江省社科联2019年的《浙江社科要报》第11期采用，同时获时任浙江省省长袁家军批示。

（15）研究报告《主要发达国家制造标准化路径经验与启示》，被浙江省发改委2019年的《决策咨询》第7期采用，同时获时任浙江省省长袁家军及时任浙江省委书记车俊批示。

（16）研究报告《关于培育数字经济独角兽和超级独角兽对策建议》，被浙江省社科联2018年的《浙江社科要报》第54期采用，同时获时任浙江省省长袁家军与时任浙江省委书记车俊批示。

（17）研究报告《浙江省实施制造标准国际化战略的主要问题与对策建议》，被浙江省经济信息中心2017年的《预测与分析》第5期采用，同时获时任浙江省省长车俊批示。

（18）研究报告《高质量打造特色小镇浙江样板的调研报告》，被浙江省经信委2016年的《决策参考》第20期采用，同时获时任浙江省领导批示。

（19）研究报告《培育"隐形冠军"企业面临的主要问题与对策建议》，被浙江省社科联2020年的《浙江社科要报》第70期采用，同时获时任浙江省常务副省长冯飞批示。

（20）研究报告《中小企业实施数字化扶持对策建议》，被浙江省社科联2020年的《浙江社科要报》第195期采用，同时获时任浙江省委书记袁家军、省长郑栅洁、常务副省长冯飞、副省长高兴夫批示。

（21）研究报告《中美经贸摩擦背景下涉美实体清单企业发展问题的调研报告》，被浙江省社科联2019年的《浙江社科要报》第95期采用，同时获得时任浙江省副省长高兴夫批示。

（22）研究报告《加快发展"新三板"市场创建高新技术企业融资新平台》，被2011年的全国哲学社会科学工作办公室国家社会科学基金《成果要报》第58期采用，被教育部2011年11月的《专家建议》采用；该成果还被国家相关部门采用，同时被报送中共中央政治局委员、中共中央书记处书记、国务院总理、副总理决策参考；该成果对国家制定"新三板"市场在全国扩容与推广提供了重要决策依据和促进作用。

（23）研究报告《关于我国小微企业解困的政策建议》，2012年被全国哲学社会科学工作办公室国家社会科学基金《成果要报》第65期采用，同时得到时任国务院发展研究中心党组书记、副主任，中央财经领导小组办公室副主任刘鹤以及时任工业和信息化部部长苗圩的批示；该成果已被国家相关部门采用。

（24）研究报告《加快"中国制造"标准走出去的难题和政策建议》，2017年被全国哲学社会科学工作办公室国家社会科学基金的《成果要报》采用；同时被时任浙江省省长车俊批示。

（25）研究报告《我国建设特色小镇存在的新问题与对策建议》，2016年被教育部的《专家建议》采用；同时上报国务院及相关国家部门决策参考。

（26）研究报告《我国民营企业参与"一带一路"国际产能合作的困境与对策研究》，2016年被教育部《专家建议》采用；同时上报国务院及相关部门决策参考。

（27）研究报告《我国不同发达地区因地制宜推进智能制造的对策建议》，2016年被教育部的《专家建议》采用，同时上报其他相关部门采用。

（28）研究报告《破解我国小微企业"转贷难、转贷贵"问题的对策建议》，2015年获时任浙江省省长李强的批示，同时被教育部的《专家建议》采用，并上报党中央、国务院及相关部门决策参考。

（29）研究报告《房地产市场调控下中小型房地产企业面临的风险与应对策略》，2012年获时任浙江省副省长陈加元批示，同时部分内容被浙江省住房和城乡建设厅等相关部门采用。

（30）研究报告《欧美小镇对浙江省特色小镇建设的启示》，2016年获时任浙江省委书记夏宝龙的批示，同时被浙江省发改委等部门采用。

（31）研究报告《创业生态系统构建的国内外经验启示》，2015年获得时任浙江省省长李强的批示，同时被浙江省政府政策研究室采用。

（32）研究报告《加快推进"浙江制造"标准国际化的对策建议》，2016年获时任浙江省委副书记、代省长车俊批示，同时被浙江省社科联等部门采用。

（33）《中国中小企业发展报告》（2010—2021年）共十一部，已成为国家和区域中小企业研究的高水平智囊团和思想库，该系列研究报告中的许多内容已32次获国家与省部级领导及相关部门采用，该系列年度研究报告自2013年起成为教育部哲学社会科学发展报告项目。

（34）《中国企业海外发展报告》（2010—2019年）共十部，其成果已得到商务部外贸发展事务局、中国国际贸易学会、中国国际贸易促进委员会北京市分会、中国轻工工艺品进出口商会、北京服务贸易协会、中石油集团、中石化集团、中粮集团、中国五矿公司、中国寰球工程公司等国家专业部门、专业学会（协会）、国家大型跨国公司（集团）等机构和单位的采用与好评；该系列年度研究报告从2013年起成为教育部哲学社会科学发展报告项目、北京市社科规划办基地年度报告建设项目。

（35）研究报告《中小企业界定与评价》《美、日、欧盟等国中小企业最新界定标准比较及其启示》《日本中小企业界定标准的演变与启示》《台湾中小企业界定标准的演变与启示》等，2002年直接被国务院发展研究中心采用，并已作为起草与《中小企业促进法》配套的国家法规《关于中小企业标准暂行规定》的重要参考依据。

（二）创建中小企业本科、硕士、博士三层次人才培养模式与课程体系等

在20世纪90年代之前，我国长期只有国有企业或大型企业管理的课程体系，还没有一门关于"中小企业管理"的基本课程，更没有一套适应本科生及硕士、博士研究生的中小企业管理三层次人才培养的课程、教材体系。林汉川教授自20世纪90年代起就已开始着手"中小企业管理"研究，他经过自身的艰苦探索，于21世纪初就已成为中南财经政法大学国内中小企业研究方面的"学术带头人"。

2002年，林汉川教授作为特殊人才被引入对外经济贸易大学。他带着在中南财经政法大学已申报获批的中小企业方面的国家自然科学基金重点项目、一般项目，国家社科基金项目等4个中小企业方面的国家级项目和研究团队来到新的工作单位，并在对外经济贸易大学成立了中小企业研究中心，继续开展"中小企业管理"的研究，从而使对外经济贸易大学的中小企业研究迅速成为国内高校同类研究的主力军之一。林汉川教授率领其研究团队经过六年的努力，终于创建了国内第一套适应我国中小企业迅猛发展的、内容新颖、定位准确、特色鲜明的"中小企业管理"本科生及硕士、博士研究生三层次人才培养课程体系，创作并出版了8本教学用书，包括工商管理类本科生课程体系教学用书《中小企业管理》《中小企业管理教程案例集》，中小企业方向硕士研究生课程体系教学用书《中小企业创业管理》《中小企业战略管理》《中小企业运营与控制》，博士研究生方向教学用书《WTO与中小企业转型升级》《我国中小企业竞争力评价与实证研究》《北京高新技术企业国际化经营研究》等，解决了国内高校经济管理类本科生及硕士、博士研究生"中小企业管理"人才培养课程体系极度缺乏却急需创新的紧迫问题，取得了在该领域居国内领先水平的、加强中小企业创业和就业教育改革的重要突破。

与此同时，林汉川教授研究团队在中小企业管理与发展方向，还创建了以相关国家级项目为基础的经济管理类博士研究生的人才培养模式，解决了博士生培养模式中的新型组织形式、学习方法与激励约束机制、博士生研究创新能力与国际学术交流能力等问题。其研究成果《"中小企业管理"的三层次课程

体系创新与人才培养模式探索》荣获国家级教学成果二等奖及其他省部级一、二等奖荣誉。这"播种"于江城中南财经政法大学，移植于对外经济贸易大学的"中小企业管理研究"的幼苗，开出了绚丽的花朵，结出了丰硕的成果！林汉川主持编写的《中小企业管理》，是为了适应21世纪我国中小企业迅猛发展而编写的；同时该教材在内容安排、体例设计、写作方法等方面所做的精心设计也都是为了与国际同类先进教材接轨。且该教材便于课堂讨论，能够培养学生分析问题和解决实际问题的能力。该教材已被列入全国普通高等教育"十一五""十二五"国家级规划教材，2007年被评为全国普通高校精品教材，相关课程还被评为国家级精品课程、北京市精品课程；该教材自高等教育出版社2006年第1版印刷后，于2011年修订，2016年更新修订出版第3版，先后印制10多次，全国有100多所大学采用该教材，为我国中小微企业人才的培养作出了重大突出的贡献。

（三）社会肯定

林汉川教授在高校杏坛兢兢业业、开拓创新教学，几十年的科研、教学，硕果累累，其水平、能力受到国家和地方政府领导与社会组织及师生的充分肯定，同时获得了一系列青睐。

◎ 1. 个人综合荣誉方面

在个人综合荣誉方面，林汉川教授获得的赞誉有：

（1）1991年获中南财经大学"做出突出贡献的中国硕士学位获得者"称号[①]；

（2）1993年被中共湖北省委、省政府授予"湖北省有突出贡献中青年专家"[②]；

（3）1997年获湖北省高校工委"优秀共产党员"称号；

（4）1999年3月入选湖北省社会科学联合会编写的《湖北省社会科学界名人》（第2卷）；

---

① 参见中南财大人〔91〕第18号文件、名单。
② 参见湖北省各类高级专家考核名册，1997年12月。

(5) 2000年成为国务院政府特殊津贴专家;

(6) 2008年获北京市总工会"首都劳动"奖章;

(7) 2008年获中共北京教工委"北京高校优秀共产党员"称号;

(8) 2015年获北京市总工会"先进工作者"称号。

◎ 2. 科研与教学奖励

林汉川教授获30余项具有代表性的科研与教学奖励（除5项署名排第二外，其余26项均排名第一）。具体如下：

（1）2020年12月，著作《提升中国产品海外形象研究》（企业管理出版社，2016年12月）荣获第八届全国高等学校科学研究优秀成果奖（人文社会科学）一等奖（著作论文；证书编号：教社科证字（2020）第0133号）。

（2）2015年12月，报告《中国企业转型升级若干问题的调研报告》荣获第七届全国高等学校科学研究优秀成果奖（人文社会科学）一等奖。

（3）2015年，著作《转型期我国中小企业发展的若干问题研究》（中国社会科学出版社，2012年，排名2）荣获第七届全国高等学校科学研究优秀成果奖（人文社会科学）二等奖。

（4）1998年，论文《高新技术开发区建设的理论思考》（《中国社会科学》，1995年第4期）荣获第二届全国普通高校科学研究优秀成果奖（人文社会科学）三等奖。

（5）2007年，论文《中小企业发展中所面临的问题——北京、辽宁、江苏、浙江、湖北、广东、云南问卷调查报告》荣获孙冶方经济科学奖（第十二届）。

（6）2019年5月，著作《提升中国产品海外形象研究》（企业管理出版社，2017年）荣获北京市第十五届哲学社会科学优秀成果奖一等奖。

（7）2014年12月，著作《中国企业转型升级若干问题的调研报告》（企业管理出版社，2013年）荣获北京市第十三届哲学社会科学优秀成果奖一等奖。

（8）2004年12月，论文《中小企业发展中所面临的问题——北京、辽宁、江苏、浙江、湖北、广东、云南问卷调查报告》荣获北京市第八届哲学社会科学优秀成果奖一等奖。

（9）2021年，著作《新发展格局下中国中小企业高质量发展若干问题的理论与实践》（企业管理出版社，2020年，排名第二）荣获第二十一届浙江省哲学社会科学优秀成果奖一等奖。

（10）2019年，著作《新时代中国中小企业提升国际竞争力若干问题的调研报告》（企业管理出版社，2018年，排名第二）荣获第二十届浙江省哲学社会科学优秀成果奖一等奖。

（11）2015年，著作《中国中小微企业转型升级与景气动态的调研报告》（中国社会科学出版社，2014年，排名第二）荣获第十八届浙江省哲学社会科学优秀成果奖一等奖。

（12）2013年，著作《转型期我国中小企业发展的若干问题研究》（中国社会科学出版社，2012年，排名2）荣获第十七届浙江省哲学社会科学优秀成果奖一等奖。

（13）2008年5月，著作《我国中小企业竞争力评价与实证研究》荣获第三届蒋一苇企业改革与发展学术基金著作奖。

（14）2012年，著作《中国企业国际化经营研究报告2010》（中国商务出版社，2010年）荣获北京市第十二届社科优秀成果奖二等奖。

（15）2003年，论文《中小企业界定与评价》（《中国工业经济》，2000）荣获湖北省第三届社科优秀成果奖二等奖。

（16）2001年，论文《高新技术开发区生长环境问题研究》荣获湖北省第二届人文社科优秀科研成果奖二等奖。

（17）1995年，论文《国有企业领导体制改革的新思路》获湖北省首届社科优秀成果奖三等奖。

（18）2007年，系列论文《我国不同行业与不同区域中小企业竞争力实证比较研究》荣获武汉市第十次社科优秀成果奖一等奖。

（19）2002年，《WTO与中小企业发展》荣获外经贸部（现商务部）优秀成果二等奖。

（20）2006年，*Comparative Study on the Evaluation of the Competitiveness of SMEs in Different Industries in China*（Social Sciences in China；Vol XXVII No.1 Spring）荣获安子介国际贸易研究奖优秀成果二等奖。

（21）2003年，《WTO与中小企业转型升级》荣获第十四届安子介国际贸易研究奖优秀成果二等奖。

（22）2004年，《美、日、欧盟等中小企业最新界定标准比较及其启示》荣获安子介国际贸易研究奖优秀成果三等奖。

（23）2005年，《北京企业国际化经营发展报告2005》荣获安子介国际贸易优秀成果三等奖。

（24）2018年，《提升中国产品海外形象研究》荣获第六届中国管理科学（学术类）奖。

（25）2008年，《我国中小企业竞争力现状调查与评价实证比较研究》荣获首届中国管理科学（学术类）奖。

（26）2009年9月，"《中小企业管理》的三层次课程体系创新与人才培养模式探索"荣获国家级教学成果奖二等奖。

（27）2006年，《经济管理类博士生培养体制改革探索》荣获全国第三届教学科学优秀成果奖三等奖。

（28）2013年，《国际化管理学精英人才培养模式研究》获北京市优秀教学成果奖一等奖。

（29）2009年5月，"《中小企业管理》三层次课程体系创新与人才培养模式探索"获2008年北京市教育教学成果（高等教育）一等奖。

（30）2005年，《以国家项目为基础，推进经济管理类博士生培养体制改革》获北京市优秀教学成果奖二等奖。

（31）2001年，《现代企业管理案例》获财政部优秀教学成果奖二等奖。

（32）2007年，教材《中小企业管理》被评为国家级精品课程、全国普通高校精品教材。

(33) 1991年，征文《外国国有资产管理体制比较》获全国国有资产征文奖三等奖（国家国有资产管理局颁发）。

(34) 1996年，教材《公共策划学》获财政部第三届全国财政系统大中专优秀教材奖二等奖。

林汉川教授近年来所获的国家级、省部级学科学术研究重要奖项部分获奖证书1
（图片来源：林汉川教授家庭档案）

林汉川教授近年来所获国家级、省部级学科学术研究重要奖项部分获奖证书2
（图片来源：林汉川教授家庭档案）

（四）学科建设成效特别突出

（1）为建设中南财经政法大学理论经济学一级学科做出实际贡献。

1999年，林汉川教授担任中南财经政法大学经济学院院长后，一直把建设理论经济学一级学科博士点作为自己工作的重中之重。当时，经济学院已有政治经济学与中国经济史两个二级学科博士点。如果拿下理论经济学一级学科博士点，就可增加西方经济学、世界经济、经济思想史、人口资源环境经济学等四个二级学科博士点。于是，林汉川教授首先大力支持与关注六个学科带头人高水平建设，政治经济学的夏兴园、林汉川教授，中国经济史的赵德馨、赵凌云教授，人口资源环境经济学的刘思华、杨云彦教授，西方经济学的卢现祥教授，世界经济的朱延福教授，经济思想史的张家镶、万安培教授等学科带头人都获得了国家基金项目、省部级奖励，发表了高质量期刊论文。同时，对这六个学科的团队组织、科研成果、教学研究与研究生培育状况，还有图书资料状况等分别进行积极准备。理论经济学一级学科博士点申报表由林汉川教授亲自执笔撰写，再由夏兴园教授修改。由于申报表材料准备充分，申报材料在国务院学位办公室通讯评审获得通过。在下一步参加国务院理论经济学学科评议组答辩评审环节，林汉川教授决定自己带队去参加答辩审议会。林教授准备好答辩汇报材料后，还专门准备了80多个应回答问题，以应对各位学科评议组成员的提问。同时还聘请夏兴园教授作为赴北京参与答辩活动的顾问。在京西宾馆的答辩评审会议上，林教授用三十分钟时间精准地阐述了中南财经政法大学理论经济学科建设中六个主要研究方向的团队组织、科研成果、教学研究与研究生培育状况以及学科带头人情况，并用一个小时时间回答了各位评委提出的各种问题。回到驻地不久就得知，经评委们评议投票，中南财经政法大学理论经济学一级学科博士点的申请已顺利通过。申报团队返回学校后没过多长时间，国务院学位办正式批准中南财经政法大学理论经济学一级学科博士点的通知下达。第二年，林汉川教授又组织专门班子，还是聘请夏兴园教授为顾问，直接执笔撰写了理论经济学博士后流动站的申请书，国家人事部很快批准了他的申请。自此中南财经政法大学的理论经济学学科建设又跨上了一个新的台阶。

（2）为建设对外经贸大学工商管理一级学科博士点作出了重要贡献。

（3）为对外经贸大学全国学科评估获得"四个A"发挥了校长顾问的特别作用。

（4）为创建浙江工业大学中国中小企业研究院特别名片作出了令人震惊的非常突出的贡献。

赵曼　博导

我国改革开放后培养的
新一代著名社会保障专家
——赵曼教授

一、档案名片

中文姓名：赵曼

性　　别：女

民　　族：汉族

出生日期：1952年2月

出　生　地：湖北省光化县老河口镇（今老河口市）

政治面貌：中共党员

最后学历：博士研究生

最后学位：经济学博士

毕业学校：中南财经大学

所学专业：商业经济（博士）

毕业时间：1996年（博士）

获批博导：根据国务院学位委员会批文、经中南财经大学遴选审定，并报国务院学位委员会备案，1998年3月正式下文获批成为中南财大国民经济学专业博士点博士生指导老师

工作单位：中南财经政法大学公共管理学院

工作类别：教学与研究

职　　称：二级教授

从事专业：社会保障

主研领域：社会保障与员工福利、人力资源管理、国民经济学

工作信条：兢兢业业做事、干干净净做人

二、成长历程

2021年金秋,湖北广播电视台举行湖北省第二届最美社科人发布仪式。湖北省委常委、省委宣传部部长许正中出席仪式并为10位获奖者颁奖,其中唯一的一位女性是中南财经政法大学的赵曼教授。

2021年9月30日湖北省第二届最美社科人发布仪式现场,获奖者左起第四为赵曼教授
（图片来源：中南财经政法大学校友总会网）

2021年10月湖北省第二届最美社科人发布仪式关于赵曼教授的介绍
（图片来源：中南财经政法大学电子档案）

赵曼出身于鄂西北光化县老河口镇（今老河口市）的一个教师家庭。在她小的时候，家里生活艰辛，从小就很懂事的她，每年暑假都会跟着哥哥去打零

工,在米面加工厂抖米面袋子、在拆房工地砍砖等活计她都干过,体力活让她虎口上的血口子一道一道的,手掌磨起了硬硬的茧子,双手也变粗糙了,但她照样坚持。后来她说,早年的磨砺使她具备了吃苦耐劳的意志,累积成了她人生的一笔难能可贵的财富,使得她在后来的工作、生活中,一直秉持这种已融入她骨髓的艰苦奋斗的优良作风。

20世纪60年代,毛主席发出了"知识青年到农村去,接受贫下中农再教育"的指示。1968年底,正值16岁花季的少女赵曼,积极响应党的号召,初中刚毕业,她就作为一名知识青年插队落户到鄂豫交界的一个叫花梨耙的村庄,接受贫下中农的再教育。虽说从小干过辛苦活,但要天天干那从未干过的又脏又累的农活,对一个城镇女孩来说,是难以承受的,然而头一年,赵曼就咬紧牙关硬生生地给扛下来了。

1969年,赵曼跟随当地村民参加"三线建设",辗转东风第二汽车制造厂和江山机械厂的建筑工地,干起了民工的活儿。当地村民对她评价很高,说她特别吃得苦,耐得劳,头脑灵活,心灵手巧,接受新东西很快,表现很不错。

1970年,赵曼在江山机械厂做机修铣工
(图片来源:中南财经政法大学电子档案)

两年后,她被招工进厂,在一个军工企业的机修车间当了近5年铣工,后被抽调到厂宣传科工作。在工厂期间,赵曼一直都表现得非常积极、突出,因此,在当时实行推荐上工农兵大学的情况下,她曾经两次获得被推荐的机会,这在当时是相当难得的。然而每次政审,都终因她的家庭出身问题未能过关,因而与大学一次次擦肩而过。

1975年，赵曼所在的企业为了提高职工理论与技能素质，在当时按照千分之一的比例，从全厂大约5000名职工中挑选5名优秀职工到原湖北省第五机械工业局和武汉大学联合举办的工人理论班学习一年，赵曼被工厂推荐并获准参加学习。她很珍惜这次相当来之不易的学习机会，更让她深感庆幸且受益匪浅的是，授课教师中有讲授哲学课程的陶德麟教授、讲授经济学课程的曾启贤教授等名家。

赵曼本以为自己这辈子已再无缘大学进入科班学习了，令她没想到的是，1977年，国家恢复了高考制度。她与哥哥和其他成千上万的有志青年，有了重新获得公平竞争参加高考上大学的机会。兄妹俩很兴奋，并当即决定报考。身为中学校长的赵曼母亲敏锐地感觉到，改变孩子们命运的最好契机来了，因此她强烈要求兄妹俩尽全力冲刺高考。经过几个月时间的备考，1977年年底，兄妹二人如愿以偿：赵曼的哥哥赵冰作为襄阳地区文科状元收到了复旦大学经济系的录取通知书，赵曼则被湖北财经学院（中南财经政法大学前身之一）的国民经济计划管理专业录取。赵曼回忆说，在那样的背景下，一家同时出了两名大学生，当时在小县城还引起了一点轰动，她说这是含辛茹苦的父母难得的开心时刻。赵家兄妹和众多"老三届"学生一样，由衷地感谢国家，是1977年的恢复高考制度的政策，圆了中青年被压抑了10年的大学梦。

1978年2月底，赵曼背着简单的行囊，兴高采烈地来到了武汉黄鹤楼旁、蛇山脚下的湖北财经学院，走进了她朝思暮想的大学校门，去圆她的大学之梦。

当时赵曼所在班级有39个同学，其中最年长的32岁，年龄最小的仅16岁。一次有记者采访赵曼教授，当记者跟她聊起一部叫《高考1977》的电影时，赵教授深有感触地说："那部电影也是基于特定的历史背景，……每个同学都有自己一段难以忘记的故事。"当时记者即时向赵曼教授问道："您在这段记忆里最深刻的事情是什么？"赵教授则脱口而出："开学后的第一堂课，中文老师给全班同学出了一个作文题目'当我接到录取通知书时'……"赵教授随即沉浸在了回忆之中，当年有几位特别的同学写下的话让她记忆深刻，她缓缓介绍道："一位在当时已年过30的李同学写道，在印刷厂当排字工的他，接到录取通知书时因为高兴跑到了街上，结果因为交通违规被警察逮到；另一位当时年仅16岁的孙同学写道，他收到突然送来的录取通知书时，正坐在房顶接瓦片盖房子，因为幸福来得太突然，喜极而泣，眼泪滴在了新砌的墙上。"赵曼教授当时也向记者介绍了自己在那篇命题作文里写的内容："一次、两次被推荐读大学，一次、两次的'政审'不合格，梦中的大学渐行渐远，安步当车吧，我会做好手上的每一件事。然而，这翩翩飞来的录取通知书……"

1982年元月，湖北财经学院八一届毕业生毕业留念
（图片来源：中南财经政法大学电子档案）

经过四年的寒窗苦读，赵曼成了湖北财经学院国民经济计划管理专业1981届本科毕业生，并顺利取得了大学本科毕业证与学士学位证书。

1982年1月，赵曼留校任教，开始了逾40年的教师生涯。自此后，她便几十年如一日地工作在教学、科研第一线，在教学岗位与专业学术研究领域勤耕苦研，在平凡中创造出一个个不平凡。

20世纪80年代初期，改革开放的春潮涌进了高校，学科和专业改革箭在弦上。赵曼积极参与新设立的劳动人事管理专业的建设，承担了劳动保险的课程建设任务。经过一段时间的研究建设，赵曼教授团队将"劳动保险"课程名改为了"劳动与社会保障"，她感觉这样更符合时代的发展趋势，该课程后来作为本科生课程一直保持到现在，同时赵曼配套编写了相对应的本科生教材，不过直到1998年"劳动与社会保障"才纳入教育部学科专业目录；进入21世纪，作为区别于本科生的硕、博研究生课程以及博士后合作专业，"劳动与社会保障"简化为了"社会保障"，其名称一直延续至现在。"社会保障"专业虽然起步较晚，但其作为一项构建社会安全网的宏大的社会建设工程，赵曼教授早就意识到其发展潜质不可限量。作为学科学术带头人，她认准了这个新兴学术领域，她和团队成员一起一直紧紧追随社会保障体制机制改革的步伐，并将自己的教学科研与之在把握、引领、融合之间不断地进行着角色切换；为打造厚实的基础，赵曼在教学、科研、人才梯队和学科建设等领域一块砖、一块砖地垒地基，一步一个脚印地往前走。机会留给了有准备的团队，学校领导的支持与团队成员的团结、努力、拼搏，一起铸就了事业成功的源泉，中南财经政法大学的社会保障学科不断做大做强，并一直走在了全国同学科建设的前列，最终建设成了一个完整的本硕博人才培养社会保障学科链。之所以能这样，除了集体的智慧与力量，作为中南财经政法大学社会保障学科业务骨干的赵曼老师，在学科建设与教研征途上，更是为之洒下了辛勤的汗水。功夫不负有心人，汗水没有白流，1989年赵曼老师受到财政部嘉奖；1992年被中南财经大学晋升为副教授。

赵曼老师常说的一句话是："女性不是弱者，自立自强的钥匙就握在自己手上，尽管要付出很多。"1993年9月，赵曼一次性通过博士研究生入学的英语和专业课考试，一个只有本科基础学历、拖家带口的在岗大学女教师，顺利成为一名在职攻读博士的研究生，师从我国商业经济学名师彭星闾教授。彭教授给她的师训是"清清白白做人、兢兢业业治学"；同时给了她一份经济学经典文献的阅读书单，要求她用三年的时间读完，并且每周在固定时间向导师提交读书笔记、汇报读书进度和阅读体会。赵曼常说，彭教授的这种"读经典、打基础"的培养方式，使她受益终身。在职读博期间，她完成了商业经济专业博士研究生规定的学分，同时也未放松社会保障学科的教学科研任务。

1994年，博士学位论文选题阶段，她初选了"开放条件下的比较利益研究"作为选题，也做了一些前期研究。但是，她内心深处非常想做"社会保障制度结构与运行分析"这个论文选题，主要是因为她当时承担了一项湖北省"八五"社会科学基金课题——湖北省社会保障制度与体系研究，为此她做过多次下沉式的田野调查，发现了在书斋之中不能看到的真实情况，积累了大量的一手资料，让她产生了要把所见所思诉诸文字的一股冲动。然而，选题与博士所学专业不尽吻合是事实，她也知道这个诉求有点过分，但她还是非常忐忑地向彭教授汇报了自己的想法。几轮汇报下来，原本持谨慎和犹豫态度的彭星间教授的口风有些松动了，他要求她明确回答一个问题，即这个选题"能否写出新意"，她回答道："尽最大努力，应当能够。"非常开明且爱生如子的彭星闾教授决定支持她的诉求，主动与相关方面协调，最终以校内在职博士生的论文选题可以适当与其所从事的专业靠近为由，特批了赵曼的开题申请。1996年5月，93级博士生的学位论文答辩进入了倒计时。彭星闾教授和夏兴园教授合作，为他们的应届博士生聘请了由多位大名鼎鼎的学术大家组成的答辩委员会。答辩委员会主席由中国社会科学院经济研究所所长张卓元教授担任，答辩委员会委员有发展经济学大家张培刚、谭崇台等教授。经过专家严格的审视、质询和指导，赵曼的博士学位论文通过了答辩，赵曼顺利按时博士毕业，获得经济学博士学位。

在撰写博士论文时，赵曼还参与了中南财经大学与日本福岛大学的合作课题——"中日经济主体行为方式比较研究"，担任子课题"中日社会保障制度比较研究"的负责人。其间，她在《理论月刊》《中国劳动科学》等期刊上发表了数篇学术论文；1997年，赵曼还申报并获批了一项国家自然科学基金一般项目"中国社会医疗保险制度改革与医患双方道德风险规避"（批准号：79870102，A类）。赵曼老师认为，这些成果的取得，受益于攻读博士学位期间彭星闾教授的教诲，以及做读书笔记且每周向导师汇报的严格要求。

赵曼老师不仅没有因读博影响教学、科研，相反教学、科研成就还较之前更显突出，故此，赵曼在获副教授职称评聘后不到5年就于1995年被破格晋升为了教授。

1997年5月19日，中南财经大学发布了"关于推荐杨灿明等六位同志为湖北省有突出贡献的中青年专家"[①]的文件，赵曼教授被遴选为六位为湖北省有突出贡献的中青年专家之一；1997年9月15日，中南财经大学发布了《关于财政部和我校跨世纪学科（学术）带头人培养专项（含配套）资金资助计划的通知》[②]，赵曼被遴选为财政部财政系统首批跨世纪学科（学术）带头人培养对象，获得了财政部与学校1997—1999年连续三年的配套资助。

1997年下半年，根据国务院学位委员会的批文，中南财经大学开始了"校

---

① 见中南财大人字〔1997〕第090号文。
② 见中南财大人字〔1997〕第194号文。

批"第二批次博士生导师的遴选和评审工作。经个人申报、各院系（所）学位评定分委员会审核通过、校内外专家通讯评议、学科组评议以及校评审委员会最后评审，一致通过6位教授为中南财经大学"校批"第二批次博士生导师，同时呈报国务院学位委员会办公室备案。赵曼教授是6位受聘博导中唯一的女性，且是中南财经政法大学首位女博士生导师，于1998年正式下文获聘、招生。赵曼教授同时也拥有了更高的可以更好地发挥自己智慧与专业特长的教学、科研平台。

进入21世纪后，专业知识得到进一步充实、强化与拓展的赵曼教授，教学、科研更加如鱼得水，得心应手了，尤其是学术研究，进入了一个全盛时期，她主持完成国家级、世界银行、省部级及其他课题20多项；出版专著、教材等16部以上；在《财贸经济》《财政研究》《经济日报》《长江日报》等重要报纸杂志公开发表专业论文近40篇；还撰写、提交了政府系列咨政报告。

最难能可贵的是，赵曼教授一直坚持"将论文写在祖国的大地上"。赵曼博士牢记彭星闾导师"兢兢业业治学"的师训，极其注重社会实践。为了党的教育事业，为了求真教研，为了拓展学术研究视野与深度，她经常带领青年教师以及不同层次的学生进行实地调研，她对承担的所有课题都做过扎实的田野调查，这是赵曼教授教学、科研的特点，也是一个突出亮点。她经常告诫学生："我们做社会保障研究的，面对的人群，相当部分是弱势群体，一定要有'草根情结'，要经常穿上破裤子下去调研。"赵曼教授踏遍了千山万水，调查访问了千家万户，在2017年退休时，赵曼教授的学术研究、社会实践似乎停不下来，她在接近古来稀的岁数，还硬要坚持与团队成员一起跋山涉水进行实地调研。赵曼教授取得的所有成果几乎都是社会实践的结晶。

"踏踏实实把工作做好"，这是赵曼教授对自己一贯的工作要求。在校外社会实践她要亲力亲为；在校内工作也是每天早上七点钟不到她就来到办公室，晚上过了十点钟才离开。赵曼教授把一天的大部分时间都用在了工作上，她曾经的办公地点——文沁楼的门卫大爷，发现到晚上十点了赵教授还在埋头工作，也会忍不住催促她早点回家。

赵曼教授就像个"永动机"，似乎从来不知道什么叫累，就连受伤了不得不卧床休养，还是放心不下工作上的事。赵曼教授就是这样的性子，工作上的事不及时处理完她总是觉得不踏实。

2012年，赵曼教授不小心摔倒了，造成股骨颈骨折。按医嘱必须卧床静养，然而闲不住的赵曼教授让家人购买可支在床上的电脑桌，放上笔记本电脑、资料，继续在床上工作，专心看、写、批各类报告与文件或进行学术研究；待身体稍好转一点，她竟然又坐上两轮带座的助行器出去进行实地调研了。

赵曼教授比较重视国际间的交流合作，曾赴美国、日本等国进行学术交流，同时多次主持、参与国际科研项目的合作与研究。

赵曼教授不愧是"女能人"（1992年3月赵曼教授被湖北省总工会授予"女能人"称号），她在承担着繁重的教学科研任务的同时，身上还曾肩负着行政管理职务与学术兼职。赵曼教授先后担任过：中南财经大学计统系副主任、劳动人事与社会保障教研室主任、工商管理学院常务副院长兼国民经济管理系主任[1]，中南财经政法大学财政与公共管理学院副院长，中南财经政法大学公共管理学院院长、社会保障研究所负责人（2002年4月设立）、社会保障专业硕士生导师组组长；湖北省就业与再就业研究中心（后改为"创业与就业研究中心"）负责人（2003年7月由湖北省教育厅批准）、城乡社区社会管理湖北省协同创新中心主任（2012年12月由湖北省教育厅批准）、中南财经政法大学长江绿色发展工程研究院负责人（2018年4月设立）；中共湖北省深化改革领导小组改革智库之一湖北社会建设与社会治理研究中心主任；曾受聘为教育部社会科学委员会委员、教育部人文社会科学重点研究基地——武汉大学社会保障研究中心副主任和学术委员会主任，人力资源和社会保障部专家咨询委员会委员、民政部专家咨询委员会委员、民政部全国民政政策理论研究基地主任、中国社会治理研究会副会长、中国社会保险学会常务理事、中共湖北省委决策支持专家、湖北省人民政府咨询委员会委员、湖北省养老机构协会会长、湖北省劳动和社会保障学会副会长、武汉市劳动和社会保障学会副会长、武汉市政府决策咨询委员会高级特约研究员等[2]。

---

[1] 正处级待遇，见中南财大政字〔1999〕第016号文件。
[2] 以上信息均参见《中南财经政法大学学科学术发展史》附录及学者名录，2003年版。

1992年3月,赵曼教授被湖北省总工会授予"女能人"称号
(图片来源:中南财经政法大学档案馆库存纸质档案,作者手机翻拍)

2014年,教育部社会科学委员会管理学学部委员工作会议留影(赵曼在后排右三)
(图片来源:赵曼教授家庭档案)

赵曼教授不畏艰难、努力拼搏,终获事业成功,可她的成功是以舍弃"小家"为代价的。怎样处理好琐碎的家事与繁重的教学、科研、行政管理等工作之间的平衡,这相互间的矛盾如何化解,赵曼教授一直觉得比较棘手。

有记者问过她一个问题:如何处理好工作与家庭之间的矛盾?赵曼教授坦言,自己并没有处理好两者之间的关系,特别是在时间分配上。她说自己大部分时间都用在了教学、科研和学院工作上,在孩子身上花的时间不多,作为一个母亲是不称职的。她每每说起,最泪目的是觉得对自己的父母尽孝尽责不够,现如今,子欲养亲不在,愧疚无法解脱,自责伴随终身。

长期以来，赵曼教授一心扑在工作上，付出了比一般人要多得多的努力，也获得了常人难以获得的成功与荣耀，成了教育工作者们学习的典范。但她却特别谦逊、低调，面对荣誉总是那么轻描淡写，也总是将功劳归于母校的关爱培养、老师的谆谆教诲、同事间的友好合作、团队的协作力量；面对教研总是那样兢兢业业，尤其对民生问题一路执着求索；面对学子总是循循善诱、因势利导，为了崇高的教育事业默默地奉献着自己的毕生精力，以一个普通教育工作者的大爱与责任诠释自己的师德、灵魂。

三、主要研究领域和学术成就

赵曼教授在2021年9月30日湖北省第二届最美社科人发布仪式上的获奖感言中说："三尺讲台，一干就是四十年。"

几十年来，赵曼教授坚守在教学、科研第一线，她作为中国最早的主要研究社会保障的学者之一，一直在社会保障与员工福利、人力资源管理、国民经济学等研究领域教研不止，笔耕不辍，硕果累累。

2021年9月30日，湖北省第二届最美社科人发布仪式上
赵曼教授接受临时采访、发表获奖感言
（图片来源：中南财经政法大学电子档案）

（一）教研成果

◎ 1．在教学资源建设方面

赵曼教授是首个为中南财经政法大学本科生、硕博研究生分别创设劳动与社会保障学及社会保障学课程的老师，并在一直坚持国民经济学教学的同时，还主讲了劳动与保险学、劳动与社会保障学、社会保障学等课程；是她开创性地对应本、硕、博主编了4套国家级统编教材供师生们教、学使用；是她带领团队将中南财经大学社会保障专业建设成了湖北省特色学科、国家二级学科硕士与博士学位授权点，并让相关课程成为国家精品课程、国家级精品资源共享课程等；是她带领团队将劳动与社会保障学专业建成了国家级特色专业、湖北省品牌专业。

◎ 2．在学术研究方面

赵曼教授独著、主编、参编出版学术著作20余部，其代表性的著作有：《社会保障制度结构与运行分析》（中国计划出版社，1997年）、《社会保障理论探析与制度改革》（中国财政经济出版社，1999年）、《美国社会保障制度研究与借鉴》（武汉出版社，1999年）、《农村社会保障制度研究》（经济科学出版社，2012年）等，其中，专著《社会保障制度结构与运行分析》受到张卓元教授、张培刚教授、谭崇台教授等著名经济学家的高度肯定；在《经济日报》《财政研究》《财贸经济》《中国改革》等国家级、省部级重要报刊上公开发表了一系列学术论文，其代表作有《社会医疗保险费用约束机制与道德风险规避》（《财贸经济》，2003年第2期）、《关于中国医疗保障制度改革的基本建议》（《中国行政管理》，2007年第7期）等。

赵曼教授主持完成了与社会保障相关的国家级、省部级、世界银行及其他课题等系列科研项目。其中，国家级项目就达10余项，国际项目研究4项，省部级10项以上，其他项目数项。以她为首席专家的"农村社会保障制度研究"课题（批准号：06JZD0026）入选2006年教育部哲学社会科学研究重大课题攻关项目。赵曼教授早在1993年负责承担并完成了湖北省社科基金项目"建立完善湖北社会保障体系及制度"及1996年财政部的"社会保障基金运营与管理研究"项目之后,从1999年起,她开始了一系列国家级及世界银行重点项目的主持研究工作,其代表性项目有:国家自然科学基金项目"中国医疗社会保险制度改革与医患双方道德风险规避"(1999年获批,批准号:79870102,A类);国家自然科学基金项目"监管、自律与医生道德风险规避"(2006年获批,项目号:70673114);国家社会科学基金一般项目"建立和完善我国农村社会保障体系"(2001年获批,项目号:01BJY035);国家社科基金项目"成本转嫁与养老保险风险评估研究"(2011年获批,项目号:11AGL006);教育部人文社科重点研究基地重大招标课题"21世纪中国劳动就业与社会保障制度研究"(项目号:01JAZJD630002,重大项目);教育部人文社科重大招标项目"社会安全应急机制建立的理论与实践研究"(2006年获批,项目号:05JJD840145);全国教育规划项目"农村剩余劳动力转移的教育培训研究"(2006年获批,项目号:DGA050095);国家教育部人文社科研究"九五"规划项目第二批立项课题"关于完善失业保险制度的对策研究"(1998年获批,教社政司〔1998〕28号文,1998—2002年);教育部哲学社会科学研究重大课题攻关项目招标课题"全面建设小康社会进程中的我国就业发展战略研究"(2004年获批,项目号:04JZD00019,重大项目)的分标课题;2008年教育部"学习宣传贯彻党的十七大精神和纪念改革开放三十周年"理论研究(委托)课题"改革开放以来中国社会建设的进程、成就和基本经验研究";世界银行重点项目"中国财政性就业支出绩效评估研究"(中国2003—2005年)、"农民工就业培训的财政补贴政策运用研究";作为中方专家参与亚洲开发银行与中国劳动和社会保障部的国际合作课题"中国养老制度改革",并任子项目"行政管理和信息系统现状"负责人(1998—2001年)等。赵曼教授主持的项目很多研究成果处于国内领先水平,受到同行专家学者的瞩目和高度评价。

(二)典型案例及其成就

赵曼教授在"最美社科人"发布仪式上还说:"我吃过苦,不怕吃更大的苦。"赵教授在现实的工作和生活中,不仅是"不怕吃更大的苦",而且吃的

"苦"一个比一个大，一个接一个，可她却乐在其中。

2021年，校长杨灿明教授在迎新演讲鼓励新生时将赵曼教授作为榜样，对学生这样肯定地介绍道："公共管理学院的赵曼教授在恢复高考的第一年走进大学，学习国民经济计划管理专业的她广泛阅读各方面书籍，为以后从事教育事业打下了扎实的基础。赵曼教授长期以来深耕在精准扶贫、乡村振兴、生态治理等领域，将论文写在中国大地上，不断追求高深的学问，追求科学研究与社会服务的精准对接。她领衔的城乡社区社会治理湖北省协同创新中心是三峡生态经济合作区生态治理'宜昌试验'的牵头智库，吞吐万象、逶迤万里的壮美长江画卷早已在她心里绘就。赵曼教授率队10余人驻扎试验现场6个月，精益求精，字斟句酌，提供11个试验方案草案，编写20万字的生态公民手册，让荒地变'画廊'，翻开了长江大保护的新篇章。"

那么，我们不妨来了解一下赵曼教授是如何带领团队进行精准扶贫、乡村振兴、生态治理等系列社会调查实践的，教研案例中有许多让人为之感动、佩服、震撼的事迹！

◎ 1. 国际合作研究

（1）在20世纪90年代，赵曼教授参与了中南财经大学与日本福岛大学的合作课题"中日经济主体行为方式比较研究"（1993—1998年），在资助经费仅3万元的情况下，作为"中日社会保障制度比较研究"子课题负责人的她，想方设法完成了调研任务，并作为排序第一项目结项报告人完成了报告的撰写、提交，顺利通过专家评审结项。

（2）在世纪之交（1998—2001年），赵曼教授作为中方专家参与了亚洲开发银行与中国劳动和社会保障部①的国际合作课题"中国养老制度改革"，并任子项目"行政管理和信息系统现状"负责人，于2001年作为撰写项目结项报告排序第一人提交的项目成果通过专家组评审，顺利结项。

（3）2007年，在完成世界银行"中国财政性就业支出绩效评估研究"重点项目研究期间，赵曼教授带领一支由15名青年教师和硕博研究生组成的调研团

---

① 2008年，根据《国务院机构改革方案》，不再保留劳动和社会保障部。

队,耗时2年,辗转东中西部9个样本省份的27个样本城市进行实地调研,从新疆到云南、从黑龙江到江苏,共计实地采集了7000余份调查问卷,完成了100余份面向各地劳动局局长、财政局局长和业务骨干的访谈报告,据此建立了数据库,提交了60余万字的中英文研究报告和一份咨政报告。结项成果顺利通过世界银行专家组的严格评审。通过此课题研究,赵教授认为:"在中国,转轨时期的社会复杂性决定了社会科学研究必须'下沉'到社会的最基层。"

2007年1月,赵曼教授承接世界银行重点课题在云南思茅(现普洱市)做问卷调查
(图片来源:赵曼教授家庭档案)

(4)在世界银行重点项目"中国财政性就业支出绩效评估研究"结项的次年,世界银行又委托她主持了第二个重点项目"农民工就业培训的财政补贴政策运用研究",她依然不畏艰辛,循着"大样本的实地调研—数据分析—政策研究"的技术路线进行研究,并再次通过了世界银行专家组的评审。

◎ 2.农村社会保障制度研究

2006年,赵曼申报并获批了该年度教育部哲学社科研究的重大攻关项目"农村社会保障制度研究",这是一个需要到农村进门入户做田野调查的项目。赵曼教授带领团队奔波在山区与平原、发达地区与贫困地区的田间地头,扎根在农家进行恳谈,获取了大量的第一手资料。该课题耗时三年,终顺利结项,结项成果形成60余万字的专著《农村社会保障制度研究》,在经济科学出版社出版。该成果后入选国家新闻出版总署"三个一百"原创图书出版工程。

2006年9月，赵曼教授在云南思茅
（现普洱市）调研

（图片来源：中南财经政法大学电子档案）

2006年9月，赵曼教授带学生做田野调查

（图片来源：中南财经政法大学电子档案）

◎ 3．脱贫攻坚研究

2015年，赵曼受中共湖北省委决策支持办公室委托，带队深入湖北省内武陵山片区、秦巴山片区、大别山片区和幕阜山片区实地调研脱贫攻坚，撰写了2万余字的《湖北四个片区全面建成小康社会研究》，梳理出20条政策实施难点，提出10条政策建议，研究成果受到湖北省委充分肯定。

◎ 4．大众创业细化为行动研究

2015年，受湖北省发改委委托，赵曼教授带领团队深入武汉、黄冈、宜昌和荆州等地进行乡村振兴调研，其研究成果受到国务院关注并批示；同时获湖北发展研究奖（2014—2015年度）特等奖，填补了该奖项设立10年以来尚无特等奖成果的空白。

◎ 5．生态治理"宜昌试验"

2016年初，赵曼教授受聘于宜昌市委市政府，担任三峡生态经济合作区生态治理"宜昌试验"牵头智库负责人。

"宜昌试验"不是一个课题，而是一场改革"试验"，参与试验的各方主体必须一起走完试验流程。赵曼教授率队10余人在宜昌蹲守了整整半年，下沉试验现场，提取生态治理的要素，提交了数套试验方案，举办了29场300多人次的讲座和培训，编写了近20万字的生态公民手册。

赵曼教授和团队最主要成员在三峡生态经济合作区生态治理"宜昌试验"启动大会上合影
（图片来源：赵曼教授家庭档案）

赵曼教授在生态三峡·宜昌试验国际研讨会上发言
（图片来源：中南财经政法大学电子档案）

  赵曼教授在获奖感言中对此进行了特别介绍，她说："2016年，我和我的团队，受聘为三峡地区生态治理试验的牵头智库，我们驻扎当地，日日夜夜，不仅为他们写方案，为他们写建言、做培训，我们还参与各种创建活动，我们到过乡里的小学，给孩子们做'生态小公民'的宣讲。孩子们互动非常踊跃，一场一场地做下来了。非常清晰地记得，孩子们围在我身边，有的说，'赵奶奶，我回去要告诉我爸爸妈妈，能要的瓶子，再也不能乱扔了'，有的说，'我要和爷爷在一起，把家里的院子捡干净，码整齐，挪通畅'。"

  一开始，当赵曼教授团队欲进驻三峡地区进行生态治理试验的时候，到村里去没有汽车，赵教授便同队员们说："没车，我们有腿啊！"有时就为了那么一份问卷，赵教授和团队人员需要在那些崎岖的山路上走约两到三个小时，一天走下来，小腿肿到连坐下来都不能，半年下来他们的鞋子都磨坏了三四双。

生态治理"宜昌试验"取得了显著成效，被中央电视台、人民日报等70多家媒体报道。2018年12月，因所取得的智力支持成果，中南财经政法大学作为其牵头智库入选教育部"改革开放40周年高校科技创新重大成就"，且排名靠前；2021年"长江生态治理'宜昌试验'中的智库作为"入选中国智库综合评价AMI2021年中国智库参考案例。

◎ 6．精准扶贫调研

2018年，赵曼教授承接了民政部政策研究中心在10个省开展的"我国城乡特困人员调查研究"项目。赵曼教授承担的其实是三项任务：一是在湖北省荆门市的沙洋县、掇刀区和京山县做问卷调查；二是负责对10个样本省的调查数据进行处理，写分析报告；三是调查结束6个月后，对10个省的150名调查对象进行电话回访。

这年的炎炎夏日，当时已是66岁的赵曼教授，依然带队下沉到沙洋县、掇刀区的特困供养机构和分散供养的老人家中，对特困老人进行精准扶贫方面的调研，历时12天，做了近600份问卷。队员们无不心疼地说："当时天气非常热，调研地点的条件也不是很好，但赵老师就全程跟我们一起。"项目结项成果受到民政部充分肯定。

2018年6月，赵曼教授对荆门市掇刀区麻城镇分散特困人员的监护人进行面访式问卷调查
（图片来源：中南财经政法大学电子档案）

2018年7月,赵曼教授带领学生在长阳土家族自治县对贫困户进行访谈和问卷调查
（图片来源：中南财经政法大学电子档案）

◎ 7. 实施大保护、大民生、大循环、大产业的新举措研究

2019年，受湖北经济与社会发展研究院委托，赵曼教授开展乡村振兴调研，以她为主撰写的调研报告《立足湖北实际 实施大保护、大民生、大循环、大产业的新举措——推动乡村振兴战略实施的湖北行动计划的建议》受到湖北省委充分肯定。

当有人问赵曼教授为什么要这么辛苦、执着地从事教学科研时，她回答道："就是热爱教师这个职业，这样才能体现一个教师的本色与那份不可推卸的责任感、使命感。"在"最美社科人"发布仪式获奖感言的最后，赵曼教授深有感触地说："这么多年的历练，使我的理念突破一个拐点，我不再满足于做一点调研，弄点数据，文案功夫做好，结项退出，我认为来源于实践，又能在更高的理论和政策层面还原实践的研究，才是真正有生命力的。"

赵曼教授所完成的教学成果、科研论著、项目研究与决策支持工作中，有许多成果获国家级、省部级特等奖和一、二、三等奖及其他奖项，有的还受到国家有关部门与中央及地方党政领导的高度重视，或批示或直接行文采用。

（三）学术观点或学术思想体系

赵曼教授经过几十年的专业学术研究，逐渐形成了一套独特的学术思想体系，主要体现在以下几个方面：

（1）社会保障制度结构像一切客观物质结构一样，具有整体性、层次性、动态性、相互制约性和功能性。它表现为各种具体的制度安排在排列次序、配置格局、聚集状态及其相互作用机理方面的不同特征的分布和组合。

（2）社会保障的内容涉及经济学、管理学、社会学、法学、伦理学、政治学等多个领域，其中，逆向选择和道德风险为信息经济学领域的两大核心问题，它们搭建起了跨学科研究的桥梁，由此决定了社会保障制度设计必须致力于做到动力结构与激励结构相对称、信息结构与决策结构相对称。

（3）提高社会保障的可靠性的路径，一是建立积极的预测预防体系，对各种冲击的传递路径、规模、群体进行预测，提前防范；二是提高家庭以及其他社会组织的保障功能，真正使社会保障社会化，纠正过分依赖政府的倾向，减轻现行社会保障基金精算平衡的压力；三是养老保险积极参与养老服务领域的资源配置，如工伤保险积极参与企业安全生产的监督和检查等。

四、教育理念、社会贡献及（社会）反响

（一）教育理念

赵曼教授以扎实的科研为基础，采用案例分析、互动教学、小组讨论、研究论文评述等多种教学手段，培养学生分析问题、解决问题的创新能力和举一反三、闻一知十的逻辑思维能力。

◎ 1. 创新教学理念和方法

（1）教学内容更新。"以研促教，研教结合"，及时地把国内外教学改革成果以及学科的最新发展成果引入教学。赵曼教授从20世纪八九十年代开始就研究新设不久的劳动与保险学专业课程，不久她便将其改革更名为"劳动与社会保障学"本科生课程，并新设了硕、博研究生课程"社会保障学"，同时进行了一系列的教材改革。

（2）课程创新与推广。主持完成了（排名第一）"大学生全程职业生涯规划与职业指导课程体系建设"省级教改重点课题，该课程之后作为全校选修课和部分专业必修课，同时获湖北省教学成果奖励。

（3）教学方法改革。按照学生的感知性、运动性、记忆性的思维特征和社会性、情感性的学习规律，采用案例分析、互动教学、小组讨论、研究论文评述等多种教学手段，提倡发散思维，以及答案的非唯一性。

◎ 2. 培养学生能力和创新思维有实招

（1）培养学生发现、提出、分析和解决问题的综合能力。观点容有差异、角度容有宽窄、结论容有正反，但是一定要有个人的独立见解。

（2）指导学生循着博学→审问→慎思→明辨→笃行的路线进行论文选题，撰写和跟踪研究，做到"四个立足"，即立足于"创"，捕捉尚处于萌芽状态的问题；立足于"补"，于事物发展不平衡处找问题的症结；立足于"辨"，从矛盾中发现问题，辨明谬误，纠正前说；立足于"续"，深化前人见解，回填旧论不足。2001年赵曼教授指导的博士学位论文《高技术产业发展与风险投资研究》（作者：田宇），以及2012年指导的博士学位论文《农民养老风险规避与保障方式研究》（作者：顾永红），被评为湖北省优秀博士学位论文。

◎ 3. 教书育人成绩显著

2010年，赵曼教授牵头申报并获批社会保障学国家级教学团队；赵曼教授作为项目负责人牵头申报的社会保障课程，曾两次获评国家级精品课程，上线中国大学MOOC平台；赵曼教授主编了国家级统编教材4部：面向21世纪国家级统编教材《人力资源开发与管理》（中国劳动社会保障出版社，2002年）、"九五"规划教材《社会保障学》（中国财政经济出版社，2003年）、"十五"规划教材《社会保障》（中国财政经济出版社，2005年）、"十一五"规划教材《公共部门人力资源管理》（清华大学出版社，2015年）。其中两部教材两获人事部颁发的全国人事科研成果三等奖。其教学成果获省级高校教学成果奖四个一等奖、一个二等奖。

桃李不言，下自成蹊。赵曼教授于1994年和1998年被遴选为本校硕士生导师和博士生导师，2002年起被武汉大学聘为博士生导师达11年，还被聘为华中科技大学博士生导师，2013年受聘为郑州轻工业学院①客座教授。多年来，她指导的多名学生成为我国政、产、学界的优秀人才，如现任广东省人大常委会党组书记、主任黄楚平（2000级博士生），共青团中央书记处常务书记、全国青联主席徐晓（2005级博士生）等。

2009年6月，赵曼教授与学生讨论问题
（图片来源：赵曼教授家庭档案）

（二）社会贡献

◎ 1. 学科建设贡献

赵曼教授带领团队耗时几十年，全力创新、打造学科品牌。自20世纪80

---

① 2018年12月，教育部批准郑州轻工业学院更名为郑州轻工业大学。

年代赵曼教授积极参与新设劳动人事管理专业建设以来，在1993年至2012年的20年时间里，由她率团队创建的社会保障学科，经历了学科建设的不断改革创新及学科命名从无到有的过程，并取得了不俗的成绩：

1998年，中南财经大学获批设立劳动与社会保障本科专业，成为全国首轮获批的8所高校之一；进入21世纪，2001年，中南财经政法大学获批社会保障硕士学位授权点；2003年，中南财经政法大学以二级学科申报并获批社会保障博士学位授权点；2005年，中南财经政法大学获批公共管理专业硕士（MPA）学位授权点；2009年，获批公共管理一级学科博士学位授权点，同年再次获批公共管理一级学科博士后流动站。

由此，中南财经政法大学社会保障专业形成了"本科→硕士→博士→博后"的人才培养完全专业链。在此期间，赵曼教授作为学科带头人的劳动与社会保障专业，曾分别获评国家级、省部级特色专业、品牌专业。

◎ 2．打造新型智库

2012年11月，湖北省实施"国家高等学校创新能力提升计划"（即"2011计划"），全省首批设立了18个协同创新中心，其中，16家理工科中心、2家文科中心获批。中南财经政法大学牵头申报，武汉大学、武汉科技大学、三峡大学参与共建的城乡社区社会管理湖北省协同创新中心（简称协创中心）获批，赵曼教授担任协创中心主任。协创中心旨在打造湖北省城乡社区社会管理创新的"智库""人才库""信息库"和"思想库"，为湖北省社会建设和社会治理提供智力支持，为省委省政府提供决策咨询服务。10余年的时间，赵曼教授带领协创中心研究团队在服务社会方面取得显著的成效。

协创中心在湖北省教育厅首轮（2013—2017年）省级协同创新中心验收评估中获评"优秀"；协创中心于2016年入选中国智库索引CTTI首批来源智库；2018年与清华大学国情研究院、北京大学国家发展研究院等25家智库共同进入中国智库索引（CTTI）2018年度高校百强智库A+（光明日报智库研究与发布中心发布）。依托协创中心，2014年获批中共湖北省深化改革领导小组所设10个改革智库之一的湖北社会建设与社会治理研究中心，2019年获批民政部政策理论研究基地。协创中心先后成为中国社会治理研究会副会长单位、湖北省养老机构协会会长单位。

自成立以来，协创中心研究团队获得省部级以上奖励61项，协创中心研究团队主持国家级课题41项，其中，国家社科重大项目1项、国家社科重点项目3项。2016—2020年连续5年在高校智库中名列前茅（光明日报智库研究与发布中心发布）。

2018年12月，以赵曼教授为主要负责人的中南财经政法大学城乡社区社会管理湖北省协同创新中心获"中国智库索引（CTTI）2018年度高校百强智库"A+荣誉

（图片来源：赵曼教授提供）

◎ 3．以笔投戎、科研抗疫

2020年初，为抗击新冠疫情，"英雄之城"武汉按下"暂停键"。让武汉人记忆犹新的是，那个时期，养老院成了当时新冠病毒感染的重灾区。赵曼教授作为社保研究专家，深感这时是养老院老年人至关重要的生死关头，她有责任为之作重要的抗疫引导与研究。于是她带领协创中心研究人员针对湖北省养老机构协会有着700多人的微信群，借助腾讯会议App进行政策咨询，并组织了

法律专家以及行业主管们发起讨论,助推养老院院长之间进行快速高效的沟通交流,为减轻、减少养老院老人的痛苦起到了一定的作用。

在新冠疫情期间,赵曼教授及其研究团队依托协创中心的一个内刊,增设了抗疫专刊,团队成员的多篇咨政报告受到有关重要部门充分肯定。赵曼本人执笔撰写了9篇抗疫报告,还同中共湖北省委改革办合作撰写了1篇有关疫后重振的报告。其中,有6篇获省领导高度肯定与批示。2021年9月30日湖北省第二届"最美社科人"的发布仪式当天,会场大屏幕上为赵曼教授显示的颁奖词就是"根植大地、为民执言,你是巾帼智囊,紧握时代接力棒;以笔投戎、科研战疫,你是治世良师,研就重振金配方"。

抗疫关键时段,赵曼教授用微信与湖北省养老机构协会成员作快速高效的沟通交流

(图片来源:中南财经政法大学电子档案)

◎ 4. 咨政贡献

2015年12月,赵曼教授执笔撰写提交的咨政报告《关于将大众创业、万众创新细化为行动计划的建议》,获李克强总理和张高丽、刘延东两位副总理的肯定性批示。

赵曼教授主持完成的世界银行重点项目研究成果报告《中国财政性就业支出绩效评估研究》中的主要观点被写进了财政部的红头文件。

《关于将大众创业、万众创新细化为行动计划的建议》研究报告获时任国务院总理李克强、副总理张高丽等领导重要批示，并已转化为相关政策

（图片来源：中南财经政法大学校史展览馆展品，作者手机拍摄）

2016年3月，赵曼教授为主撰写、提交的调研报告《湖北四个片区全面建成小康社会研究》被时任湖北省委书记李鸿忠批示，发全省各市县参阅。

2017年，以赵曼教授为主负责人的生态治理"宜昌试验"被写进湖北省人民政府《政府工作报告》，报告明确提出"大力实施长江生态治理中心'宜昌试验'"。

2018年4月28日，习近平总书记在考察长江宜昌段时，高度赞扬"宜昌市开展的'生态小公民'教育活动是一个好的探索，要坚持下去"。

2018年，赵曼教授承接的民政部政策研究中心"我国城乡特困人员调查研究"项目所撰写的结题咨政报告被民政部采用。

2019年，赵曼教授为主撰写、提交的调研报告《立足湖北实际 实施大保护、大民生、大循环、大产业的新举措——推动乡村振兴战略实施的湖北行动计划的建议》获湖北省委有关领导肯定性批示。

2019年底至2020年，赵曼教授执笔撰写的6篇"抗疫报告"分别获时任湖北省省长王晓东、常务副省长黄楚平等省级领导的肯定性批示。

（三）社会肯定

赵曼教授教学、科研近四十年，其师德与教研水平受到师生及社会充分肯定，同时取得了一系列荣誉。

◎ 1. 赵曼教授主要综合荣誉

1989年，被评为首批财政部系统先进教师，受到财政部通报表扬；

1992年3月，被湖北省工会授予"女能人"称号；

1993年，被湖北省总工会和湖北省教育工会分别授予"全省先进女职工标兵"和"全省教育战线先进女职工标兵"荣誉称号；

1995年，被中南财经大学校党委常委授予"中南财经大学优秀党员"[①]；

1997年，被遴选为财政部系统首批跨世纪学科（学术）带头人培养对象；

1997年，被湖北省总工会授予"全省先进女职工岗位立功标兵"荣誉称号；

1999年2月10日，获1998年度湖北省人民政府特殊贡献专家津贴；

1999年，被中共中南财经大学委员会授予"中南财经大学1998—1999学年度优秀共产党员"[②]；

2002年12月27日，获评为2002年湖北省新世纪高层次人才工程第二层次人选；

2007年3月13日，获2006年度国务院政府特殊贡献专家津贴；

2012年2月，被中华全国妇女联合会授予"全国三八红旗手"称号、"全国妇女创先争优先进个人"称号；

2018年，被中共湖北省委、湖北省人民政府授予"湖北省先进工作者"称号；

---

① 见中南财大党字〔1995〕第21号文件。
② 见中南财大党字〔1999〕第57号文件。

2021年，获评湖北省第二届最美社科人。

◎ **2．教学、科研主要获奖**

赵曼教授担任项目负责人的"社会保障学"课程，2007年获评国家精品课程、2016年获评国家级精品资源共享课程、2018年上线中国大学MOOC平台；2010年，她作为负责人的"劳动与社会保障学"获评国家级特色专业。2018年，三峡生态经济合作区生态治理"宜昌试验"被评为教育部改革开放40周年高校科技创新重大成就。

2018年成果——三峡生态经济合作区生态治理"宜昌试验"获评教育部
改革开放40周年高校科技创新重大成就

（图片来源：赵曼教授提供）

2013年12月，主持完成的教育部哲学社科研究的重大攻关项目"农村社会保障制度研究"的结项成果以图书形式出版，入选国家新闻出版总署广电总局第四届"三个一百"原创图书出版工程；

2016年，《家庭治理与家庭社会政策研究——湖北省修复型、救助型和发展型家庭实证调查》（研究报告）获全国民政政策理论研究一等奖；

2001年，"养老保险制度结构调整与基金运行风险防范研究"（课题）获人事部优秀科研成果奖三等奖；

2004年,《人力资源开发与管理》(国家级统编教材)获人事部颁发第四次全国人事人才科研成果奖三等奖;

2006年,《公共部门人力资源管理》(国家级统编教材)获人事部第五次全国人事人才科研成果奖三等奖;

1997年,《流动人口实证分析》(论文)获劳动部科技进步奖四等奖;

2008年,"社会保障学"课程获批湖北省特色学科(项目负责人);教学成果《大学生创业教育:教学内容、方法与实践》获湖北省高等学校教学成果奖一等奖;

2009年4月15日,教学成果《大学全程职业规划与职业指导课程体系建设》获中南财经政法大学教学成果奖一等奖;

2016年,《大学生创业教育教学研究》获中南财经政法大学教学成果奖一等奖;

2020年,《立德树人引领下创新创业人才培养模式探索与实践》获中南财经政法大学教学成果奖一等奖;

主持完成省级教改重点项目"大学全程职业规划与职业指导课程体系建设",获2009年湖北省高等学校教学成果奖二等奖。

2016年,《关于将大众创业、万众创新细化为行动计划的建议》(报告,第一作者)获湖北发展研究奖(2014—2015年)特等奖;

1995年,《我国医疗保险制度综合配套改革刍议》(论文)获湖北省首届社科优秀成果奖优秀奖;

2014年,《建设"幸福湖北"若干重大问题研究》,获湖北发展研究奖(2012—2013年)一等奖;

1999年,论文《"十五"计划和中长期规划方法的改革与创新》(第一作者)获湖北省"十五"计划编制领导小组颁发的湖北省科技进步奖一等奖;

2000年,《美国社会保障制度研究与借鉴》(专著)获湖北省社会科学优秀成果奖(1999—2000年)二等奖;

2003年,《美国社会保障制度研究与借鉴》(专著)获湖北省政府颁发的湖北省第三届人文社会科学优秀科研成果奖二等奖;

2001年10月，《湖北省再就业工程实践、理论与对策研究》（论文），获湖北省政府颁发的第二届湖北省人文社会科学优秀科研成果奖三等奖；

2004年，《中国社会医疗保险制度改革与医患双方道德风险规避》获湖北省科学技术奖（科技进步奖）三等奖；

2013年，《绩效评估中的模型选择问题与解决方法——基于就业培训项目的研究》（赵曼、李锐、喻良涛）获湖北省政府颁发的第八届湖北省社会科学优秀成果奖三等奖；

1992年，《劳动制度改革中面临的困难及对策》获中国劳动学会成立十周年优秀成果奖二等奖；

1994年，《武汉市医疗保险制度摆脱困境的对策与思考》（报告）获武汉市政府奖二等奖。

◎ 3．社会服务方面主要荣誉

2015年，《湖北重塑农村团圆家庭调研报告》获湖北省委决策支持工作优秀成果奖一等奖；

2014年，《关注民生冷暖　践行群众路线——关于湖北民生建设的建议》（第一作者）获湖北省委决策支持工作优秀成果奖二等奖。

罗飞　博导

我国改革开放后培养的新一代著名会计学家、教育家
——罗飞教授

一、档案名片

中文姓名：罗飞

性　　别：男

国　　籍：中国

民　　族：汉族

出生日期：1952年5月

出　生　地：湖南临武

政治面貌：中共党员

最后学历：博士研究生

最后学位：经济学（会计）博士

毕业学校：中南财经大学

所学专业：会计学

毕业时间：1984年（硕士），1996年（博士）

获批博导：根据国务院学位委员会批文、经中南财经大学遴选审定，并报国务院学位委员会备案，1998年3月正式下文获批中南财经大学会计学专业博士点博士生指导老师

工作单位：中南财经政法大学会计学院

工作类别：教学与研究

职　　称：二级教授

从事专业：会计学

主要研究领域：财务会计、成本会计、国际会计、财务管理、国有企业改革等

二、成长历程

罗飞教授从青少年起就一直以谦虚谨慎、戒骄戒躁、不断学习、自强不息要求自己、提高自己、完善自己。

1964年，罗飞进入初中学习，1968年12月作为知识青年下放湖北省京山县农村。因其突出表现，很快得到村民的认可，被选为生产队队委，后又抽调到大队小学当老师和大队做专案工作。1970年9月，罗飞被招工进武汉汽轮发电机厂，分到基建办公室，在工厂8年期间，他做了3年木工学徒，后又当了木工班班长。在积极努力工作之余，他仍不停地寻找机会学习，他和几个志同道合的同事经常到华中工学院（现华中科技大学）旁听学校为青年教工进修开设的语文、数学、政治经济学课程，积极参加单位组织的各种课程学习，如识图制图等，作为工厂通讯报道组副组长，积极协助组织由华中师范大学教授为通讯报道组成员讲授的汉语修辞等课程。他的文字功底和写作能力得到认可，在工厂的后几年，他被抽调到厂部，从事撰写各种报告和编辑资料等工作。

1977年，国家恢复高考，年已25岁的罗飞毫不犹豫地报名参加，并一举成功考入湖北财经学院（现中南财经政法大学前身之一）工业经济系工业财务与会计专业，成为恢复高考后第一届本科生。1978年2月入学后，他深感学习机会来之不易，更引发了他对知识的渴求和对时间的珍惜，他想追回被耽误的时光，争分夺秒、如饥似渴地学习。除学好各门课程，他还和几个同学成立了学习研究小组，在老教授的指导下进行深入的专业学习研究，还参加了审计署和澳大利亚发展援助局在湖北财经学院的中国审计培训中心的教材翻译工作。本科4年，他以全优的成绩毕业，获经济学学士学位。毕业前夕，他又一鼓作气参加了全国首届攻读硕士学位研究生考试，考取母校1981级会计学硕士研究生，成为当时少有的7年本硕连读学生。硕士研究生3年学习期间，他更加奋发努力，不懈地探索钻研专业理论并结合社会实际研究问题，读了大量专业及相关的书籍，写了许多读书笔记和研究文章，其硕士学位论文部分内容发表于

《会计研究》上。1984年12月，罗飞硕士研究生毕业，获得经济学（会计）硕士学位与硕士研究生毕业证书。

罗飞毕业后留校任教。在从事教学科研工作约10年后，罗飞感到有进一步深入学习的必要，1994年已评聘上教授的罗飞，毅然报考中南财经大学博士研究生并被录取，师从著名国批博导杨时展教授，并只用2年就完成了学业，于1996年博士研究生毕业，获经济学博士学位。

1989年11月至1990年12月，罗飞作为访问学者赴加拿大多伦多大学，在国际著名教授Myron J. Gordon的指导下进行学习和研究；1994年，他作为高级访问学者再次赴多伦多大学，在Myron J. Gordon的指导下做了为期半年的研究。两次到加拿大多伦多大学进修研究，罗飞教授和Myron J. Gordon教授分别合作进行了"中国国民生产总值国际比较"和"中美企业绩效比较"的研究，并取得了相应的成果。此外，他也很注意观察和了解当地的社会结构、社会生活等，加深对西方社会的了解。他还注意收集学习研究资料，每次回国，都是两箱行李，一箱衣物、一箱书籍资料。两次国外进修研究，使其增长了见识、开阔了视野、提升了境界，这些在之后的教学科研和管理工作中逐渐体现了出来。

1984年，罗飞硕士研究生毕业留校任教后，一直从事教学、研究和相关的管理工作。他给本科生讲授"工业企业会计""企业成本学""西方财务会计""企业特种会计""高级会计"课程，以及ACCA专业的相关课程，在中央广播电视大学主讲了"外商投资企业会计"课程；对硕士研究生，1985年起即采用英文教材系统讲授"Financial Accounting、Intermediate Accounting"课程；给博士研究生开设"财务会计理论与实务研究"课程。罗飞教授治学严谨，知识面广，专业功底深厚，备课认真，注重因人、因材施教，理论联系实际，授课由浅入深，引人入胜，活泼生动，深受学子们喜爱。

罗飞1986年评为讲师，1992年评为副教授，1994年评为教授，1998年3月正式获聘为中南财经大学会计专业博士研究生导师，2007年评为二级教授。1985年，罗飞任中南财经大学会计系工业会计教研室副主任、西方会计教研室主任。1993年，经中南财大校党委常委研究决定，罗飞同志任会计系副主任[①]。1998年1月，经中共中南财经大学党委决定："罗飞同志任研究生部主任（正处

---

① 见中南财大〔1993〕第07号文件。

级）。任期3年，从发文之月算起。"[1]1998年2月，经"中共中南财经大学委员会组织部研究，同意增补罗飞（等）为研究生部党总支委员"[2]。1999年4月28日，经（中南财经大学）党委常务委员会研究决定，罗飞被任命为会计学院院长（正处长），任期三年。[3]2000—2008年任中南财经政法大学会计学院院长。

同时，罗飞教授还兼任了一系列社会学术职务，他曾先后受聘教育部高等学校工商管理类学科专业教学指导委员会委员、全国会计硕士专业学位教育指导委员会第一届和第二届委员，全国高等教育自学考试指导委员会经济管理类专业委员会委员，中国会计学会理事，中国成本研究会理事，中国会计学会教育分会常务理事、会长，中国成本研究会理事，湖北省会计学会副会长，湖北省总会计师协会副会长、秘书长，财政部会计准则委员会会计准则咨询专家，湖北省第九届政协委员，《会计研究》《财务研究》《会计论坛》等杂志编委。

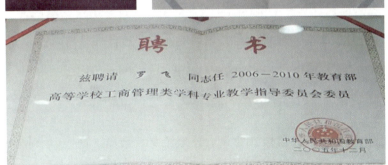

罗飞教授聘书

（图片来源：中南财经政法大学档案馆馆藏）

---

① 见中南财大〔1998〕第008号文件。
② 见中南财大党组字〔1998〕第05号文件。
③ 见中南财大政字〔1999〕第017号文件。

在不同的岗位，罗飞教授都为学校的教学科研管理和学科建设作出了相应的贡献。例如，担任会计系副主任时，组织编写了高等财经教育会计系列教材，在全国产生了很大的影响，被广泛采用，得到财政部教材编审委员会的推荐，解决了我国建立社会主义市场经济条件下会计改革亟须的教材问题；在研究生部工作时，牵头成功申报了本校的工商管理博士后流动站，和厦门大学研究生院副院长曲晓辉教授一起向国务院学位委员会办公室及财政部相关部门建言，推动我国会计硕士专业学位的试办；任会计学院院长时，组织申报和获批了会计学国家重点学科、组织创办了《会计论坛》杂志、开展国际合作办学等。

三、主要研究领域和学术成就

据2004年6月《湖北省社会科学界名人》（第3卷）专文介绍："罗飞教授1984年研究生毕业留校任教，一直从事会计学本科生研究生的教学和研究工作。其讲授的主要课程有：工业会计学、企业成本学、西方财务会计（英文原版）、中外合资企业会计、外商投资企业会计、企业特种会计、财务会计理论与实务研究等。其中，从1985年起即用英文原版教材系统地讲授西方财务会计，是国内较早用英文原版教材系统讲授专业课的教师；1993年担任中央电大'外商投资企业会计'的主讲教师并编写了相关教材；1986年参与编写了我国第一本《企业成本学》教材，2000年主编出版了教育部'面向21世纪课程教材'《成本会计》；1993年主编出版了财政部推荐教材《企业特种会计》，该书是我国较早的此类著作。罗飞教授知识面广阔，研究兴趣广泛，其研究主要方向在财务会计、成本会计、国际会计、财务管理等方面，著述颇丰，多有建树。现已公开出版各种著作20多部，发表论文百余篇。这些学术成果观点鲜明，务实创新，表达严谨，有相当的学术价值和现实价值。例如，其在国内首先提出成本可控性、可控时间、可控空间的理论，其与美加著名学者合作的中国国民生产总值的国际比较研究及首先提出的动态购买力平价分析方法，合并财务报表理论和方法的研究，会计监督理论与模式的研究，国有企业财务管理理论与模式的研究，等等。"

（一）主要学术成就

在教学资源方面，根据《中南财经政法大学70周年华诞》纪念册21世纪合校以来的学校重大成就目录，进入21世纪，罗飞教授先后竞选获批2010年"国家精品课程：'高级财务会计'"项目负责人；2006年"湖北省品牌专业：'会计学'"项目负责人。

罗飞教授学术成果丰硕，在30余年的教研生涯中，公开出版专著、译著、主编、参编教材等30余部，在《管理世界》《财贸经济》《会计研究》等海内外重要期刊上发表各种学术专业论文100余篇。罗飞教授主持了一系列国家自然科学基金项目、国家社会科学基金项目、教育部人文社科项目、财政部重点项目等科研项目。如：主持国家自然科学基金项目"现代企业制度下国有企业财务管理与会计管理模式研究"（1997—2001）、教育部"十五"规划项目第一批人文社科项目"会计监督和会计委派制度创新与完善问题研究"（主持，2001—2004）、财政部重点项目"内部会计控制规范——对外投资"（主持，2001—2004）、财政部重点项目"会计要素的确认与计量"（主持，2003—2005）等。这些学术成果，内容紧密联系中国实际，观点鲜明，务实创新，表达严谨，有很大的学术价值和现实价值，在理论和实务界均具有广泛的影响。

（二）主要研究领域和学术思想体系

◎ 1．对成本控制基本理论的研究

罗飞教授首先提出了成本可控性、可控时间、可控空间和成本最优化的理论。罗教授潜心研究了我国从苏联引进的"生产费用表""定额成本法"、美国的"标准成本法""差异分析""预算控制"等成本控制方法和相关理论，调查研究了我国企业成本管理的实际做法和状况，以系统论、控制论、信息论为基础，深入研究了成本作为被控制对象及其控制过程的特点，以及控制效果、成本的可控性与其发生的空间和时间的关系等问题。1984年，罗飞教授首先提出成本可控性、可控时间、可控空间理论，并进而提出了成本最优化原理。易庭

源教授将其与自己研究提出的成本事前控制、事中控制、事后控制理论合并称为"成本控制的时空观"。成本可控性、可控时间、可控空间理论提出后，在学术研究和实际工作中被广泛运用。

◎ 2. 对成本核算理论和方法的研究

罗飞教授对成本的性质、成本的内容，以及成本核算原理、成本计算方法等方面进行了深入的研究。他指出，成本核算的主要目的有两点：一是反映和监督生产耗费，提供各种成本信息，以满足各项管理工作和经济决策的需要；二是确定产品生产的各种耗费和支出，以正确计算企业的收益（随着社会经济、管理方式方法的发展，这个成本核算原来的主要目的下降到第二位）。伴随两点主要目的，还会派生出一些其他目的，例如，监督产品生产耗费和支出是否符合有关法规、制度要求，以正确处理国家与企业之间的分配，不断完善社会主义生产关系等。这些研究体现在他编著的教材上。罗飞教授也对实际工作中的成本核算问题进行了研究，如其在1991年就指出，企业职工的退休金和住房开支在我国是被遗忘的两项成本内容，应计入企业成本。

◎ 3. 对合并报表方法和合并报表理论的研究及其提出的重构合并报表的集团主体观点

罗飞教授系统研究了合并报表的基本理论、合并报表的产生与发展、企业合并的购买法、权益法，以及商誉、合并报表的比例合并等问题，认为传统的合并报表理论存在多种理论并存并用的现象，本身存在难以弥补和完善的缺陷，而且与现行的会计基本概念和基本原则存在冲突，已严重阻碍了合并报表理论和方法的进一步完善和发展，也使合并报表数据不能真实反映企业的实际情况，因此，有必要重构合并报表理论。据此，他提出了一种新的合并报表理论——合并报表的集团主体观点，以期发展和完善合并报表理论和方法。

◎ 4. 与著名学者Myron J. Gordon合作的中国国民生产总值的国际比较研究及首先提出的动态购买力平价分析方法

1990年，罗飞教授与著名学者Myron J. Gordon合作对中国国民生产总值作国际比较研究，发现国际比较按通行汇率换算的普遍做法极大地扭曲了中国的国民生产总值和国民收入。在分析了两国的核算体系、产品价格、工资水平及劳动生产率，以及物价变动等因素的差别后，提出了动态购买力平价法，运用该方法，合理地反映了我国的国民生产总值实际状况和我国改革开放的实际成果。随后，动态购买力平价法在相关的研究中被广泛应用。

◎ 5. 对国有企业改革及其财务管理问题的研究

罗飞教授率先提出国家出资者对国有企业的管理要以财务管理为中心。他深入实际对国有企业的经营管理和财务管理问题进行了多年研究，探讨了国有企业财务管理体制和目标、现代企业制度下国有企业的财务环境和财务关系、现代企业制度下国有企业的财务决策机制等，指出国家作为企业出资者与国家作为社会管理者及宏观经济调控者对国有企业的管理应有所区别。之前，我国国有企业的财务管理一直未脱离国家直接管理国有资产的模式，而建立现代企业制度，国家作为企业出资者对国有企业的管理要以财务管理为中心。其研究还力图从理论上和组织结构上，构建一种适应社会主义市场经济和现代企业制度的国有企业财务管理模式，以保证中国现代企业制度的建立和良好运行，进而研究了国家出资者对国有企业财务管理的激励与监督的约束机制和模式。

◎ 6. 对国有企业社会责任及其信息披露的研究

罗飞教授认为，国有企业的社会责任是由国有企业的性质决定的，具体体现为国有企业的非经济目标和经济目标；不同的历史阶段，国有企业的社会责任有其不同的特点、其社会责任的具体内容表现也有所差别。企业社会责任信息披露会受各种因素的影响，并具有社会后果和经济后果，产生一系列的影响，对于国有企业社会责任信息披露的相关政策和法规制定，以及相关实际工作，具有重要的参考价值。企业社会责任信息披露会受到各种因素的影响。如社会责任信息披露内容具有行业特点，不同的行业对社会责任信息披露内容的侧重点要求不同。企业社会责任测度是将与社会责任事项相关的环境责任、员工责任、产品责任与社区责任等内容采用特定的计量方法进行量化的过程，传统的财务会计将不能货币化的信息排除在财务会计系统之外，因而，社会责任测度需要在财务会计计量模式的基础上将货币计量与非货币计量有机结合起来运用,创新社会责任的测度方法,建立相应的评价指标体系。

◎ 7. 对会计监督问题的研究

罗飞教授对会计监督的基本理论进行了深入的研究,对会计监督的形式和当时的现状结合实际进行了深入的分析。他认为,会计监督应有两层含义:一是会计机构和会计人员对单位经济活动过程的合法性、合理性和会计资料的真实性、完整性的监督,即马克思所说的会计对生产"过程的控制和观念的总结";二是对单位会计工作和会计行为的监督,包括单位负责人对本单位会计工作和会计行为的监督和单位外部有关方面对单位会计工作和会计行为的监督,以及对监督机构和单位会计监督行为的再监督。他认为决策机制、激励机制和监督约束机制是现代企业制度中密不可分的三个内容,会计监督是其中的重要组成部分。会计监督不仅在经济领域起着无可替代的作用,在其他领域也能发挥巨大的作用。

◎ 8. 对内部控制的研究

罗飞教授深入研究了内部控制的理论,并结合我国实际研究了内部控制的方法。他主持了财政部有关内部控制的课题,在此基础上,起草了一项会计内部控制准则,经审定后财政部予以颁发;他也参加了其他会计内部控制准则的审定工作。

◎ 9. 对西方会计、中外合资经营企业会计、外商投资企业会计的研究

我国改革开放后,中西会计的巨大差异成为改革开放的阻碍。罗飞教授深入学习研究了西方会计的理论和方法,撰写了一系列的文章和书籍,1985年就采用英文教材给研究生系统讲授西方会计。他也研究了当时为了适应改革开放而出现的中外合资企业会计和外商投资企业会计,并为中央电视大学主讲了"外商投资企业会计"课程。

◎ 10. 对会计教育思想的研究

罗飞教授认为,会计高等教育应以培养专业知识基础深厚、知识面宽、适应性强、德才兼备的高级会计人才为主要目标。高级会计人才应定位为会计师。高等教育培养出来的会计专业人才,应具有科学的世界观、人生观和价值观,健康的人格,严肃的道德感和社会责任感,有强烈的责任心和敬业精神,以及开拓进取的事业心和人生态度。

会计人才的培养除了传授专业知识以外,还要注重其他素质的培养,包括思想品德素质、文化素质、能力素质、身体素质、心理素质等方面。素质的培养首先是思想品德素质的培养,即首先要解决如何做人,做什么样的人的问题。

对会计人才的培养,要注意能力的培养和训练,包括运用知识的能力,独立获取知识提升自己的能力,分析问题和解决问题的能力,语言表达、交流的能力,处理人际关系的能力及组织能力;并进而探讨了知识结构与课程设置问题。

四、教育理念、社会贡献及社会肯定

(一)教育理念与社会贡献

罗飞教授除了潜心教学和科研,还担任了教学管理工作和社会学术兼职等,在不同的岗位上他都尽职尽责,作出了突出的贡献。

罗飞教授十分关心学生的成长,从思想、学业、道德上引导学生积极向上。

作为一个教育工作者,罗飞教授十分注意对教育思想和教育方法的研究,发表了《关于高校会计专业培养目标的几个问题》《关于会计师的知识结构及会计高等教育的目标》《中国会计学研究生教育改革的几个问题》等文章。

罗飞教授认为，会计高等教育应以培养专业知识基础深厚、知识面宽、适应性强、德才兼备的高级会计人才为主要目标。学校不可能把学生将来在工作中所需的一切专业知识及一生所需的知识传授给他们，学生毕业后的工作环境千差万别，学校所教的也不可能与他们今后工作中所遇到的情况完全一样，因此必须着重培养高级会计人才的各种必备能力。

罗飞教授认为，相较于研究生的差异化培养模式，对于本科这种标准化培养模式来说，教材是十分重要的，是培养高质量和高水平学生的重要保证，特别是在师资水平不足或水平参差不齐的情况下。1993年，他担任会计系副主任时，组织编写了高等财经教育会计系列教材，得到财政部教材编审委员会的推荐使用，解决了当时我国建立社会主义市场经济初期企业财务会计制度改革带来的教材亟须与时俱进的问题，在全国产生了很大的影响，被广泛采用，在1994年10月的第六届全国书市上被评为最佳畅销书。

罗飞教授一直努力探索会计教育理论，他研究了会计师的知识结构及会计高等教育的目标，探讨了会计学生素质和能力要求以及培养问题，也研讨了会计学教育改革的有关问题，发表了系列论文，并结合工作实际思考问题、研究问题；他十分关心学生的成长，从思想道德、学业、素质能力等方面引导学生积极向上。他多次访问美国、加拿大、澳大利亚、新西兰、德国、英国等国的著名高校，与同行探讨大学生、研究生培养的相关问题，学习借鉴相关的理念和做法。

他十分重视学科建设。2001年，他担任会计学院院长，组织申报并获批了中南财经政法大学会计学国家重点学科，2006年又顺利通过复评。他十分重视师资队伍的建设，以各种形式提高教师的学术水平和教学水平，如鼓励教师攻读博士学位、出国进修、引进博士人才等；师资学历结构从他初任会计学院院长时80余名教师中只有3名博士，到他卸任院长时有博士学位的教师达75%。他十分注重推动学术交流，提高教师的视野和境界，鼓励教师带论文参加各种学术会议；会计学院也每年组织一次大型、一次小型的全国性学术会议。他也大力推动国际合作办学，给本科生提供一个学习西方先进管理理论和方法、了解世界的窗口。在他的联系和推动下，学院先后与英国特许公认会计师公会合作办了ACCA专业，与澳大利亚科廷大学合作办了会计专业。ACCA专业起初师资不足，他自己顶上，讲授两门课。

多年来，罗飞教授大力推动与台湾大学师生的文教交流。在大陆和台湾分别举办了多次会计与财务学术交流会，大学生会计辩论赛等，并且与台湾政治大学郑丁旺教授发起和举办了数期大陆会计学博士生赴台湾研修班。

1999年，时任中南财经大学研究生部主任的罗飞教授和厦门大学研究生院副院长曲晓辉教授发起、搜集和研究了国外会计学硕士专业学位研究生的招生和培养情况，认为为了适应我国经济的发展，在我国也应大力发展会计研究生专业学位教育，他们一起向国务院学位委员会办公室及财政部相关部门提交了设置和试办我国会计学硕士专业学位（MPAcc）的报告和有关论证材料，同时也在会计教育界、学术界和相关管理部门大力呼吁以推动其进展。在相关部门的重视下，2004年，我国开始招收会计硕士专业学位（MPAcc）研究生，这是我国继工商管理硕士专业学位（MBA）后设立的第二个专业学位。

中国注册会计师协会的中国注册会计师全国统一考试阅卷中心在中南财经政法大学。罗飞教授任会计学院院长期间，每年的中国注册会计师全国统一考试，会计学院都要负责考试试卷评阅的组织和协调工作。在他和同事们的精心组织、严格管理下，每次都保质保量按时完成多达几十万份的评卷任务，为我国注册会计师事业的发展作出了自己的贡献。

（二）社会肯定

作为会计学界及实务界很具影响力的学者，罗飞教授所取得的成绩及所作的贡献得到了社会肯定，2001年，罗飞教授获2001年度国务院政府特殊贡献专家津贴；1997年被遴选为首批财政部部属院校跨世纪学科（学术）带头人培养对象；1996年2月9日获1995年度湖北省有突出贡献的中青年专家称号[①]；2004年入卷《湖北省社会科学界名人》（第3卷）；他还曾是湖北省五一劳动奖章获得者、湖北省优秀共产党员；1995年被中南财大校党委常委授予"中南财经大学优秀党员"[②]。

罗飞教授获得的学术奖励主要有：

---

① 参见1997年12月湖北省各类高级专家考核名册。
② 见中南财大党字〔1995〕第21号文件。

1992年,《企业成本学》获财政部第二届优秀教材二等奖;

1995年,其组织和参与编写的《会计学》系列教材获湖北省第五次社会科学优秀成果荣誉奖;

1996年,《企业特种会计》获1996年度财政部第三届全国财政系统大中专优秀教材奖二等奖;

2001年,《中国大陆市场条件下财务管理的目标与体制》获湖北省第二届人文社会科学优秀科研成果(1994—1998年)奖三等奖;

2003年,《国有企业财务与会计监督(系列论文)》获湖北省第三届人文社会科学优秀科研成果奖二等奖。

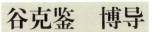

我国改革开放后培养的新一代著名
国际经济学家、教育家
——谷克鉴教授

一、档案名片

中文姓名：谷克鉴

性　　别：男

民　　族：汉族

出生日期：1960年3月

出 生 地：湖北省安陆市

政治面貌：中共党员

学　　历：博士研究生

学　　位：经济学博士学位

毕业学校：中南财经大学

所学专业：商业经济（博士）

毕业时间：1994年（博士）

获批博导：根据国务院学位委员会批文、经中南财经大学遴选审定，并报国务院学位委员会备案，1998年3月正式下文获批成为中南财大企业管理学专业博士点博士生指导老师

工作单位：中南财经政法大学工商管理学院、中国人民大学商学院

工作类别：教学与研究

职　　称：二级教授

从事专业：国际贸易

主研领域：国际经济学基础理论、中国对外贸易、管理经济学

教学理念：培养胸怀坚定的学术理想、拥有广阔的全球视野且基础理论宽广厚实的学术人才

二、成长历程

谷克鉴教授，1960年生，湖北省安陆市人。1982年毕业于湖北财经学院，获得经济学学士学位，1987年毕业于中南财经大学，获得经济学硕士学位。1991年，谷克鉴教授师从"国批博导"彭星闾教授攻读商业经济专业博士学位，成为彭星闾教授博士教育生涯的开门弟子。1994年，谷克鉴教授博士毕业，获得经济学博士学位。

1982年，本科毕业的青年才俊谷克鉴，选择了留校任教。从此，谷克鉴教授便开启了长达40余年的教学、研究生涯。

留校6年后，谷克鉴老师于1988年晋升为中南财经大学讲师。进入20世纪90年代，谷克鉴老师在教学、科研上渐渐展露才华，发表了系列论文，且所写的论文在当时学术观点都很超前，有独到见解，因而1991年就连获两个省部级以上科研奖：1991年度"中国外贸发展与改革"联合征文一等奖和"湖北省社会科学联合会社科研究优秀成果奖"。1992年，他又获得两个全国二等奖；1995年再获得第五届湖北省社科联优秀论文奖等。1995年出版的个人专著获得专家高度评价与同行高度认可。据《中南财经大学报》的文章《谷克鉴教授完成北京大学客座研究项目》报道，谷克鉴教授完成了作为北京大学所聘的1997年度国内11位专家之一的客座研究员所分配的客座研究项目"竞争政策和中国对外贸易的发展"，在北京大学中国经济研究中心举办的1997年度客座研究项目学术报告会（项目完成当年的12月27日在北京举行）上，谷克鉴教授的项目研究成果受到来自国家经贸委和中国社科院等单位专家教授的较高评价，该项目所做的研究工作及其成果被认为具有前瞻性和先进性。谷克鉴博士此前还就该项研究在北京大学的中国经济研究中心举行过学术讲座，效果不错，受到讲座参会者好评。北京大学中国经济研究中心的客座研究项目与客座研究员是由世界银行资助经费、由此中心组织专家进行评选而产生的。其项目每年经评选被邀请的专家只有10—12位，全由国内外经济学家担任，被选聘的客座研究员从事当年度的客座研究项目。1997年度被邀请的专家单位有中国经济体制改革研究会、国家统计局、国家计委、外经贸部、中国社科院经济研究所、北京大学、武汉大学、北京航空航天大学、首都经贸大学与中南财经大学等单位，其规格之高，可见当时谷克鉴教授就已拥有不一般的学术声誉与科研实力。因谷克鉴在当时教学、科研方面表现突出，因而职称上连续获得双破格：1992年，破格晋升为中南财经大学副教授；1995年，破格晋升为中南财经大学教授。1998年3月被遴选审定为中南财经大学企业管理学专业博士生导师。

1994年，中南财经大学举办中青年教师教学科研展览，谷克鉴教授位列其中
（图片来源：中南财经政法大学档案馆馆藏）

1999年3月，《湖北省社会科学界名人》（第2卷）以《主攻国际贸易理论 不断攀登学术高峰》为题对谷克鉴教授作了充分肯定与介绍，文章说，谷克鉴教授近年来主攻国际贸易理论与政策，在中国及其他发展中国家的贸易政策和国际贸易理论等方面学术造诣深厚，兼任中国商业经济教学研究会副会长、湖北省商业经济学会理事兼副秘书长、武汉市干部普及现代必备知识专家组成员和中商集团高级顾问，在国内同行中有较高的知名度。1995年经世界银行专家推荐和我国财政部选拔，谷克鉴教授赴世界银行以访问学者身份研究发展中国家贸易政策。谷克鉴教授在美国等地多次参加国际学术交流活动，应邀长期担任美国东北决策科学院年会论文审稿人和我国台湾英文刊物《未来研究杂志》编委。1995年，谷克鉴教授应邀出席第五届市场

营销与社会发展国际研讨会,已开始在国际同行中产生影响。同年谷克鉴教授入选设在香港的1995—1996年度大学毕业同学会奖学金基金,其选题"九七回归后香港国际贸易中心功能的演化与拓展"被认为富有意义和切实可行,谷克鉴教授应邀于1996年11月开始在香港进行了为期三个月的客座研究;1996年,谷克鉴教授获安子介国际贸易研究奖。1996年,谷克鉴教授获国家自然科学基金资助;同年,经专家评审,由财政部确定为部级跨世纪学术带头人培养对象。

文章还介绍:"谷克鉴热爱教学科研事业,系中南财经大学优秀青年学术带头人。近年来,他在《财贸经济》、美国NEDSI年会论文集、第五届市场营销与社会发展国际研讨会论文集等国际和国内学术刊物上发表学术论文60余篇,其中有20余篇被有关报刊转载。他承担了中华社科基金'中国市场规则研究'的主导部分,独立完成世界银行课题报告'发展中国家贸易政策改革及其对中国的启示'。他的个人学术著作《制度变迁与市场国际化》已出版发行,并于1996年获中南地区人民出版社第十八届优秀社科读物奖和'安子介国际贸易研究奖'优秀著作奖。该书形成了从体制等角度研究贸易理论的主题学术思想,这一探索受到著名经济学家、中国社会科学院经济研究所所长张卓元教授和著名经济学家、武汉大学经济学院[①]名誉院长谭崇台教授的高度评价,认为是中国贸易理论发展的一项开创性研究,丰富了发展中国家贸易政策改革理论。该书关于建立过渡时期贸易理论计量模型的尝试,受到美国国际贸易委员会高级经济学家曹增琥博士的称赞。"

20世纪90年代,谷克鉴教授完成了国家教委重点课题"中国财经教育的发展与现状"两个子课题,参与筹备、组织并主持了国家教委主办的跨世纪中国高等经济管理教育中青年学者研讨会。那个时期他担任了硕士研究生、本专科等层次多门课程的教学工作,培养硕士研究生。那个时期他还是中南财经大学商业经济博士生导师组成员。

博士毕业后,谷克鉴便由以往的专任教师成为长期教研、行政"双肩挑"教授。1995年,他被任命为中南财经大学贸易经济系副主任;1998年9月至

---

① 武汉大学经济学院已合并为武汉大学经济与管理学院。

2001年10月，任中南财经大学、中南财经政法大学工商管理学院院长[①]；2001年，兼任中南财经政法大学MBA教育中心主任。2001年12月，谷克鉴教授调入中国人民大学，除了任商学院教授、博士生导师外，2003年以来还长期担任中国人民大学商学院贸易经济系主任、学院学术委员会主任、博士后流动站联系导师至今。同时，谷克鉴教授还兼职了一系列国内外学术职务，如兼任中国人民大学第九届、十一届、十二届校学术委员会委员、第十三届校学术委员会经济学部委员，《中国人民大学学报》编委，中国国际贸易学会常务理事，全国高校商业经济教学研究会副会长，中国商业经济学会理事、特约研究员及学术委员，国务院发展研究中心特约研究员；同时还兼任多个学术职务，如历任美国东北决策科学院（Northeast Decision Science Institute）年会论文评审专家、台湾英文学术期刊《未来研究杂志》（Journal of Futures Studies）编委、国际经济和金融学会（中国）创始会员、《国际贸易问题》编委、美国《家庭与经济学杂志》（Journal of Family and Economic Issues）编委；等等。

谷克鉴教授在中南财经政法大学参加国际贸易重大理论问题研讨会
（图片来源：谷克鉴教授家庭档案）

谷克鉴教授非常重视学术交流。从1995年开始，为进一步拓宽视野，他多次应邀到澳大利亚、新西兰、新加坡、韩国、瑞士、意大利和中国台湾等地参加学术交流和访问。1995年，谷克鉴教授作为访问学者，在世界银行经济发展学院进行了为期6个月的学习和交流；1996年，获得香港大学同学会奖励赴香

---

① 部分任命见中南财大政字〔1999〕第016号文件。

港开展客座研究；1997年，应邀担任1997年度北京大学中国经济研究中心客座研究员，并到新加坡、韩国、瑞士参加国际学术交流或学术访问；1998年和2000年，赴美国东北决策科学院和世界银行访问，展开学术研究和交流；2000年，赴WTO和联合国贸易发展会议进行学术访问；2004年4月，赴德国技术与财经大学等学术机构讲学；2005年1月至7月，作为高级研究学者在美国加州大学洛杉矶分校安德森管理学院进行学术交流，同年出席美国梅肯研究院年会；2009年，参与国际金融与贸易学会（中国分会）年会创建工作；2012年，遴选为美国罗得岛州暨罗得岛大学"杰出国际访问学者"，并应邀赴美短期讲学。

谷克鉴教授2005年出席梅肯研究院年会

（图片来源：谷克鉴教授家庭档案）

谷克鉴教授（右一）2005年于梅肯研究院年会与美国前贸易代表巴尔舍夫斯基合影

（图片来源：谷克鉴教授家庭档案）

长期以来，谷克鉴教授十分注重理论与实践的结合，一方面不断紧跟国际经济学研究前沿，另一方面密切关注中国经济贸易发展现实，注重对实践中的重大问题的发现、探寻和解决。谷克鉴教授曾参与中国汽车工业协会的关于降低进口关税对中国汽车产业发展的影响研究（2013—2015年）。2015年，针对汽车行业复杂的配套协作关系，谷克鉴教授等几位老师合作开发了"汽车全球价值链与贸易保护的政策效应"案例，分析以关税等为代表的主要贸易保护政策工具对汽车产业国际贸易实际有效保护率的影响，揭示中国汽车产业在汽车全球价值链中的重要地位，并致力于提出与汽车产业相关贸易保护的政策设计。

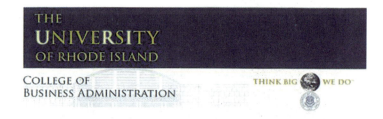

谷克鉴教授2012年遴选为美国罗得岛州暨罗得岛大学"杰出国际访问学者"
（图片来源：谷克鉴教授家庭档案）

谷克鉴教授2013年于曼谷参加东盟共同体咨询研讨会
（图片来源：谷克鉴教授家庭档案）

几十年的教研生涯，谷克鉴教授信仰坚定、挚爱学术，曾在《中国社会科学》《经济研究》《世界经济》《管理世界》《财贸经济》《数量经济技术经济研究》等重要刊物上发表研究成果，出版了《中国的经济转型与贸易流动——基于制度和技术因素的理论考察和计量研究》等多部学术专著，荣获教育部全国高等学校科学研究优秀成果（人文社会科学）二等奖、安子介国际贸易研究奖一等奖及其他10多项省部级奖，主持完成四项国家自然科学基金和社科基金项目，已在国内外同行中享有很高的学术声誉；2015年作为首席专家主持完成国家社科基金重大项目——全球平衡增长议题对中国贸易摩擦的影响机制研究，提出贸易政策中的管理贸易已由产品或部门管理贸易向总量管理贸易转变及其范式创新，受到国际同行的高度评价，并很好地预期当今中美双边贸易关系及其贸易政策的复杂演变。2015年，谷克鉴教授应邀出席由亚太经合组织秘书处和韩国通商产业与能源部联合举办并资助的"APEC中小企业参与全球价值链问题研讨会"，以嘉宾身份发表题为"China's Changing Labour Landscape and SMEs' Participation in Global Value Change：A Case from Chinese Shanghai"的演讲。2019年，在美国访问期间，谷克鉴教授应哈佛大学经济系邀请，在国际经济学、中国经济专题等课程中做以"理解非对称中美贸易的动力机制"（Understanding the Dynamics of China-US Trade Asymmetries），以及"稳定性条件模型与人民币汇率问题"（A Model with Stability Conditions and the Forex

Issues of Renminbi）为主题的学术研究，受到哈佛大学经济学科师生的广泛关注，并被连续邀请在该校主办学术讲座。

谷克鉴教授作为首席专家主持完成国家社会科学基金重大项目——全球平衡增长框架与中国贸易争端的互动机制研究

谷克鉴教授（中）2015年应邀出席"APEC中小企业参与全球价值链问题研讨会"并做主题演讲
（图片来源：谷克鉴教授家庭档案）

2021年，在厦门大学举办的"中国世界经济学会国际贸易论坛（2021）"上，谷克鉴教授发表了"复分析应用于国际经济学经典科学问题的研究"主题演讲。2021年，在"中国世界经济学会国际贸易专题研讨会（2021）"上，谷克鉴教授发表了"国际经济学当代发展中的经济学基础重构"主题演讲。

谷克鉴 博导

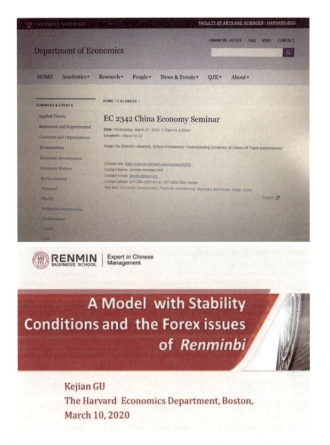

谷克鉴教授2019—2020年于哈佛大学经济学系开展学术交流与讲座
（图片来源：谷克鉴教授家庭档案）

谷克鉴教授2021年出席中国世界经济学会国际贸易论坛（2021）并发表演讲
（图片来源：谷克鉴教授家庭档案）

三、主要研究领域和学术成就

谷克鉴教授多年来一直致力于国际经济学基础理论和前沿问题的研究，并非常重视其对中国实践的启示性和适用性，着力推进国际经济学研究方法的转变，主持建立若干适应中国贸易流动研究的应用数据库，系统引入和改进贸易流动的计量模型和技术。其中关于引力模型学术思想及其应用的深入讨论，对国内同行，特别是青年学者，产生广泛而持久的影响；生产率与实际汇率关系模型的拓展和改进的研究成果获得同行的广泛认可；对中国外资和国民部门竞争力时间序列数据的跟踪研究结论在提供给国家领导人和有关部门决策参考后获好评；深入研究开放中的技术扩散对中国地区间生产率变动的影响、技术扩散背景下转型经济的外贸发展模式等问题；全面考察国际贸易模型的历史发展及其同当代经济技术条件的冲突，结合国际经济学界关于新李嘉图模型研究最新科学成就，创造性地通过讨论两部门的增长模型，构造 Rybczynski 效应的解决方案和计量模型，以解决开放经济条件下生产要素流动性对生产函数表达的产出水平的影响，结合当代科技和经济发展的新语境，对国际贸易理论的一个主流范式展开新的研究和计算模拟程序化，亦构造了一个开放经济赋予差别性生产要素流动条件下经典生产函数测度的解决方案。与此同时，面对开放型经济发展新阶段中国对外开放面临的新课题，关注金融危机以来全球平衡增长新议题，对中国贸易摩擦的新影响开展系统的理论和实践问题研究，提出相应的解决方案和政策设计，初步构造了一个解析趋于稳定的总量管理贸易的理论假说，并在该项研究中首次尝试从供给侧纳入贸易要素，拓展增长核算模型，用以考察贸易部门对经济增长的贡献。

在教研生涯中，谷克鉴教授拥有宽广厚实的理论知识基础，以及始终坚定的学术理想。其代表性成果有：《制度变迁与市场国际化》（独著）；《中国的经济转型与贸易流动——基于制度和技术因素的理论考察和计量研究》（独著）；《汇率变化与中国产业结构调整研究》（专著）；《国际经济学》（教材）；

1997年在《财贸经济》发表《香港国际贸易中心功能及其在内地的演化与拓展》（独撰）；2000年在 Annual Conference of Northeast Decision Science Institute 上刊发 Impact of New Economy on Current International Trade: Tentative Analysis on Time Spanning 1996-99（独撰），以及《管理世界》登载《1990—1998年国民与外资部门出口波动差异的实证分析：HBS推断在中国的验证与拓展》（独撰）；2001年在《世界经济》发表《国际经济学对引力模型的开发与应用》（独撰）；2000年在《中国社会科学》发表《中国对外贸易发展中的竞争政策选择》（独撰）；2005年12月在《国际贸易问题》上刊登《开放条件下的要素供给优势转化与产业贸易结构变革》（第二作者）；2009年12月在《国际贸易问题》发表《后危机时代中国外贸宏观管理的战略调整：金融经济语境的实证描述》（独撰）；2012年在《数量经济技术经济研究》刊发《新李嘉图模型：古典定律的当代复兴与拓展构想》（独撰）；2017年在《世界经济》登载《中国企业出口频率：事实与解释》（第二作者）；2018年在《国际贸易问题》发表《建立现代化经济体系应当重视对外开放的效率提升功能》（独撰）；2019年在《经济与管理研究》发表《中国进口贸易利益规模及其分解——基于产品多样性视角的研究》；2020年在《国际贸易问题》登载《生产性投入进口与企业全要素生产率：水平影响与垂直溢出》（第一作者）等。

谷克鉴教授承担的主要重点科研项目有：

1996—1999年，财政部"九五"规划重点课题"中国贸易体制改革与贸易流向问题研究"（1996年获批）；

1998—1999年，教育部人文社会科学基金项目"中国贸易保护的经济分析"、国家教委项目"中国贸易保护政策的经济分析"（1998年获批）；

1997—2000年，国家自然科学基金项目"中国贸易引力模型的构造和贸易流向问题研究"（1996年获批）；

2000年，国家发展计划委员会研究项目"开放进程中技术扩散对中国地区间生产率变动的影响研究"、国家自然科学基金项目"中国开放进程中地区间技术扩散效应的增长核算研究"（2000年获批）、教育部优秀青年教师教学科研奖励计划项目"国际贸易若干前沿问题的综合研究与教学应用"；

2000—2001年，International Institute for Sustainable Development in Canada

项目"Trade and Environmental Issues in the WTO（In the New WTO Negotiations）：Implications and Strategies for China"；

2001—2003年，国家自然科学基金项目"中国开放进程中地区间技术扩散效应的增长核算研究"；

2008—2009年，教育部人文社会科学基金规划项目"基于企业全球化趋势的中国贸易政策内生化问题研究"；

2009—2011年，国家自然科学基金项目"新李嘉图模型的拓展构造与中国贸易流动的预期应用研究"；

2018年4月，教育部人文社科项目专项任务项目"全面开放促进我国现代化经济体系建设和效率提升问题研究"；

2018年，主持中国人民大学科学研究基金重大项目"汇率弹性方法稳定性条件模型的拓展与应用"；

2023年，参与教育部习近平新时代特色社会主义思想研究/中国特色哲学社会科学研究重大专项，构建中国自主的经济学知识体系等。

谷克鉴教授立足学术前沿，根据人才培养规律和需要，规划自身科学研究和学术发展，坚持科学研究服务于人才培养，聚焦基础理论和研究方法两大方向，在贸易引力模型、贸易政策理论、新李嘉图模型等经典与前沿问题研究领域发表了一系列论文。同时，在多年的学术研究中，谷克鉴教授也逐渐形成了独到的学术思想，在学术界特别是国际贸易学界产生了广泛的影响。其学术理论、学术思想可以概括为以下四个主要方面。

（一）敢为人先，推进中国市场国际化研究

谷克鉴教授结合中国经济发展和体制改革方面的实际情况，对中国贸易改革的体制过渡型开放经济进行了全面系统的研究。在市场国际化已有的理论研究基础上，根据转型经济的贸易政策和体制改革的一系列特征，引入制度分析方法，对非均衡租金理论模型在转型国家的适应性分析，确立了非均衡租金的新范式。谷克鉴教授认为，开放经济的过程本质上是有效使用非均衡租金及其逐步消失的过程，为市场国际化理论在发展中国家贸易政策实践中的运用奠定

了经济分析基础。并指出，传统增长模式的理论假定，已在开放经济条件下得到不同程度的改变，经济政策尤其在开放经济中能够发挥推动经济增长的直接作用。

谷克鉴教授著作《制度变迁与市场国际化》（湖北人民出版社，1995年）
（图片来源：谷克鉴教授家庭档案）

经历波澜壮阔的改革开放实践的洗礼，中国呈现给世界的是一幅经济发展和社会变迁的崭新图画。而贸易流动作为开放型经济发展的缩影，理所当然地成为中国经济转型发展模式研究的全息载体。谷克鉴教授所著《中国的经济转型与贸易流动——基于制度和技术因素的理论考察和计量研究》（中国人民大学出版社，2006年）一书，从制度和技术的双重视角全方位地透视经济转型期中国贸易流动的新机制，准确地反映了中国贸易流动的新变化，对20世纪90年代特别是21世纪以来，中国贸易流动与政策及其他经济制度因素和技术因素凸显出的互动新机制做出了令人信服的理论考察，是21世纪以来国内在贸易理论研究领域的一部力作。

该书既是谷克鉴教授多年来潜心研究的精心之作，也是其运用新型研究方法的科研实践的再现，具有十分重要的现实意义和实践价值。与此同时，该著作也体现出了谷克鉴教授的两个重要研究创新和特色。

谷克鉴教授著作《中国的经济转型与贸易流动——基于制度和技术因素的理论考察和计量研究》(中国人民大学出版社,2006年)

(图片来源:谷克鉴教授家庭档案)

◎ 1. 研究范式创新

谷克鉴教授在广泛吸收国际学术界前沿学术研究成果的基础上,创造性地将经济制度因素和技术因素纳入贸易流动研究框架,从而构建了中国贸易流动研究的新范式,这对推动中国转型经济的科学研究具有重要的推动作用。

谷克鉴教授多年来对中国改革开放实践中的制度变迁和政策因素在中国贸易流动中所发挥的作用进行了系统思考和独到研究,从而对中国贸易流动的一系列总量指标和结构特征及其变化受制于制度和政策因素的影响,作了全面而深入的分析和具有理论价值和实践价值的论证。尽管主流的国际贸易理论已充分肯定政策作为重要的制度因素,对贸易甚至经济增长具有重要影响,但有所不同的是,制度因素对中国贸易流动的新影响源于中国国民经济结构的制度和政策因素广泛而深刻的变革。政策和制度因素在大幅度改变封闭经济条件下中国贸易流动的沉淀构造之后，已开始在改变经济转型条件下初步形成的贸易流动新轨迹。

谷克鉴教授在研究中还敏锐地察觉，除了制度因素，技术因素已经越来越广泛地影响贸易流动，并指出技术因素的引入应归因于经济转型和改革开放高级阶段中国贸易流动机制的螺旋式发展。长期以来，技术与贸易的关系是以外生技术的形态出现的，比较优势的实现大多是由基于技术的生产率决定的。在技术继续决定生产率，从而决定国际分工水平、贸易模式和贸易规模的同时，贸易活动开始对技术扩散日益发挥传导和影响作用，而贸易活动内涵的内生技术功能也日益显现。正是这些因素构成了中国贸易流动的重要动力源泉。中国经济转型进程中的贸易流动扩张总是基于其绩效源泉的结构优势——要素禀赋和生产率优势的混合体。虽然生产率的上升为要素价格的上涨提供了可能空间，但由于某些生产要素，特别是那些表现为固定索取权形式的要素价格难以及时分享生产率上升带来的利益，从而使生产率上升更多地成为企业自主运用的竞争力源泉，推动出口的扩张。而贸易、投资和开放作为中国经济发展和社会进步的一个重要源泉所应发挥的作用，本质上是内生技术同贸易流动新型关系的体现。

◎ 2．研究方法创新

"工欲善其事，必先利其器"，科学研究进程本身必然伴随着研究方法的不断创新，这是科学研究的一般规律。正如谷克鉴教授所言："人文社会科学的研究正在悄悄告别那个仅靠踱方步就能制胜的年代。"

众所周知，有史以来的国际贸易流动均处于主权国家或单独关税区的海关监管之下，具有很强的数据可获得性。这使得贸易流动，尤其是世界贸易流动，成为国际贸易领域最具计量研究条件的指标，因而当代贸易流动研究已经大面积采用计量研究方法。谷克鉴教授在研究工作中不间断地学习、掌握和运用新的研究方法和相关知识，主动适应、积极推进和创造性地运用新型研究方法，得出了许多新颖的研究结论和实际判断。例如：在贸易引力模型的评介、修正和应用，HBS推断的验证，外向型贸易转移的实证分析，政策内生化模型的构建,地区间技术扩散的增长核算等方面所作的研究提供了大量的创新性的研究结论和相应的政策建议,在学术同行、政府部门和企业界均已产生广泛影响。

(二)开拓创新,推动中国贸易政策内生化转型

谷克鉴教授提出,中国已完成适应市场经济需要的完整的规范的贸易政策体系的过渡,在新的条件下,中国贸易政策改革应当从仅仅满足宏观经济、社会福利和经济安全等目标的外生性形成机制向内生化转型。

20世纪80年代中期以来,为了推动企业和对外部门建立起适应经济全球化和国际竞争需要的组织基础,特别是适应加入WTO的多边需要,中国传统的对外贸易体制经历了系统改革。然而值得注意的是,中国贸易政策的改革和实施在相当长时期内仅仅满足宏观经济、社会福利和经济安全目标,具有鲜明的外生性,形成较长时期的外生贸易政策实践。这在国内尚未完全建立适应市场经济发展的微观基础和宏观调控的条件下具有较大的可行性,在国内已形成一大批面向国际市场的企业、对外部门在国内影响日益泛化的条件下,贸易政策形成机制必须尽快实现内生化转型。

贸易政策内生化转型的根本任务就是研究对外开放和世界贸易发展新阶段引致利益多样性的深刻变化,在贸易政策制定和实施中充分考虑各部门的利益均衡,最大限度地利用中国企业参与国际分工的比较优势,更多地分享贸易利得和全球化红利。过去,曾经运用保税措施、自由港制度和有效保护率的最优设计,初步解决利益多元化形成的早期对外部门发展面临的种种问题,作为传统贸易政策的有效补充。然而,伴随着世界经济、科技和贸易的飞速发展,中国的产业结构、投入要素和企业全球区位战略均已出现新的变化,加上形形色色的"新贸易保护"政策的频繁使用,仅仅依托传统的贸易政策框架已远远不够,运用多部门模型指导新型贸易政策实践势在必行。

实现贸易政策的内生化转型,需要对制定和实施贸易政策的结构进行调整,尤其是,新型贸易政策不同于传统的贸易政策的实施过程。中国当前采取的行政裁决方式固然有其高效率和兼顾社会福利和宏观经济利益的优势,但难

以全面衡量复杂的部门利益关系。因此，谷克鉴教授认为应当通过建立专家咨询机构和委员会并逐步纳入集体选择机制，通过相关机制反映利害关系方的利益平衡，而这也为后续中国贸易政策的内生化转型产生了深远的影响。

（三）别出机杼，奠定中国竞争政策改革基础

谷克鉴教授认为，中国为了在多边贸易体制和区域性贸易自由化框架中进一步扩大对外开放，必须在国家层面确立起统一的竞争政策目标。重点从技术因素、体制原因和要素密集性等多方面分析中国外贸发展对竞争政策选择的影响机理，引入"大国模型"考察其对贸易品部门行为模式的影响，提出中国现阶段竞争政策应着重通过涵养竞争优势改善本国企业在世界市场中的位置，用竞争政策规范部门或产品层次的贸易政策、产业政策和技术政策，从而实现中国贸易品部门在世界市场结构中的均衡位置。

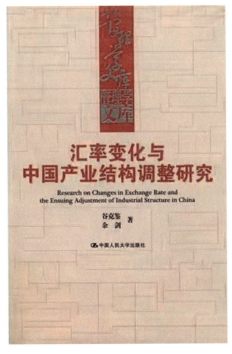

谷克鉴、余剑著《汇率变化与中国产业结构调整研究》（中国人民大学出版社，2008年）
（图片来源：谷克鉴教授家庭档案）

在国际经济学界，经典的竞争政策常常被定义为一组针对限制性商业惯例的法律或法规。在国际贸易活动中竞争政策被划分为五类：

第一，在国内和出口市场上，实施极端松弛和自由放任的竞争政策。

第二，在国内和国际市场上，实施极其严格的竞争政策。大多数国家实行的竞争政策介于两者之间，经常使用所谓"推理规则"。在这种情况下，法院或管理部门考虑企业反竞争行为的利得和效率，并同消费者剩余的损失作比较。

第三，在国内市场利用所谓"推理规则"，而在出口市场实行松弛的竞争政策。

第四，在国内或国际市场均按"推理规则"制定竞争政策。

第五，分别在国内和出口市场实行严格的或松弛的竞争政策。

竞争政策的含义在许多发展中国家或地区的产业与竞争政策研究中存在多样性。同时竞争政策的一个最大特点是以国家（或地区）整体为对象，而非产业或部门层面。这显然不同于建立在部门甚至产品层面的贸易政策。竞争政策的这一特点使得其目标及其组合具有独特的实现方式，即需要借助中介传导机制以实现其最终目标。而中国贸易品部门的竞争格局基本上是在没有自觉的竞争政策的指导下形成。正因如此，在中国进口和出口市场上出现了过度竞争。政府有关部门不惜牺牲出口增长速度，主要通过贸易政策手段遏制低水平的过度竞争。例如，在出口环节设置关税，采取行政手段惩罚低价出口行为，通过招标方式有偿使用出口主动配额，保留联合经营的计划配额和设置一般出口许可证；在进口环节出台反倾销和反补贴条例。应当看到，这些措施仍然属于竞争政策的不自觉的实践，但其中许多措施，如在进口环节保留大量的进口限制，包括关税和非关税壁垒，多是计划经济的产物，并不能同市场经济相适应。

鉴于上述原因，谷克鉴教授基于技术依赖型经济的形成、对外贸易体制改革以及贸易结构中占据优势份额的资源性产品三个方面对中国竞争政策的决策因素进行了深入而细致的分析，也为后续中国竞争政策改革奠定了坚实的理论基础。

◎ 1. 基于技术依赖型经济的形成

以技术依赖型经济的形成作为研究切入点，中国竞争政策的决定与技术因素存在极强的相关性。从技术扩散链条所处的环节来看，中国的贸易模式正在由典型的 H–O 模型向技术依赖型经济转换。产品开发技术扩散的规律决定了技术依赖型经济在整个世界产品循环周期中总是处于新产品后续阶段即成熟或标准化阶段。这是因为技术开发状态中的产品生产处在新产品阶段，发达国家一般是技术创新国，新技术向外围国的扩散一般较为困难，同时即便在外围国形成了少量平行的技术与产品开发成果，但由于技术开发费用较高，难以形成比较优势和贸易品的最终出口优势。中国贸易品部门在世界产品周期循环中的特点，集中体现了世界范围内技术扩散对一个技术依赖型经济的贸易品部门演变的影响过程。

（1）一般贸易方式下的产品的进出口。伴随着工业化的推进，中国政府在贸易品部门也着力促进进出口结构的优化，即提高工业制成品在出口中的份额和高技术产品及原材料在进口中的份额。出口的工业制成品所采用的技术绝大多数在发达国家已趋于成熟甚至高度标准化，最典型的是20世纪80年代中期大量引进生产线并于20世纪90年代大量出口的家电产品。

（2）加工贸易项下的产品进出口。如果从技术扩散的国际循环角度加以考察，许多产品的生产技术在引进初期水平较先进，通过消化吸收和边干边学，使其进一步标准化，到大量出口时已处在技术水平序列的较低层次。同时，中国贸易品部门在世界产品周期循环中的特点也显示了19世纪以来世界制造业中心四次大转移的技术扩散特征。然而这一特征不仅仅是技术性的，它同时又对中国贸易品部门的产业组织演变产生了深刻的影响。正是由于经济开放进程中技术扩散的深刻影响，中国贸易品部门的产业组织走过了一条不同于发达国家的道路。

谷克鉴教授通过出口贸易绩效分布的统计特征观察技术因素对中国企业竞争行为的影响。结果表明，中国机电产品的竞争力指数的分布具有明显的正弦波形的周期性特征。若将机电产品看成是一个由产品的增值程度从而也是由技术含量构成的产品系列，那么，这一特征可描述为在产品系列的低端和高端显示出明显的贸易竞争力，而在产品系列的中间系列则表现出明显较弱的贸易竞争力。这种分布特征同经典的产品周期理论和技术扩散理论相距甚远。

按照产品周期理论，技术引进国除了在产品系列的低端表现出强劲的竞争力优势，在中间系列也应表现出明显优于高端的竞争力，而在产品系列的高端则出现竞争力的劣势。一个可能的解释是，由于相关企业为了占领技术制高点，在高技术部门投入巨额资金，愿意在产品成本较高的情况下销售，或由国家给予政策优惠使企业获得有利的名义有效汇率，从而增强了高附加值产品的贸易竞争力。随着技术创新在国内扩散的加速，生产进入了产品周期循环的成熟和标准化阶段，越来越多的企业可以克服技术引进的障碍，进入这些产品的生产领域。但生产的过度分散，导致规模不经济和贸易竞争力指数下降。

◎ 2. 基于对外贸易体制改革

谷克鉴教授通过中国对外贸易体制的变革，进一步分析了体制因素对中国竞争政策的影响，并利用产业间以及产业内的贸易"大国模型"效应对体制因素进行了拓展分析。

中国的外贸体制改革走了一条贸易分散化改革先于贸易自由化改革的道路。在传统的计划经济体制下，中国外贸经营是由少数国营外贸公司特别是中央外贸专业公司垄断经营，县级基层外贸公司是整个国营外贸系统的出口货源收购单位，几乎100%的外贸经营尤其是进口经营都通过指令性计划实现，具有极其浓厚的行政垄断和计划经济色彩。

整个20世纪80年代，我国通过放宽外贸经营许可对外贸体制实施改革，即贸易分散化改革。这一改革使我国外贸打破了原有的垄断经营格局，初步形成了外贸专业公司、工贸公司和生产单位及科研院所作为国内经济主体自营进出口的外贸经营体制，数十万个"三资"企业均已获得相当的外贸经营自主权，中国政府还对外承诺在加入WTO后会尽快将授予外贸经营权的审批制改为登记制，这些改革措施已经并将继续增强外贸经营的竞争性。

20世纪90年代，在建立社会主义市场经济模式的总体指导下，配合政府恢复在关贸总协定中的缔约方地位和1995年以后加入WTO谈判，中国加快了贸易政策改革，大幅度地削减进口关税，降低和规范非关税壁垒。这些贸易自由化措施，强化了中国市场尤其是进口市场的竞争。谷克鉴教授通过产业间的"大国模型"揭示，在信息不完全条件下，产业间的"大国模型"中的贸易利得分配对大国不利，最突出地表现在大国参与国际分工的利得完全由小国享有；而产业内的"大国模型"则表明在世界市场上占优势份额的一种或一类商品供给数量的变化可以影响世界市场行情，贸易国主动利用"大国模型"对世界市场的影响，就可以拥有支配世界市场的力量和影响市场结构，并担当起价格制定者的角色。

◎ 3. 基于贸易结构中占据优势份额的资源性产品

谷克鉴教授采用资源性和技术性产品的概念，借助国际贸易分类标准对中国的贸易进行结构性分析，进一步揭示了资源性产品占优势的出口结构对中国产品在世界市场结构中的地位带来的影响。主要包括三个方面：资源性产品的同质性缩小了产品营销组合的范围，使得产品的促销更加依赖价格竞争，产品难以进入"张伯伦式垄断竞争"区域；资源性产品的规模收益递减使得中国在出口方面面临着不利的成本竞争条件，从而导致贸易条件的恶化；资源性产品的需求相对下降使得中国出口产品面临着相对严峻的市场约束。

谷克鉴教授关于中国竞争政策的分析和研究，为中国对外贸易发展过程中竞争政策的选择提供了宝贵的指导意见，同时为后续中国竞争政策的改革、优化与发展指明了方向，具备深刻的理论意义和重要的实践价值。

（四）高屋建瓴，探索经济管理研究方法

在方法论方面，谷克鉴教授始终重视三个方面的工作：

一是重视文献研究，在对已有研究成果的综合中，总结规律，发掘新的思路。比如《国际经济学对引力模型的开发与应用》一文，是文献综述的典范，通过探讨贸易引力模型的一系列应用研究范例，从一个新的侧面提炼国际贸易理论发展的历史特点，对引力模型的理论基础和构造方法加以经济学解析和理论验证，进一步推动国际经济学，致力于为引力模型奠定理论基础的长期进程。

二是重视实证研究，致力于解决中国贸易实践问题，用中国的贸易实践验证贸易理论，并为进一步指导中国贸易实践提出合理化建议。比如在《外向型贸易转移：中国外贸发展模式的理论验证与预期应用》一文中，谷克鉴教授提出外向型贸易转移是中国外贸发展实践赋予转型经济国际贸易发展的新动因，并从中国区域和要素或部门视角对其进行了双重验证。

2019年，谷克鉴教授应邀于哈佛大学经济系"中国经济研究"课程进行学术交流
（图片来源：谷克鉴教授家庭档案）

三是强调数学模型的合理应用。在谷克鉴教授的多篇著作中，都不同程度地应用了数学模型，为理论假设和结论提供了更严谨的技术支持。而这一学术观念，在《应用于中国贸易政策内生化的模型综合》一文中得到了充分的体现。谷克鉴教授借助国际贸易模型和制度经济学解析代理人目标函数，构造出满足转型经济需要的单部门和多部门模型，突出强调部门间利益表达能力和国家间实施贸易政策的治理结构差异对于代理人行为的意义。同时运用不变和可变替代弹性模型分别构造非均衡谈判约束和均衡谈判约束条件的贸易政策内生化模型，并进一步根据双边情形对多部门进行一般均衡分析，对单部门进行局部均衡分析，以探讨不同约束范围下，贸易谈判与贸易保护对各部门的影响情况。推动数学模型在经济研究中的应用需要的不仅仅是先行者，更是领导者，谷克鉴教授的研究深刻推动了数学模型在贸易政策分析中的广泛应用，对学术同行乃至未来学术体系的发展与构建都产生了广泛而深远的影响。

四、社会贡献及社会反响

（一）经济发展和体制改革

面对社会现实问题，谷克鉴教授也正如教导学生要正确认识和对待复杂的社会现实问题、心系国家社会那样，充分利用自身在国际经济学领域的专业知识与学术成果贡献和服务国家、社会。2004年，谷克鉴教授参加吴仪副总理主持的外资工作专家座谈会，运用自己的相关研究成果系统地发表意见和建议，为供给侧结构改革提供系统的理论思考和政策建议。2005—2006年，在担任WTO中国贸易政策评议专家组专家期间，谷克鉴教授为中国政府提交和接受贸易政策评议积极工作，有关文稿分别发表在教育部《高校智库专刊》、中国人民大学《问题与思路》、《经济日报》等，取得良好的社会效果。

2016年，面对不少人认为中国实施的供给侧结构性改革就是借鉴当年美国供给学派的政策实践的观点，谷克鉴教授在《经济日报》发表了《准确把握供给侧结构性改革的丰富内涵》一文，指出应着眼供给侧结构性改革的制度创新和制度供给，聚焦生产率的全面改善，赋予原有的宏观经济政策手段供给侧结构性改革以新含义，同时给出了突出强调生产率在改善供给体系质量的评价功能，科学运用宏观经济政策、产业政策和技术政策的综合功能，以及充分发挥产业和技术政策的引导作用和载体功能等建议。

党的十九大鲜明地提出建设现代化经济体系的新理念，指出全面开放是促进我国现代化经济体系建设的基本途径。2018年5月17日，谷克鉴教授以特邀嘉宾身份参与"经济研究·高层论坛2018——纪念改革开放40周年暨《经济研究》复刊40周年"活动，并在"改革开放的世界意义与开放型经济新体制构建"主题论坛中做主题发言。谷克鉴教授认为，改革开放在质量层面提升中国经济效率的作用并未引起足够重视和研究，应当从效率、从质量、从生产率，特别是全要素生产率这个视角来评价改革开放的功能，而不是从过去关注的劳动力和国外资金与技术提供要素利用率，以及净出口对于经济增长的贡献。

（二）教育理念与人才培养

谷克鉴教授在致力于学科学术研究的同时高度重视人才培养。立足学术前沿，谷克鉴教授根据人才培养规律和需要规划自身科学研究和学术发展，坚持科学研究服务于人才培养，聚焦基础理论和研究方法两大方向。

长期以来，谷克鉴教授致力于国际经济学基础与前沿理论的综合研究和教学应用，在贸易引力模型、贸易政策理论、新李嘉图模型等经典与前沿问题研究领域发表了一系列论文，并以此范例指导本学科学生的科学研究；同时，根据经济学包括国际经济学大量应用数理方法的学科特点，近年来系统自学和在国外高校选学有关当代数学和概率论课程并广泛应用于人才培养和课堂教学，开展并指导学生开展复分析、Monte Carlo 实验等数理方法和统计推断等新的实验方法在本学科的应用，取得了良好效果。

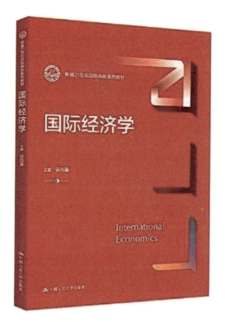

谷克鉴教授著作《国际经济学》
（新编21世纪国际商务系列教材，中国人民大学出版社，2022年）
（图片来源：谷克鉴教授家庭档案）

谷克鉴教授信仰坚定，挚爱学术，忠实地贯彻党的教育方针，始终不渝地强调运用马克思主义唯物史观指导人才培养、学术研究、服务社会和确立科学研究方法，始终坚持以人为本，以德引教，将思政教育和道德养成贯穿教学和人才培养全过程，精心设计专业课程中的思政内容，引导学生树立正确的世界观、高尚的人生观，既做好专业知识的引路人，更做好锤炼品格的导向者。

与此同时，谷克鉴教授用科学方法引导学生、帮助学生正确地认识和对待复杂的社会现实问题，一方面鼓励学生和青年教师心系国家、放眼世界，用自己的专业知识、特长和能力为国家和社会贡献自己的力量；另一方面，要求学生和青年教师做一个成熟的社会参与者，负责任和建设性地参与社会活动和面对重大社会现实问题，坚决抵制错误思想、不良风气及不文明现象，弘扬真善美，传递正能量。

从教以来，谷克鉴教授始终奋进在教学科研第一线。自1992年开始招收硕士研究生、1998年开始招收博士研究生以来，谷克鉴教授已为国家培养了近50名经济学博士和一大批硕士，所培养的学生目前活跃在高校、科研院所、党政机关和企事业单位等各个领域，已成为各领域的骨干和栋梁之材。

近年来，谷克鉴教授指导的2名博士研究生入选北京市优秀毕业生，2名硕士研究生分别荣获第二届全国国际商务专业学位优秀硕士学位论文和第三届全国国际商务专业学位优秀硕士学位论文，1名本科生获中国人民大学2021届优秀本科毕业论文一等奖，指导多名学生并合作发表多篇高水平论文。

（三）学科建设

在中国人民大学任教期间，谷克鉴教授积极参加和支持学校和学院教育事业、国际学术交流，心系学科建设。2010—2017年，谷克鉴教授担任中国人民大学商学院MIB首任项目主任，主持项目创建和课程体系、培养方案制定和实施；长期担任商学院研究生"国际经济学"课程组组长，主持中级和高级"国际经济学"课程建设和教学计划的实施以及课程主讲任务；2021年，主持商学院MBA"管理经济学"课程建设，2023年该课程入选全国研究生教育中心在线示范课程。

从教40多年来，谷克鉴教授不断适应和满足实践发展和学科前沿的时代要求，积极承担学科建设任务，致力于各个时期应用经济学人才培养工作中各层次课程的教学改革实践工作。近年来，面对改革开放的重大实践和全球化发展的复杂趋势要求，谷克鉴教授着力在教材编写和课堂教学中，构建国际经济学和国际商务知识结构和核心素养，指导学生构建最为前沿的国际经济学建模的理论和方法。

◎ 1. 构建国际经济学学科的知识分层结构和知识融合体系，确立国际经济学学科核心素养的维度

通过选择国际经济学发展理论创建和模型构造的典型案例，总结国际经济学知识分层与融合已有经验，借鉴知识图谱原理和方法，建立国际经济学学科的知识分层结构和知识融合体系，如采用国际经济学界著名学者 Edward Leamer 的经典文献梳理有关新古典阶段知识导图等成功案例并推广到整个学科体系；通过知识导图、实证研究文献挖掘和学术兴趣激发等教学活动确立国际经济学学科核心素养的维度。

◎ 2. 系统引进数理和交叉学科方法，强化学生学科核心素养训练

尝试运用数理经济学原理创新数理方法，并使用交叉学科的思想和方法，使之应用于学生国际经济学领域的文献挖掘和研究实践，典型的是根据本课程的微观经济学前提和设定，采用复分析数学方法应用于国际经济学比较优势和贸易利得两大识别问题，讨论物理学中的均衡和引力模型等的应用，为国际经济学基本科学问题的研究提供了全新、严谨的科学方法。

◎ 3. 建立激励型、多样化的主动学习教学活动模式

通过多渠道学术交流，广泛借鉴国内外高水平大学应用经济学课程教学实践和教学经验，针对国际经济学的知识体系特征，探索多层次、多规格人才培养工作中专业基础课的学习认知过程的机理与形式，在国际经济学课程教学中将学科知识图谱构建、学科问题探究和学科定理验证等多样性教学活动安排有机结合、协调统一，在帮助学生全面构建学科知识导图的同时，采用多种方式激发学生的学术兴趣、激励学生研究性学习，比如课后文献阅读、理论模型推导、相关复验作业等，通过完整的学习认知过程建立学科知识体系以及特有的研究方法的使用方向。在MBA与MIB的专业学位课堂上，注重理论与实践的有机结合，以案例和数据的形式加深学生的专业认识和情景感知。

◎ 4. 全英文授课和其他教学活动的全英文采用

鉴于国际经济和国际商务的学科性质和课程内容及其文献多采用英文发表

等实际情况，多年来，谷克鉴教授坚持采用全英文授课，旨在提升学生英文文献阅读能力和国际学术交流能力。为了提高学生课堂英文听说能力和改善课堂英文授课效果，每次课前谷克鉴教授坚持使用载有最新全球新闻的CNN Students News 10分钟视听材料，并在课堂教学中大量使用其他英文视听材料，有效地提高了课堂教学效果和学生的国际学术交流能力。

（四）社会肯定

谷克鉴教授德才兼备、信仰坚定、挚爱学术，忠实地贯彻党的教育方针，始终不渝地强调运用马克思主义唯物史观指导人才培养，充分利用自身专业知识和学术成果贡献和服务国家和社会，因而社会以诸多的殊荣对他给予充分肯定，主要有：

谷克鉴教授于1991年获"做出突出贡献的中国硕士学位获得者"称号[①]；1996年获湖北省政府专项津贴[②]，2001年获教育部颁发的"高校青年教师奖"，2013年享受国务院政府特殊津贴，2017年被评选为中国人民大学"杰出学者"特聘教授，2022年入选校友会2022大学高贡献学者。

谷克鉴教授在学术成果方面获奖众多，具有代表性的奖项有：

1992年，谷克鉴教授获第二届全国财政系统大、中专优秀教材二等奖（参编）和第二届全国中青年教师流通理论研讨会优秀论文二等奖；

1993年，《建立广西出海通道与构筑三轴式南方贸易网络》（论文）获广西社科优秀成果奖三等奖；

1996年，谷克鉴教授因《制度变迁与市场国际化》（著作）首次获安子介国际贸易研究奖三等奖（优秀著作）；

1997年，获湖北省普通高等学校优秀教学成果三等奖；

1998年，《制度变迁与市场国际化》（著作）获教育部普通高校第二届人文社会科学研究成果奖三等奖；《连锁商业的理论与实践》获国家贸易部优秀研究成果三等奖；

---

① 参见中南财大人〔1991〕第18号文件、名单。
② 参见湖北省各类高级专家考核名册，1997年12月。

1999年,《HBS推断的验证与拓展:中国国民与外资部门出口波动差异的实证分析》再次获安子介国际贸易研究奖一等奖(优秀论文);

2000年,又一次获安子介国际贸易研究奖三等奖(优秀论文);

2001年1月,凭借《香港国际贸易中心功能及其在内地的演化与拓展》一文,获湖北省第二届人文社会科学优秀科研成果奖三等奖;

2003年,获中国人民大学优秀科研成果奖;

2002、2004、2008年,分别获北京市第七届、八届、十届哲学社会科学优秀成果奖二等奖;

2009年,获教育部第五届高等学校科学研究优秀成果奖(人文社会科学)二等奖;

2013年,获教育部第六届高等学校科学研究优秀成果奖(人文社会科学)三等奖。

吴汉东　博导

我国培养的第一代著名知识产权法学家、
新一代法学家、教育家
——吴汉东 教授

一、档案名片

中文姓名：吴汉东

性　　别：男

民　　族：汉族

出生年月：1951年1月

籍　　贯：江西东乡

出 生 地：武汉市

政治面貌：中国共产党党员

最后学历：博士研究生

最后学位：法学博士

毕业院校：中南财经政法大学（本硕）、中国人民大学（博士）

所学专业：民商法学

毕业时间：1995年（博士）

获批博导：根据国务院学位委员会批文、经中国人民大学审定，并报国务院学位委员会备案，2000年1月正式获聘中国人民大学法学博士生指导老师

工作单位：中南财经政法大学法学院、知识产权学院

工作类别：教学、科研、行政管理

职　　称：二级教授（民商法学）

学术专长：民商法、知识产权法

研究方向：民商法理论研究、知识产权基础理论研究、知识产权制度研究、无形财产权研究、知识产权国际保护研究、知识产权战略和政策研究

主研领域：民商法理论、知识产权法

二、成长历程

《光明日报》记者夏静曾采访吴汉东教授，吴教授笑称，自己"虽非大器，却也晚成"。吴汉东教授称自己"非大器"却是"晚成"，我们不妨来探究一下：他是不是真如自己所说"非大器"却是"晚成"？

在中南财经政法大学校史博物馆，在中南财经政法大学"高层次人才队伍情况"板块，有这样一段描述："吴汉东，文澜资深教授，博士生导师。原中南财经政法大学校长，知识产权法学权威。"

中南财经政法大学校史博物馆的名片

（图片来源：中南财经政法大学校史博物馆，作者手机翻拍）

在我国知识产权学界一直流传着一个"南吴北郑"的响亮说法。其中的"南吴"即指南方的吴汉东教授，"北郑"则指北方已故的郑成思研究员。

我们再来看中国知识产权研究网2022年4月26日发布的最新消息："吴汉东，中南财经政法大学文澜资深教授，学术委员会主任，教育部人文社科重点研究基地、中南财经政法大学知识产权研究中心名誉主任，博士生导师。享受国务院政府特殊津贴，兼任中国知识产权法学研究会名誉会长、教育部社会科学委员会法学学部委员、最高人民法院知识产权司法保护研究中心学术委员会副主任、国家知识产权战略咨询专家委员会委员、文旅部特约法律咨询专家。"

"吴汉东教授是我国著名法学家,中国知识产权研究的开拓者和领军人物,在知识产权基础理论研究、知识产权前沿问题探索和知识产权法学教育等方面均取得了具有国内国际影响的重大突破,为丰富和发展中国知识产权学术研究与事业做出了重大贡献。"文章还介绍道:"吴汉东教授精深的学术造诣与突出的社会贡献,在国内外产生了广泛的学术声望与社会影响。中央电视台、人民日报、光明日报、法治日报、中国教育报、湖北日报等权威媒体多次对其进行了采访或报道。"由国家知识产权局等部门揭晓的"2008中国知识产权风云榜",吴汉东教授作为唯一的一名学者,荣膺"2008中国知识产权年度最有影响力十大人物";在品牌中国产业联盟主办的"品牌中国年度人物活动"中,吴汉东教授作为唯一的知识产权学界获奖者,被授予"2009保护知识产权特殊贡献奖"称号;两次被国际知识产权权威杂志评选为"全球知识产权最具影响力50人";2019年,被湖北省委、省政府授予"荆楚名家"称号。

吴汉东教授被聘为最高人民法院知识产权司法保护研究中心学术委员会副主任
(图片来源:中南财经政法大学档案馆馆藏,作者手机翻拍)

吴汉东教授主编了一系列国家规划教材及图书;著有"中国当代法学家文库·吴汉东法学研究系列"七卷本等著作,仅21世纪就已在权威性刊物发表学术论文170篇以上;专著和论文许多获国家级与省部级奖项,以及其他各层次奖项;成果入选国家哲学社会科学成果文库,有的著述已译成外文在海外出版;曾为中共中央政治局等授课。20世纪90年代初他成为大学副校长,后升任校长,一当就是20余年。他曾是教育部法学教育指导委员会副主任委员,中国法学会民法学研究会副会长,是中南财经政法大学知识产权研究中心主任,教育部人文社科重点研究基地、国家保护知识产权工作研究基地、国家知识产权战略研究基地、国家版权局国际版权研究基地主任，兼任教育部社会科学委员会法学学部委员、国务院反垄断委员会专家咨询小组成员、最高人民法院知识产权司法保护研究中心学术委员会副主任、国家知识产权战略咨询专家；是中南财经政法大学博士生导师、博士后联系导师、二级教授；是中国人民大学等高校兼职教授、博士生导师；是武汉大学等其他十余所高校兼职教授。

这一系列耀眼的光环，令人无比震撼、敬佩、仰慕！这一项项成就、一个个荣誉与头衔无不说明吴汉东教授是真正具备大才能的大先生。

那么我们再来探究一下吴汉东教授为什么称自己"却是晚成"的。

吴汉东，祖籍江西东乡，却生长于江城武汉，在成为高校教师前，曾经当过农民、工人、职员，有一定的社会地位。他是在经历了这些之后再踏入学堂读书成为高等教育工作者的，因此他学术研究起步之时就已经过了而立之年。

2021年6月4日，高考前夕，楚天都市报极目新闻记者邀请在武汉的部属高校院士、人文社科资深教授给全国考生送祝福，多位学者接受了记者的采访，讲述自己求学、高考的故事，吴汉东教授以1977年高考恢复后首批考生身份介绍道："感谢国家恢复高考制度，让我等有了选择的机会，实现了我从农民到工人、职员再到教师的人生转型，并有幸专注于中国知识产权事业。"

1967年，吴汉东在湖北省实验中学上了两年初中后，正赶上"知识青年到农村去，接受贫下中农再教育"的"上山下乡"热潮，正好17岁的他被分配到今湖北省潜江市农村插队落户，成为他自己认为的"名不副实"的"知青"。农村青壮年干的农活他几乎都干过，比如插秧割禾、驾辕赶车、筑坝修堤，等等。虽然干活劳累困乏、生活艰苦，但他只要一有闲暇，就会白天捧书阅读，夜晚挑灯（煤油灯）研习。吴汉东教授回忆说："在那段岁月，读文学、读历史、读政治，就成了我的生活享受。"磨炼两年之后，时值19岁的吴汉东，因表现突出被优选招工进城——招入襄樊市（今襄阳市）邮电局当上了一名邮差。他每天骑着自行车挨家挨户为人送邮件，有的时候邮包里的信件摞得比他人还要高，几乎每次送完信件他都累得双脚无法站立，直接趴倒在床上，这时他真想像常人一样就在床上美美地睡上一觉。可他没这么做，稍作休息后，他会立即强撑起身子，展开书本或报纸认真阅读。在一直坚持边工作边学习的整整8年青葱岁月中，他还写下了两本读书笔记，创作了一些文学作品。他说，借用鲁迅先生的话讲，人家喝咖啡、逛马路的时间，我是用来读书看报。因为工作能力强且干得很出色，当时他升任了地区邮电局的团委书记、党委委员和政治处主任。无论在当时还是现在看来，他都已经是很有身份、地位的人了。

1977年，得知恢复高考消息的吴汉东欣喜若狂，他立即报名参加高考。用吴汉东自己的话说，那时的他就一个心思："我喜欢读书，我要读书，我要改变自己的命运"，同时他立即投入了备考。备考只有不到两个月的时间，但要复习语文、数学、历史、政治等课程。为此，当时他在宿舍每天学习到深夜，次日白天照常到单位上班。

吴汉东教授说，那个时候备考根本没有什么复习课本、资料，没有考试范围，基本上处于"两眼一抹黑"的状态。好在邮电部门的工作条件给了他不少读书看报的"便利"，他说，直到现在他还记得，他视为珍宝的那本武汉师范学院出版的《读书手册》包含了天文、地理等多方面的知识。功夫不负有心人，在27岁那年，他以两年初中学历、邮递员身份考上了湖北财经学院（中南财经政法大学前身之一）法律系。处在回忆之中的吴汉东教授以稍带遗憾的口吻说，当时语文、历史、政治都考得还不错，只是数学基本上还是处在初中水平。

就因为吴汉东当时觉得自己的学习基础实在太薄弱，所以他后来曾向媒体自嘲："上大学前我读到初中二年级就辍学了，然后17岁下乡当知青，虽然叫'知识青年'，但是没有知识，我的高考数学考试做到因式分解就完了，因为我只学到这里。我的语文、政治和历史、地理这几门考得好，才使我有了上大学的机会。当年我的分不高，只考上湖北财经学院，我第一志愿是北大。有一年我去北大做演讲时，我说当年我想上北大的中文系，被拒之门外，今天被邀请来讲学我当然很高兴。朱苏力院长说幸亏北大没录我，否则中国就多了一个平庸的文学家，而少了一个杰出的法学家。这个话当然听起来是让人高兴的。其实我当时就想读书，以改变我的处境，改变我的命运。"

当大学录取通知书寄送到吴汉东手上时，他正在当时的襄阳峪山公社工作。当时50多岁的老组长舍不得放人,但早就坚定了信念要去大学读书的吴汉东去意已决。

吴汉东教授在回忆起那段求学经历时感慨道,自己能以27岁"高年龄"、两年初中生"低学历"考上大学,其关键是一直保持着热爱学习、追求上进的心态与精神。

回到省城武汉的吴汉东来不及回味、欣赏记忆中的或新添的美丽繁华市景,就立即扛上"行囊"(其实就是一只木头箱子)到湖北财经学院法律系报到。虽然当时他对法律毫无概念,但听曾经当过警察的邻居说,那个专业读出来后是要当法官或律师的,他想想还不错,便马不停蹄地赶往想象中的知识天地,他朝思暮想、神往已久的大学学府。办完一切手续后,吴汉东就一门心思扎进了大学的学习中,其学习热情非常之高,好像浑身有使不完的劲。吴汉东教授每每想起那段岁月就会介绍说,不仅是他自己,当时湖北财经学院法律系共有50名同学,人人都在如饥似渴地学习。如后来担任过中国政法大学校长的黄进教授,当时成天手拿《新概念英语》发奋背诵,寝室里的灯熄了他就到外面的路灯下接着背,勤奋让他最终成了国际法方面的专家;还有曾经担任中国人民大学常务副校长的王利明教授,在上大学的前两年经常同其"下铺的兄弟"、现为中南财经政法大学特聘教授的方世荣讨论文学。吴汉东所在的湖北财经学院1977级法律系,后来成了著名的"中国法学第一班",而他则是其中最重要的领军人物之一。

1982年夏,吴汉东于湖北财经学院法律系大学本科毕业,以优异的成绩拿到了法学本科毕业证与学士学位证书。吴汉东本可以分配到法律部门当法官或当律师,还可以分配到北京、上海等地最抢手的其他政要部门,但因他喜欢读书,而留高校任教具有得天独厚的学习机会,是他想继续读书的最佳途径,于是他选择了留校任教。翌年他便很快获得法律硕士在职继续攻读深造的机会,师从法理学家章若龙先生。

吴汉东留校任教之时,正值中国改革开放如火如荼之时,国家法律法规体系也亟待改革完善或建立各领域新体系。其时湖北财经学院勇立潮头,适时地抓住了法学变革的最佳时机。吴汉东留校时被分配在法律系民法教研室,教研室主任是非常具有改革创新意识的李静堂教授。

中南财经政法大学校史博物馆展出的"中国法学第一班"影像资料
（图片来源：中南财经政法大学档案馆校史博物馆展存，作者手机翻拍）

一次教研室会上，李静堂教授很郑重地宣布：民法学要实行新民法学学科及课程建设，请大家务必勇于担当，根据新时代要求，研究相对应的学术成果，建立民法新体系。很快，其他老师都拿出了各自的成果——新民法学分支学科体系，如财产法、合同法、土地法、婚姻法、继承法，等等。然而，分配给吴汉东与另一个同样毕业于"中国法学第一班"的青年教师的任务，却迟迟没有看到成果。

之所以不能及时拿出成果，不是他们能力不行，也非他们不勤奋。他们承担的任务与其他老师不同，不是对已有学科体系进行改革完善，而是对一个新学科、新课程进行开发研究与教学，也就是开垦一块没有任何理论基础的处女地——将曾经只是叫"智力成果"的学术名称，研究开发成一门新学科、新课程，并承担起相应的教学任务。"智力成果"是什么？在当时，作为学术名称，他俩只是听说过这个提法，但到底是一个怎样的概念？其源头、背景是什么？能作为民法学体系中的学科、课程吗？似乎史上尚无先例，现实中也未见类似实例，更是没有现成的教材作为参考来进行教学。初出茅庐的他们实在是心里没底。但他们不但没对这个学术界不成文的惯例沿袭有怨言，还因任务极具挑战性，反倒更激发了探索求知欲。

他俩通过一番研究讨论，决定先弄清"智力成果"的内涵是什么、是怎么来的、有什么背景等，再确定下一步怎么走。

那时收集信息不像现在可以上网搜查、在学校图书馆查询。那时他们到自己学校的图书馆，甚至去湖北省图书馆都没有查到相关信息。于是他们通过学校向湖北省出版局申请，请他们开具介绍信，然后手持介绍信去北京各大图书馆、研究机构大海捞针般继续查找；向知名学者、专业人士请教，并一一做好笔记。

功夫不负有心人，付出终于换来了回报。他俩弄清楚了："智力成果"是苏联学术界提出的概念，但仅是概念而已，没有将其知识化、体系化；西方国家也有类似"智力成果"的概念，叫"知识产权"，但也仅仅表现为某些概念、领域，如专利、著作权等，也无完整的知识体系与学科体系。他俩通过对比研究、分析，认为从概念上讲，"知识产权"比"智力成果"更具有法律属性与学科属性，符合民法学体系的拓展要求，符合中国经济与国际科技的基本发展趋势和方向。于是他俩决定将"知识产权"作为他们完成科研任务的研究方向，尤其是吴汉东在1983年考取法律硕士研究生后，不仅将知识产权作为自己的硕士论文研究专题，也将知识产权法当成了自己的终身学术研究目标，到现在为止他已在知识产权领域坚持研究了40多年。恐怕连他自己都不曾想过，他对知识产权的研究会如此执着、坚持，并会颇有建树。

当时研究主题虽确定了，可真正要将知识产权研发成一个学科及一门课程进行教学与推广，那不是一件容易之事，还得"过五关斩六将"！最终只有吴汉东坚持了下来，与他并肩"作战"的同伴几年后就转轨去律师行业发展了。

在研究过程中，他们一开始就遇到了一系列难题。如：观念改变，难！

"智力成果"那时已成习惯性用语,在大部分教师中有着一定的知名度。初听到"知识产权"这个新词,"云里雾里者有之,不愿接受者有之,内心排斥者有之"。摒弃旧观念比接受新事物更难!这是人们熟知的一种事物发展规律。设计新学科体系,难!从原来的只是一个想法,要发展成一个学科体系、一门课程,需要具备三组"视野",即科学视野与技术视野、学术视野与社会视野、中国视野与世界视野。利益相关者研究,难!"知识产权"研究即知识产权的产生、运用与保护及其管理,既具有法律层面要素,也具有社会层面要素,还具有国家层面要素。

……

知识产权涉及宏观、中观、微观各层面,对研究者来说,必须要有极强的掌控力、洞察力、分析力等,还必须要有一定的战略眼光与战术水准。

他们通过博览群书,深刻思考,细致入微地分析专利法、商标法、著作权法的本体知识和相关知识。

终于,他们在教育改革开放的潮头攻克了知识产权这个学科难关,写出了中国知识产权法领域第一本应急的内部使用教材,在中南政法学院分离独立建制后的1986年9月开设了我国高校第一门"知识产权法"课程;1986年,他们合著并公开出版了具有独创性、前瞻性和实用性的"播种于首义区"[①]"花开在南湖畔"[②]的我国第一部知识产权法教材,并产生了多米诺骨牌效应。

1986年,吴汉东于中南政法学院经济法系硕士毕业,获法学硕士学位。稍做歇息休整,吴汉东又一鼓作气,于1991年考上中国人民大学民商法专业在职博士研究生,1995年博士毕业,同时获得法学博士学位。自此吴汉东完成了大学阶段所有学历层次的科班教育。

据1999年3月《湖北省社会科学界名人》(第2卷)专文介绍,在攻读硕士、博士研究生时,吴汉东教授都是边读书、边教书、边研究,还于1992年至1993年作为国家教委公派的高级访问学者,在美国锡拉丘兹大学访问进修一年,并从1982年留校到20世纪末,"吴汉东教授10多年间致力于民商法教

---

① 湖北财经学院法律系所在地,即现中南财经政法大学首义校区。
② 中南政法学院1984年新建的校区,即现中南财经政法大学南湖校区。

学与研究，尤其专长于知识产权法领域，并取得丰硕成果。他主持的知识产权法教学获1989年湖北省优秀教学成果二等奖。本人独著、主编、合撰的著作、教材有12部；在《法学研究》《法学评论》《法律科学》《法商研究》等重要学术刊物上发表了学术论文50余篇，其中论著、论文有10余次获得部、省级各级法学科研成果奖，有10篇论文被中国人民大学《复印报刊资料》（法学卷）全文转载或有关文集收入。其撰写的专著《著作权合理使用制度研究》入选《中青年法学文库》（1996年）"。文章说，"由于其教学科研成绩突出，于1987年破格晋升为副教授，1992年破格晋升为教授。"并获得一系列国家、省部级个人综合荣誉及获聘为武大、华科两所重点大学兼职教授。文章还介绍，"吴汉东教授将民法学理论导入知识产权各项制度的研究之中，在许多方面具有理论开拓意义。其中关于'知识产品'范畴的论述、著作权客体的要素分析以及对合理使用制度多维学科的探讨等都具有独到的见解，主持完成的两项国家级课题'中国区域著作权制度比较研究'与'西方诸国著作权法律制度'颇受同行专家学者的瞩目和好评。由于吴汉东教授教学、科研成绩显著，《长江日报》于1994年10月4日以题为《知识产权法领域的拓荒者》、《湖北法制报》于1994年12月3日以题为《知识产权领域的杰出耕耘者》、《湖北日报》于1995年3月16日以题为《吹尽黄沙始到金》相继进行了报道。"

　　吴汉东教授在行政职务上也是一干就是近30年。吴汉东教授1984年12月至1986年9月被任命为中南政法学院经济法系党总支副书记；1986年9月至1988年12月升任中南政法学院经济法系党总支书记；1988年9月至1993年8月兼任经济法系主任；1988年6月至1988年9月兼任湖北省第六律师事务所主任；1988年4月被任命为中南政法学院院长助理及校党委委员；1993年6月被任命为中南政法学院副院长及校党委委员[①]。1997年8月26日被中共司法部党组任命为中南政法学院院长、党委副书记，直至2000年5月；2000年5月，中南财经大学与中南政法学院两校合并后，吴汉东教授被任命为中南财经政法大学校长，直至2014年1月。同时，吴汉东教授还兼职了一系列其他学术职务，

---

① 以上任职参见萧伯符主编《中南政法学院史稿（1948—1994）》附录。

如曾受聘中国法学会知识产权研究会会长、最高人民法院特约咨询专家、最高人民检察院特约咨询专家、中国国际经济贸易仲裁委员会仲裁员；中国人民大学兼职教授、博士生导师，武汉大学、天津大学、华中科技大学、南京师范大学、中原工学院等校兼职教授；南京理工大学知识产权学院名誉院长、兼职教授；中原工学院法学院知识产权学院特聘教授；澳门科技大学特聘全职教授、民商法全职博士研究生导师。

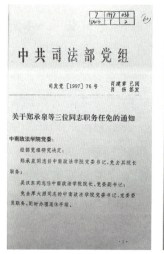

吴汉东教授任中南政法学院院长、中南财经政法大学校长的任命文件
（图片来源：中南财经政法大学档案馆馆藏，作者手机翻拍）

吴汉东在成为教授、校长后，没有因为身份变化而变得目中无人，依然和蔼可亲，在校园里与学生见面微笑、点头、摆手，依然在乒乓球桌上与对手你来我往，依然研究不止、笔耕不辍；所不同的是他考虑老师、学生的事情更多了，形成的学术成果水准更高了，对自己的要求更严了。吴汉东教授上任之初曾说"牢记校长职责，不忘学者本色"，说他自己"是一介布衣，应该做的就是尊重教师、关爱学生、贴近教学、从事研究"。他一直以实际行动践行着自己的诺言，以言传身教尽情展现自己的人格魅力。

吴汉东教授长期以来都十分珍惜、重视对外学术交流，当上校领导之后，更是将这种重视延伸到了全校：1992—1993年他作为国家教委公派高级访问学者赴美国锡拉丘兹大学作了访问进修；1996—1997年他又赴香港参与了香港基本法的制定工作，同期赴澳门担任立法会议员法律顾问；1999年参加了在香港举办的"中国香港与内地法律比较学术研讨会"，他在研讨会上还作了主题演讲；2000年访问了德国萨尔大学法学院并作了学术报告；2001年3月20日至25日，以中南财经政法大学校长身份，受日本福岛大学校长之邀，率团正式访问日本福岛大学，并于3月22日与福岛大学校长签订了教育和学术交流协议书。这是1987年原中南财经大学何盛明校长与当时的福岛大学校长签订两校有关教育与学术交流协定书，并结成姊妹关系学校的一个延续，更是为了双方"在课题的合作研究、教师交流、学生交流等更为广泛的领域内进行交流与合作"；同年3月26日，"转型经济与中越经济转轨比较研究国际研讨会在我校（中南财经政法大学）举行"，吴汉东教授以校长身份会见了河内国立经济大学代表团的成员并在研讨会上致了欢迎辞，还互赠了礼物。自此后，吴汉东教授以校长或学者身份参加或组织主办了更多的国际学术交流研讨会或学术交流互访活动，使他自己与学校积极向国际延伸学术的触角，同时获得更多的话语权，并使其学术研究始终能站在国际学术研究的前沿。

1999年腊月，吴汉东教授被评聘为法学博士生导师。关于受聘哪所高校的博导，他又比别人多了一段人生选择的佳话，因为当时竟然出现了两所高校争相聘请他的局面。吴汉东教授有"北大"情结，当然也因为他在专业上实在太突出、太出色了，北京大学首先向吴汉东教授伸出橄榄枝，想聘请他为北大法学博士生导师。当吴汉东教授正欲接受聘请以圆北大之梦时，中国人民大学得知了消息，立即向吴汉东教授提出，说他是人大培养出来的法学博士，理应首先受聘为人大法学博士生导师。吴汉东教授是一个注重感恩之人，最终他选择了母校。据中国人民大学研究生院学位办档案名单信息，2000年1月13日，吴汉东教授正式成为中国人民大学法学博士生导师。当时的中南财经政法大学还没有法学博士点。

吴汉东教授专注研究知识产权40多年，学界专家、学者一致公认他是"中国知识产权研究现阶段第一人"。在著作权教学研究、政策咨询、立法建设及法治宣传等方面都作出了不同程度的重大贡献。他不仅著有"中国当代法学家文库·吴汉东法学研究系列"七卷本专著及教材多部，还在《中国社会科学》《法学研究》《中国法学》三大权威刊物上发表论文30余篇。

吴汉东教授被誉为"中国知识产权研究现阶段第一人"
（图片来源：中南财经政法大学档案馆校史博物馆展示，作者手机翻拍）

对一个真正的学者来说，学术研究的道路是永无休止的。吴汉东教授就是这样一个做学术"永不退休"的学者。

2014年年初，吴汉东教授受年龄之限卸任中南财经政法大学党委常委及校长之职，转而被中南财经政法大学聘为文澜资深教授（全校仅他与郭道扬教授2人），属于教授终身制。别人退休是去云游大好河山或自娱自乐，可吴汉东教授却仍以"热爱学习、追求上进"的饱满热情、主动的态度、忘我的精神继续进行着更高层次的研究，正如他所形容的，"退下来之后，比过去更忙"。他说，此时"对我来说，学术生涯进入一个新的高峰期"，并自我调侃为"中年后期"，也正因为如此，他还经常被邀请出席各种高规格的学术活动，"金色"橄榄枝依然向他频频伸来。

2020年12月，中国版权年会于珠海举行，吴汉东教授被盛邀参会，在此年会上，他获得了"中国版权事业终生成就者"的殊荣。当时极目新闻的记者联系他进行采访时，吴汉东教授正忙于学术研究。2022年5月12日，钱端升法学研究成果奖基金理事会揭晓了第八届法学研究成果奖评选结果，吴汉东教授的著作成果《知识产权精要：制度创新与知识创新》荣获一等奖。根据全国普通高等学校人文社会科学统计年报有关奖励认定办法，教育部已将钱端升法学研究成果奖认定为部级奖，国家统计局也据此将钱端升法学研究成果奖列入部级成果奖的统计范围。

2021年1月19日下午，由中国版权协会、中华商标协会、中国知识产权研究会、中南财经政法大学共同主办，中国人民大学出版社和吴汉东法学教育基金会承办的中国知识产权法学40年回顾与展望暨吴汉东知识产权法学文集（典藏版）发布会在北京举行。这次会议既是对我国知识产权法治与建设进程的回顾与展望，也是致敬作为主要代表人物的吴汉东教授等一大批为中国知识产权法治事业与发展作出巨大贡献的专家学者们。吴汉东教授作为重要嘉宾应邀出席了会议并在大会上发言。

吴汉东教授在中国知识产权法学40年回顾与展望暨吴汉东知识产权
法学文集（典藏版）发布会上发言

（图片来源：徐剑飞《中国知识产权法学40年回顾与展望暨吴汉东教授
法学文集发布会在京举行》一文）

大会有来自国内知识产权界、中国法律界、中国最高检、全国各类高级法学研究会的法学界同人，有清华大学、北京大学、中国人民大学等许多高校的专家、学者，有中宣部版权管理局、司法部普法与依法治理局、中关村知识产权战略研究院的领导，还有腾讯公司、九州通集团董事局的领导，部分著名法学期刊的领导、专家、学者，和通过视频方式致辞的国际嘉宾专家、学者。大会对以吴汉东教授为代表的知识产权专家、学者们为中国知识产权事业40年的发展作出的重大贡献给予了充分、高度的认可与肯定。据徐剑飞同志报道："此次由中国人民大学出版社采撷整理的'中国当代法学家文库：吴汉东知识产权研究系列'忠实记录了吴汉东教授的学术研究历程，见证了中国知识产权法从初步建设到走向繁荣的发展历史,作为'十二五'国家重点图书出版规划书目,是中国知识产权界最具代表性和影响力的研究成果。"

吴汉东教授说,他的学术人生一直都在选择中。在"上山下乡"锻炼,农忙生活艰苦之时,他选择利用闲暇、夜晚时间挑灯阅读,并"感念生活道路的艰辛,在求索中学会选择";当国家恢复高考后,他放弃稳定的工作和已有的一定社会地位,复习知识参加高考,以大龄青年、初中学历考上大学,当单位负责人不舍放人时,他坚决选择上大学,从而"感念高考制度改革",让他有了选择的机会;他几次没有按导师们所希望的方向做研究发展,而在所学专业上屡次更改研究目标,最后以法理学为学科平台,以民法学为专业基础,以知识产权为研究方向,且于不惑之龄攻读博士,在几十年的学术研究生涯中,将大部分时间专研知识产权,并终获重大成就,成为"中国知识产权事业的见证者和推动者""中国知识产权研究的先行者"。他再次"感念学术自由的宽松环境,使选择成为创新","感念国外留学的滋润和本土学术平台的涵养","感念新的时代,使理论创新的选择具有价值"。他说,"学术人生的过程必有选择。从谋生的选择到职业的选择,从学业的选择到专业的选择,我的人生过程与学术人生就行走在不断的选择之中,但布衣学者是为底色。对自己而言,漫漫人生道路上其实并没有多少机遇可以挥霍,从草图到画卷,从初排到演出,我最初的选择几乎就是最后的选择。在缤纷变幻的几十年里,我练就了一种职业惯性和学术定力。"他非常清楚地记得,在20世纪90年代初,他的同事中有一些人,不堪清贫,走出大学校门,在祖国的南方闯出了另一番天地。在这股浪潮之中,他选择了坚守;他说在21世纪之初,"时逢高校管理体制改革之际,有中央部委和司法部门领导对本人表示延揽之意,自以为志趣在学术江湖以远,不敢高攀于庙堂之上",他再次选择了坚持。在他出版的文集序言中有这样一段描述:"自己大半辈子都在知识产权园地耕耘,职业、专业与事业得以相通相融。微博言,今天做了明天还想做的是事业,今天做了明天还得做的是职业,我有幸将自己能追求的事业与所喜欢的职业合为一体,因而是苦中有乐,乐此不疲。"吴汉东教授指出,"学术生命的意义在于选择。奥地利心理学家维克多·弗兰克说道,'一切自由、一切真理和一切意义都依赖于个人作出并予以实施的选择'。在学术活动的过程中,选择是方向,也是兴趣使然。只有选择了自己感兴趣并适合自己的东西,才愿意为之付出努力,这就是选择。厘定长期的研究方向并形成自己的研究风格虽非易事,但非常重要,这些无一不在选择之中。"

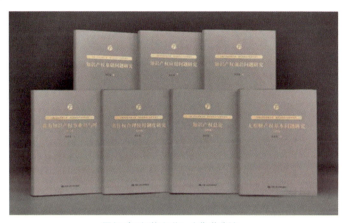

吴汉东法学文集（典藏版）

(图片来源：徐剑飞《中国知识产权法学40年回顾与展望暨吴汉东教授法学文集发布会在京举行》一文)

吴汉东教授在2017年8月由法律出版社出版的专著《知识产权精要：制度创新与知识创新》前言中写道："三十余年来,我致力于知识产权问题研究,专注于两个方面：一是知识产权制度的基础理论研究,其研究方法和内容包括但不限于法学,间或涉及经济学、管理学、社会学、政治学等领域；二是知识产权制度的重要现实问题研究,其研究注重社会需求和问题导向,或立法,或司法,或战略实施,或知识创新,或产业发展等。坚持自由探索与问题导向、坚执学理探究与术用应对、坚守专业研究与学科融通,这是知识产权学人应有的学者品格和学术素养。我自诩学术中人,是为学术共同体的成员。按照马克斯·韦伯的说法,学术共同体的成员,必须以'学术为志业'。在这里,学术是一种存在方式,学术是一种事业追求,学术甚至是一种精神境界。自己人生道路的学术选择,不以仕途为图,不因稻粱所谋。我已过耳顺之年,但学术生涯还在继续。"

"以书为伴,书伴人生；与法同行,法行天下；释放知识产权制度'正能量',发出知识产权事业'好声音'。"吴汉东教授感言道,"读书、教书、写书,不卖书,以书为伴；学法、研法、立法,不违法,与法同行。"他说,"这就是我的选择。"是的,这是吴汉东教授的选择,也是他学术人生的真实写照,他现在仍然兼任中南财经政法大学学术委员会主任、教育部人文社科重点研究基地中南财经政法大学知识产权研究中心名誉主任、教育部科技部新时代科技革命与知识产权学科创新引智基地中方首席专家,中国知识产权法学研究会名誉会长、教育部社会科学委员会法学学部委员、国务院反垄断委员会专家组成员、最高人民法院知识产权司法保护研究中心学术委员会副主任、国家知识产权战略咨询专家委员会委员、文旅部特约法律咨询专家、中国法学会学术委员会委员、中国高等学校知识产权研究会副理事长、最高人民法院特约咨询专家、中国国际经济贸易仲裁委员会仲裁员。2020年8月20日,还被最高人民检察院聘任为最高人民检察院专家咨询委员,聘期为5年。他还在朝着既定目标一如既往地活跃在学术界!他将一如既往地学习、教学、研究,直至不能思考为止!

三、主要专业研究领域和学术成就

(一)主要学术成就

吴汉东教授从事教学、科研40余年来,一直致力于民商法教学与研究,尤其专长于知识产权法领域,并取得了累累硕果。他主要讲授民商法、知识产权法等课程。他不仅为多所高校本科生、硕博研究生授课,还为中共中央政治局等机构的相关领导授课并受到当时国家主席的亲切接见。学界评价他的专业教学与学术研究均水准极高。

在教学资源方面,仅21世纪:2005年,吴汉东教授是"国家精品课程:知识产权法学"的项目负责人;2012年,他是"国家级精品视频公开课:知识创新、知识经济与知识产权"项目的负责人之一;2016年,他是"国家级精品资源共享课程:知识产权法学"的项目负责人;2007年,他是"国家特色专业:'法学'"的负责人;2006年,他是"湖北省品牌专业:'法学'"的负责人。

在科研项目方面：吴汉东教授主持完成了30多项国家级、省部级课题。从中南财经政法大学档案馆馆藏信息看，吴汉东教授仅主持完成的国家级课题就有15项。

国家社会科学基金项目6项：他早在1992年就负责主持了国家社科基金项目"中国区域著作权制度比较研究"；他还负责承担了国家社科基金项目（全国哲学社会科学研究项目）"高科技发展中的法律问题"（1999年获批）、"完善我国知识产权制度研究"（2003年获批）、国家社科基金重大项目"科学发展观统领下的知识产权战略实施研究"（2007年获批），2008年吴汉东教授以首席专家身份携"科学发展观统领下的知识产权战略实施研究"入选国家社科基金重大项目（含专项），2011年他又携"中国特色知识产权理论体系研究"再次入选国家社科基金重大项目（含专项）。

国家自然科学基金项目1项，即"关于国家自然科学基金资助项目知识产权保护与管理相关问题的研究"（2005年获批）。

国家软科学基金项目1项，即"知识经济与知识产权法"（1999年获批）。

国家教育部或国家教委项目7项，具体包括：2004年"知识产权制度的变革与发展研究"入选教育部哲学社会科学重大课题攻关项目；接着又连续获得3个教育部人文社会科学重点研究基地重大项目，即知识产权基础理论研究（2004年获批）、文化产业发展与版权战略实施研究（2011年获批）、知识产权法典化研究（2017年获批）；1994年获批国家教委项目"著作权制度比较研究"；2002年获批教育部人文社科项目"WTO与知识产权国际保护问题研究"；2012年获批教育部哲学社会科学研究普及读物项目"知识产权通识读本"。

他还主持了全国优秀博士论文作者专项资金资助项目"财产权制度比较研究"、司法部项目"无形财产权制度研究"（1997年获批）、司法部国家法治建设与法学理论研究项目"中国知识产权保护现状与制度完善"（2003年获批）以及其他课题项目。他所主持的这些项目均颇受同行专家学者的瞩目和好评。

吴汉东教授出版了《著作权合理使用制度研究》《西方诸国著作权制度研究》《中国区域著作权制度比较研究》《无形财产权制度研究》《知识产权精要：

制度创新与知识创新》等一系列专著以及其他主编著作与司法部统编教材、全国自考统编教材《知识产权法》等90部以上的著作。其中具有国际影响的对外译著多部，如2023年吴汉东主编的《中国知识产权理论体系研究》获国家社科基金中华学术外译项目立项，被译为英文出版。这是吴汉东教授继《无形财产权基本问题研究》《知识产权精要：制度创新与知识创新》和《知识产权总论》后第四部被翻译成外文的专著。于2018年在韩国出版的《无形财产权基本问题研究》是中国学者知识产权方面的著作首次被译成韩文出版。

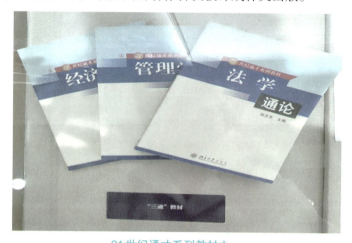

21世纪通才系列教材之一

（图片来源：中南财经政法大学档案馆校史展览馆展示，作者手机翻拍）

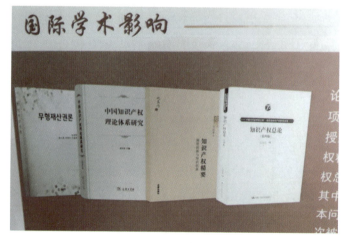

吴汉东教授四部被翻译成外文的专著

（图片来源：中南财经政法大学档案馆馆藏，作者手机翻拍）

吴汉东教授在《中国社会科学》《法学研究》《中国法学》等学术刊物发表论文200余篇。其专著、论文分别获全国优秀博士论文奖、国家教委高校优秀学术著作奖、司法部优秀科研成果一等奖、湖北省社会科学优秀成果一等奖等30余次。

吴汉东教授的许多研究与成果都属于基础性、开拓性的：1986年他开设了中国高校第一门知识产权法课程；1986年，他的题为《论知识产权法律制度》的硕士论文成为新中国以知识产权为研究对象的第一篇硕士学位论文；1986年他与闵锋合著出版了"中国第一本知识产权法教材"——《知识产权法概论》；1996年，他撰写出版了中国第一部关于著作权合理使用的专著——《著作权合理使用制度研究》；2018年他主编出版了中国第一部以学者、专家视角审视我国知识产权事业发展状况的民间读物《中国知识产权蓝皮书》。他的这些"第一"填补了中国知识产权领域一系列空白。他的《知识产权基本问题研究》和《无形财产权制度研究》被知识产权界公认为是代表中国知识产权研究最高水平的有影响的权威著述。

中国第一本知识产权法教材——《知识产权法概论》

（图片来源：中南财经政法大学档案馆校史展览馆展示，作者手机翻拍）

吴汉东教授主编的《中国知识产权蓝皮书》
(图片来源：中南财经政法大学档案馆校史展览馆展示，作者手机翻拍)

当中国在 2001 年加入 WTO 后，吴汉东教授非常敏感、审时度势地提出，知识产权对我国的发展具有战略意义，是我国实施可持续发展的战略选择之一，是我国实施市场竞争战略的重点，是我国实施对外贸易的重要战略举措。在后来，吴汉东教授更是非常坚定、自信地指出，建设创新型国家必须要有完善的知识产权制度作战略支撑，世界未来的竞争肯定是知识产权作为主角的竞争；在全球化的背景下，应强调知识产权的立法一体化，不过，一体化并非美国化，对知识产权的保护既要尊重"国际话语权"，更要发出"中国声音"，使我国在国际上有"中国话语权"。他说："一个没有创新的民族，是没有希望的民族；一个不保护自己的民族，同样会断送自己的未来。"因而学界一致公认吴汉东教授是最早提出知识产权战略观念的学者之一，吴汉东教授也因此成为我国知识产权战略专家组非常重要的成员。

在几十年的学术探索与追求道路上，吴汉东教授所取得的知识产权法与民商法领域的研究成就许多都是具有开拓性的；在许多问题上，吴汉东教授为后人的研究作出了不可或缺的奠基，为所有研究者开拓了研究的视野。尤其是在知识产权基础理论、无形财产权理论、著作权合理使用制度等领域，吴汉东教授自始至终都处于学术研究最前沿。

（二）学术观点[①]

吴汉东教授的著名学术观点主要体现在知识产权基础理论、无形财产权制度、知识产权的发展战略、著作权合理使用、人工智能法律问题等五个方面。

◎ 1．知识产权基础理论

从20世纪80年代开始，吴汉东教授先后在《中国社会科学》《法学研究》《中国法学》《法学评论》等期刊发表了一系列专业论文，首次提出知识产权的理论范畴，并对其基础理论作了体系化的研究，他在这方面的代表作有《知识产权总论》《知识产权精要：制度创新与知识创新》，这两部著作一经出版不仅在国内学术界引起了广泛关注，同时，由于其是反映中国学术前沿的学术精品，获得国家社科基金的资助，以外文形式在国外权威出版机构出版并进入国外主流发行传播渠道，用以扩大中国学术的国际影响力，促进中外文明交流互鉴。2019年，吴汉东教授的专著《知识产权精要：制度创新与知识创新》获国家社科基金中华学术外译项目重点项目立项，被译为英文在海外出版发行。2021年，吴汉东教授专著《知识产权总论》获国家新闻出版署"丝路书香工程"重点翻译项目立项资助，被译为英文在海外出版发行。

《知识产权总论》

《知识产权精要：制度创新与知识创新》

[①] 经吴汉东教授授意，并受作者诚请，徐剑飞老师在吴汉东教授学生整理的其学术观点的基础上，对吴汉东教授的学术观点进行了更为完善的总结。

在《知识产权精要：制度创新与知识创新》前言代序中吴教授是这样叙述的："在众多的著述中，摘取知识产权研究的'精要'，是件困难的事情，不同的学者对此可能有着不同的认识。但我以为，知识产权的'精要'之处应归结为'创新'。'创新'这一概念，既是对知识经济全面而深刻的解读，也是对知识产权法价值灵魂的精要概括。知识产权法的创新意义，表现为其本身的制度创新和所追求的知识创新两个方面，概言之，创新是知识产权法的历史过程与时代使命。"基于此，在这本书中，吴汉东教授以"制度创新与知识创新"为主题，选择二十多篇有较高引注率与影响力的学术论文，集中表现他关于知识产权的主要学说思想。吴汉东教授说："文集精选，但不敢妄称精品。编选成书时，对原来的论文标题做了适当修饰，力图聚焦主题、形成体系并便于阅读。"吴汉东教授在这本专著中将知识产权法同创新联系到了一起。他指出：源于创新而产生的知识产权法，是财产权制度在革新中的产物；它基于创新而发生变化，因此其价值目标当以激励知识创新。知识产权法的产生、变革、发展历史，就是法律制度创新与科技、文化创新互相作用、互相促进的历史。可以这样认为，知识产权法的历史过程和时代使命就是坚持制度创新与知识创新。从这部代表作中，我们可以发现，吴汉东教授在知识产权方面曾经发表过许多学术观点，且逐渐被学界普遍认同并接受。我们可以想象，他的这些观点形成了独特的"吴氏"知识产权理论体系。经专家归纳，主要体现为：

（1）知识产权之本体、主体、客体制度。

吴汉东教授指出，知识产权客体为一种无形精神财富，知识产权的本质属性就是客体的非物质性，也是其权利同财产所有权的最根本区别之处。对这样的新型权利，从理论上很难运用罗马法来之物权学说予以阐释，从立法方面，也不可简单地照搬有形财产权利保护法。基于平等的精神，知识产权的主体制度于原始取得与继续取得以及国民待遇等方面区别于一般的民事主体制度。此外，吴教授还倡导在知识产权法领域设立知识产品范畴，用以概括相关科学、技术及文化等方面精神领域的各种权利客体。与此同时，吴汉东教授对苏联法学家把此类客体统一称为"创作活动的成果"同中国法学家们对于"智力成果"之传统说法，进行了批判性的分析，且把比利时的法学家皮卡弟之学说作为基础，对知识产品的有关概念与特征及其分类作了描述、说明、概括，他认为知识产品种类主要包括创造性成果、经营性标记与经营性资信。

（2）知识产权的法律定位。

吴汉东教授对知识产权法进行了细致的定位分析，探讨了知识产权法与民法的关系，认为知识产权法的调整对象是平等主体因创造或使用知识产品而产生的财产关系和人身关系，其调整手段和适用原则，主要是民法的手段和原则；知识产权是民法对知识形态的无形财产法律化、权利化的结果，属于民事权利的范畴。纵观各国的立法体例，知识产权的立法模式大体有专门法模式、民法典模式和专门法典模式三种。吴汉东教授认为，随着我国迈入"民法典"时代，民法典对私法规范的体系化重构，对"人民主体性"的价值追求，对财产权利多元性、开放性的制度设计对知识产权法的发展和完善具有重要的引领和示范作用。知识产权法的未来发展应坚持体系化、法典化的道路。在立法体例上，可作出"链接式入典"和"解构化成典"的任一选择：采用"点——面"相结合的链接模式，在民法典中设立知识产权编；抑或制定知识产权法专门法典，实现知识产权一体化、体系化的理性安排。

（3）知识产权的基本属性。

关于知识产权的基本属性问题，我国理论界一直未予足够的关注。20世纪80年代的教科书及相关著述，多将知识产权表述为一体两权，即认为知识产权具有财产权与人身权的双重属性；20世纪90年代的知识产权学说，一般从民事权利体系出发，将知识产权区别于财产所有权，对其作出无形财产权的定性分析。但是，关于知识产权的这种认知仍是不完整的。吴汉东教授以《知识产权协议》与《世界人权宣言》为依据，以经典学说观点为参照，从历史考察与现状分析的角度出发，提出知识产权的私权与人权属性。世界贸易组织的《知识产权协议》在序言中宣示"知识产权为私权"。在诸多知识产权国际公约中，《知识产权协议》第一次明确界定了知识产权的本质属性，即以私权名义强调知识财产私有的法律形式。以《世界人权宣言》为代表的主要国际人权公约都赋予了知识产权的人权意义。这种权利包括两个方面的内容，首先是创造者对自己的智力创造成果所享有的权利，其次是社会公众分享智力创造活动所带来利益的权利。吴教授认为这一规定揭示了知识产权制度的均衡保护思想，即知识财产独占权的保护与知识财产利益的合理分享，它们构成了现代知识产权法的完整内容。吴教授主张，私权与人权在本质上是统一的。就人权体系而言，私人财产权即是人权的基础性权利；就知识产权本身而言，它既具有私权属性，同时又直接构成基本人权的内容。在私权与人权的统一范畴中理性把握与认知知识产权，有助于全面考察现代知识产权制度的价值理念和社会功能。

◎ 2．无形财产权制度

《无形财产权基本问题研究》

在现代科学技术和商品经济的推动下，非物质财富成为社会重要的财产类型，非物质财产的法律制度处于不断的变革之中。吴汉东教授先后在《法学研究》《中国社会科学》《中国法学》撰文提出无形财产权制度的基本理论问题，并在《无形财产权基本问题研究》一书中作了详细的阐述和论证。该书引起了学界的高度关注，至今已出版至第四版，并于2018年通过国家社科基金中华外译项目资助译为《무형재산권론》，在韩国出版发行，为中韩知识产权交流作出新贡献。总的来说，吴汉东教授关于无形财产权制度的学术观点主要包括以下几个方面。

（1）无形财产权基础理论。

财产是民事权利的重要客体，是社会经济运行的基础，吴汉东教授认真考察了财产制度从古罗马到现代的萌生及发展变革的过程，着重探讨了当代无形财产权制度的四大发展和变化：传统知识产权的保护范围不断扩大；新型知识财产陆续出现；经营标记的财产价值日益受到重视；商业秘密与反不正当竞争纳入知识产权体系。物、财产以至无形财产在我国法学及经济学著述中被经常使用，且多在转换意义中使用，因此，学者们多存歧义。吴汉东教授就财产与物这对术语作了仔细的辨析，指出在概念的内涵上（即权利的对象性），财产与物具有客体的同样意义；而在外延上（即客体的指向范围），财产与物所包容的要素并不是等同的；物为一切财产关系最基本的要素，是所有权以及其他物权之客体，因此对物的概念不宜作过于狭义的解释。吴汉东教授并不赞同将智力创造性成果概称为无体物，剖析了作为客体的财产权利是一种制度产品，而作为客体的智力成果是一种精神产品。在对知识财产、无形财产与知识产品进行比较的基础上，吴汉东教授认为知识产品不仅概括了知识形态产品的本质，明显地表现出客体的非物质性。而且它突出了在商品生产条件下的商品属性和财产性质，因而应将知识产权的客体表述为知识产品，而不是物或智力成果。作为近代商品经济和科学技术发展的产物，无形财产权是有别于传统财产权的一项新型民事权利，因而难以采用罗马法以来的物权理论加以阐释。吴汉东教授以民法学理论为基础，对无形财产权的本体、主体、客体制度等基本理论问题进行了深入研究。他指出客体的非物质是无形财产权的本质属性所在，也是该项权利与传统意义的所有权的最根本区别。他概括了无形财产主体制度的三大重要特征：一是无形产权的原始取得，从创造的身份资格为基础，以国家认可或授予为条件，二是无形财产权的继承取得，往往是不完全取得或有限制取得，从而产生数个权利主体对同一知识产品分享利益的情形，三是无形财产权制度对外国人的主体资格，主要奉行"有条件的国民待遇原则"，以有别于一般财产权法所采取的"有限制国民待遇原则"。通过对无形财产权的利用、限制、保护、管理、经济分析以及它与反不正当竞争之间的关系等等多角度、全方位的分析，吴教授成功地构筑起无形财产权的基础理论体系。

（2）无形财产权具体制度。

吴汉东教授认为，以知识产权名义统领下的各项权利，并非都来自知识领域，亦非都是基于智力成果产生的，"知识"一词似乎名不副实。从权利本源来看，主要发生于智力创造活动与工商经营活动；从权利对象来看，则由创造性知识及商业性标记、信誉所构成。因此，"知识产权"一词在众多无形财产面前已显得力不从心。由于现代商品经济的发展与社会财富形态的变化，财产越来越多地变为"无形的"和"非物质的"，因而应当对传统上并不被认为是财产或财产权利的权利给予越来越多的关注和保护。有鉴于此，吴教授主张，在民法学研究中，建立一个大于知识产权范围的无形财产权体系，以包容一切基于非物质形态（包括知识经验形态、经营标记形态、商业资信形态）所产生的权利。具体包括：

① 创造性成果权。包括著作权（含著作邻接权、计算机软件权）、专利权（含发明专利权、实用新型专利权、外观设计专利权）、集成电路布图设计权、商业秘密权（含技术秘密权、经营秘密权）、植物新品种权等。

② 经营性标记权。包括商标权（含服务商标权）、商号权、原产地标记权、其他与制止不正当竞争有关的识别性标记权。

③ 经营性资信权。包括形象权、商誉权、信用权、特许经营权。商业人格利益泛指经营领域诸如商誉、信用、形象等各种资信。

资信类财产本身不具有外在的形体，其无体性指向的是一种商业人格利益。这种商业人格利益在产权制度创新的过程中，被赋予无形财产权基本品格。吴教授对商誉权、信用权和形象权提出了新颖的见解，他认为，商誉是一种非物质形态的特殊财产，由此所生之权利当为财产权。商誉权虽然属于知识产权的范畴，但与传统的知识产权相比，又具有非确定的地域性、非法定的时间性、非恒定的专有性等显著特征，并建议在我国民法中规定商誉权为一项独立的知识产权，并采取直接保护的方式，即直接确认商誉权及其侵权责任；吴教授通过信用制度的历史考察，从经济学与法学的角度分析了信用的语义，并将其界定为偿债能力的社会评价，他认为在民事权利体系中，信用权是受到法律保护的资信利益，是一种与所有权、债权、知识产权与人身权相区别的无形财产权，并建议在民事立法中确认信用权的独立地位。吴教授关注到在商品经济的条件下，知识形象的某些特征具有"第二次开发利用"的价值。这种利用的目的，并不局限于该形象的知名度与创造性本身，而在于该形象与特定商品的结合而对消费者带来的良好影响，这即是"形象的商品化"。知名形象在商品化过程中，产生一种特殊的私权形态，它已不是人格意义上的一般形象权，而是具有财产价值的（商品化）形象权。形象权与知识产权关联性极大，但真实形象不是著作权的保护对象，虚构形象也不完全符合专利权、商标权的保护条件，形象权是一项独立的无形财产权。

（3）财产权体系。

随着现代科学技术和商品经济的发展，新的财产权类型不断涌现，旧的财产权制度渐次嬗变，从而对传统的私法制度带来重大的冲击，也给民法学界如何重新构建财产权体系提供了认真反思的空间。吴汉东教授在总结无形财产权理论的基础上，主张对当代财产权体系作出新的安排，并提出了独到的见解。其核心观点主要有以下三个部分。一是财产权类型扩张与制度变革。财产权、人身权的两分法以及物权、债权的二元结构，是传统财产制度体系构建的基本范畴。吴汉东教授精辟地指出，尽管财产权的基本分类与体系构建的一般理论有其合理意义，但也不能将其看作僵化的分析模式，因而应当适应财产权类型扩张的时代需求，对财产权制度进行创新与变革。吴汉东教授关注到由于所有权各项权能的分离，产生了与所有权迥异的财产权——股权与信托权。吴汉东教授考察了在客体物利用途径不断扩展的情况下，他物权制度得以重新规制，出现了环境物权、区分地上权和空间役权等新型用益物权；把握到债权的"物权化"与"证券化"使得物权与债权的界限日益模糊，租赁权与票据权利由此具有了新的法律属性；分析了知识形态的各种新财产不断涌现，从而导致现代知识产权体系不断扩充；探讨了一般人格利益向商业人格利益的逐渐演变，从而在现代法的框架下构建了与传统人格权有别的商事人格权。二是财产权体系的理论建构。吴汉东教授认为，在进行财产权的法律构造时，既要遵循历史发展的客观规律，又要注重内在逻辑的联结关系，即实现历史与逻辑的统一。在构建财产权体系时可以遵循大陆法系的传统，继续采用物权、债权的称谓，但不必坚执所有权绝对中心的理念，也无须恪守物权、债权的二元结构。现代的财产权体系，应是一个开放的制度体系、多元的权利范畴。他主张，我国的财产权体系包括以下三个部分，即是以所有权为核心的有形财产权制度，以知识产权为主体的无形财产权制度，以债权、继承权等为内容的其他财产权制度。在有形财产权范畴中，除所有权外，还应包括土地使用权、农村土地承包经营权、宅基地使用权、地役权、空间利用权、典权、居住权、相邻权以及抵押权、质权、留置权等担保物权；在无形财产权范畴中，除著作权、专利权、商标权、商号权、地理标记权、植物新品种权、集成电路布图设计权、商业秘密权等知识产权外，还应包括商誉权、信用权、形象权、特许经营权等非物质性权利；其他财产权包括债权、继承权以及一些具有独立意义的财产权，如股权、信托权、票据权利等。该类权利有些是请求性财产权，有些则是兼具物权、债权属性的特别财产权。三是财产权立法与民法典编纂。自罗马法以来,经过众多立法者和法学家的培育,财产权制度已经形成成熟的概念构成,并产生了具有不同风格的制度体系。吴汉东教授认为,我国的财产权立法,必须采取融经验与理论于一体的建构方法,遵循严格的逻辑概念与体系要求,将各类财产权制度整合于民法典的框架中。大陆法系有两种民法典编撰模式,即法学阶梯式与潘德克吞式,它们关于财产权体系的构建,在19世纪的范式民法典中有十分经典的表现,但是它们各有其弊端。吴教授认为,我国民法典可以考虑借鉴20世纪的范式民法典——荷兰新民法典的做法,设置一个财产法或财产权总则。他主张,首先应当对财产进行定义,为建构开放的财产权体系提供基本的概念构成;其次,规定"物权一般规则",以抽象、概括不动产物权和动产物权、所有权与用益物权、担保物权共同适用的总则规范;第三,规定"债权一般规则",以统领单独设编的合同法和侵权法,并涵盖不能另行归类的不当得利和无因管理;第四,规定"知识产权一般规则",知识产权制度虽不平行移植入民法典,但可通过"点——面"相结合的模式实现"链接式入典";最后规定其他财产权,以包容物权、知识产权、债权、继承权等未能涉及的其他财产权利。

◎ 3. 知识产权的发展战略

在2001年我国加入WTO以后,吴汉东教授就审时度势地指出知识产权战略是中国实施可持续发展的战略选择,是中国实施市场竞争的战略重点,是中国进行对外贸易的战略举措,成为当时最早提出该战略的学者之一。他在这方面的典型代表作是列入国家哲学社会科学成果文库的《科学发展与知识产权战略实施》及相关论文。

吴汉东教授指出,新国际贸易体制的形成,新技术革命的产生以及新民事立法浪潮的出现,都对知识产权制度的发展与变革产生了深远的

《科学发展与知识产权战略实施》

影响，因此知识产权法应当不断修改完善，顺应历史潮流，逐渐步入国际化、现代化与法典化的战略发展道路。知识产权制度的国际化特征表现了这一制度的基本原则和主要规则在全球范围的普适性。但是，知识产权制度的国际化，并不等于在保护内容、保护标准、保护水平等方面的全球法律规范的统一化。按照"最低限度保护"原则，各国立法提供的知识产权保护不得低于国际公约规定的标准，这即是知识产权制度的国际化的一般要求。中国既是一个传统的发展中国家，同时又是一个新兴的工业化国家，在知识产权制度国际化的进程中应当针对我国发展的不同阶段而制定不同的战略措施；既要考虑现实利益，又要具有超前眼光；既要遵循国际公约规定，保护外国的高新技术，也要推动国际合作，保护本国的传统知识。我国提出的"一带一路"战略构想，便是顺应区域经济一体化新趋势的"中国表达"，同时也是建构知识产权国际保护新动态的"中国主张"。中国知识产权制度必须随之跟进，进而致力于建构更加公平、合理的知识产权国际保护新秩序，实现知识产权区域一体化的制度创新。他认为，知识产权制度的现代化特征，表现了这一制度与时俱进的时代性。知识产权法从其兴起到现在只有三四百年的时间，其制度本身就是一个法律制度创新与科技创新相互作用、相互创新的过程。从一定意义上讲，各国知识产权保护水平的差异，实质上反映了国家间科技、经济发展水平的差异。因此，中国的知识产权制度必须保持其时代先进性，即通过法律制度的现代化去推动科学技术的现代化。立法体例的选择，不仅是一种法律传统、法律文化的偏好，而且涉及立法技巧、立法规则的运用，还应受制于一定社会政治、经济、科技等因素的影响。基于各国立法的历史考察与现状分析，以及对于知识产权制度定位的认识，吴汉东教授认为，无论何时采取何种途径，法典化将是中国知识产权立法的必由之路。

随着我国迈入全面建设社会主义现代化国家、实现中华民族伟大复兴的新发展阶段，知识产权作为国家发展战略性资源和国际竞争力核心要素的作用更加凸显。2021年9月，中共中央、国务院印发了《知识产权强国建设纲要（2021—2035年）》，对现在以及未来一段时期知识产权制度建设和事业发展作出了整体安排，提出要"建设面向社会主义现代化的知识产权制度"，在法律体系、管理体制、政策体系以及新兴领域、特定领域知识产权规则体系等方面都提出了明确要求。基于对该纲要的学习，吴汉东教授指出，在新征程，我们应深刻把握知识产权制度现代化的新目标、新任务、新要求：建设知识产权强国（目标向度），完善知识产权制度体系（现代法度），深度参与知识产权全球治理（世界维度），不断拓展知识产权现代化治理和现代化发展的中国道路。新时代的中国知识产权法律体系建构必须遵循中国特色社会主义法治思想，深刻把握知识产权强国建设和全面依法治国的法治目标，实现知识产权法律体系化、现代化、国际化的发展要求，在基础性法律（"知识产权基本法"）、专门性法律（"商业秘密保护条例""地理标志保护条例""数据保护条例"）、替代性法律（"民间文学艺术保护条例"《人类遗传资源管理条例》《国家科学技术奖励条例》）等方面着力知识产权法律体系的建构与完善。

◎ 4. 著作权合理使用制度

早在20世纪90年代中期，吴汉东教授在攻读博士学位期间就率先对著作权领域的重大难题——合理使用制度作出了系统、具体的深入研究，成为我国知识产权学界首位对合理使用制度进行专题性研究的学者。他以民法学理论为基础，综合运用法历史学、法哲学、法经济学、比较法学、宪法学等研究方法，对合理使用制度进行多维度的分析和研究，提出了著作权法的平衡精神、合理使用的正义构成、表达自由优先原则、使用者权利等新的理论命题和观点，并且兼顾了实践性的应对策略探索。

《著作权合理使用制度研究》

他在这方面的代表作《著作权合理使用制度研究》入选司法部优秀科研成果奖。

（1）合理使用制度的交叉学科研究。

追求方法创新、理论创新一直是吴汉东教授多年来坚持不懈的学术要求。他从其发展历史的探索、哲学基石的构建、经济品性的透视等研究入手，清晰地勾勒了合理使用制度的理论框架，动态地反映出合理使用制度的基本内容，全景地体现出合理使用制度的多学科研究轨迹。吴汉东教授认真发掘出合理使用制度创设的立法动因——平衡精神,探讨了该制度从判例法到成文法的创制历史;将价值法学理论首次导入合理使用制度之中,赋予其哲学意义;剖析了合理使用制度的法律价值——"理性的公平正义原则",指出该原则是由公平性、平等性、公益性、合理性诸原则构成,并且得出了结论:"合理使用的价值目标,在于协调创作者、传播者、使用者三者的利益关系,通过均衡保护的途径,促进文化、科学事业发展。"将经济分析纳入著作权研究也是吴汉东教授研究方法创新的大胆探索,他指出,在合理使用领域,效益价值与正义价值有着同等重要的意义。信息—公共产品理论表明,著作权的设定使得信息的产生者通过市场交易得到成本补偿;而根据不相容使用理论和交易成本理论,构建合理使用制度的目的,在于合理划分创作者和使用者的权利区域,减少额外交易成本,实现信息资源优化配置的良好效益。同时,吴汉东教授采用帕累托标准、市场均衡状态、成本—收益模型等理论,概括和描述了合理使用诸规则即正当使用、公平诚信使用、有限使用规则的经济品格。

(2) 合理使用制度的宪法学研究。

吴汉东教授开拓性地将宪法学探讨导入合理使用制度的研究,他认为,合理使用与公民宪法权利紧密关联,是公众利用作品进行信息交流与传播的法律形式,是公民实现表现自由权利的基本条件。他发现,西方国家在相关问题的立法和司法上呈现出两大趋势:一是对新闻作品进行有限的权利保护,从而造成合理使用的阻滞;二是赋予合理使用以准宪法权利的意义,对合理使用所涉及的权益以优先保护。通过探讨合理使用制度的私法基础,也凸现出吴教授对该问题研究的崭新视角。

(3) 合理使用制度的实证研究。

通过对合理使用相关制度的比较分析,吴汉东教授在内涵上准确界定了合理使用制度的法律定位。他对合理使用中合理性判断标准的悉心研究,进一步为合理使用制度的确立和构建提供理论上的标准,从而找到了合理使用中这一最为艰深的难题的基本解决途径。此外,吴汉东教授还前瞻性地探讨了现代传播技术对合理使用制度的影响,具有理论开拓意义和实用参考价值。针对当前热议的人工智能时代合理使用认定的版权规则问题,吴汉东教授认为我国著作权法有必要对数据信息分析的版权例外问题作出回应。为鼓励智力创作活动,促进人工智能产业发展，我国著作权法关于合理使用的制度设计，应着力解决不同法源判定标准杂糅的状况，为一般判定标准与具体类型认定要件适用提供立法指引；同时着眼于大数据时代的产业发展需要，将数据信息分析纳入合理使用范围，并对这一传统的"权利限制与例外"制度进行必要的改造。以法律规则完整性、适用性为目的，以数据信息分析合理性、适当性为要义，吴汉东教授就此提出如下建议：一是增设数据信息分析的合理使用类型，明确其使用主体、使用性质、使用对象和使用方式等要素；二是明确数据信息分析合理性的分析要素，包括使用目的、使用方式和使用后果等，以"三步检验法"为基础进行综合判断；三是进行制度补充，包括建立数据库许可交易制度、权利保留制度、数据信息披露制度和适当补偿制度，以完善合理使用制度并保障著作权人的合法权益。整体上，这些建议旨在平衡著作权人的权利保护与技术创新、产业发展的需求。

◎ 5. 人工智能法律问题研究

吴汉东教授结合人工智能最新产业实践，从技术特征和法律风险出发，就"人工智能1.0时代"的知识产权法律调适以及"生成式人工智能时代"的知识产权法律因应，提出了全方位、系统性的理论方案和制度蓝图，其所形成的诸多学术思想和成果，已成为学界的共识。吴汉东教授的相关理论成果先后发表在《法律科学》《社会科学文摘》《中国法律评论》《当代法学》《中外法学》《科技与法律》《中国版权》等高水平期刊上。其代表性成果为《人工智能时代的制度安排与法律规制》，该文曾为四家文摘转载，引用量超过2000次，目前已成为中国知识产权学界乃至法学界引用量最高的文章之一，并在2021年世界人工智能大会权威首发的"智慧法治学术影响力TOP100作品"榜单中排名第一。

吴汉东教授始终活跃在科技发展及法律治理研究的第一线。早在2017年，吴汉东教授就敏锐地在《人工智能时代的制度安排与法律规制》一文发出了人工智能时代的法律之问，此后又准确提出了多个人工智能时代知识产权治理的时代命题和分析框架，为有关学界研究提供了有益的指引。吴汉东教授还投身于人工智能知识产权具体法律制度的研究工作，为制度构建提供了坚实的学理支持。此外，吴汉东教授结合人工智能时代技术发展和数字化延伸的最新动态，在数据财产赋权与网络著作权侵权治理方面提出了诸多有建设性的观点，作出了突出的理论贡献。

吴汉东教授代表作《人工智能时代的制度安排与法律规制》荣登
"智慧法治学术影响力TOP100作品"榜首
（图片来源：中南大知识产权研究中心公众号）

（1）关注人工智能时代的法律之问。

吴汉东教授指出，人工智能是人类社会的伟大发明，同时也存在巨大的社会风险。他深入考察了我国与美、德、英、日等发达国家人工智能的法律规范和产业实践，借助风险社会理论剖析人工智能时代的法律之问，认为人工智能或是"技术—经济"决策导致的风险，也可能是法律保护的科技文明本身带来的风险，这一社会风险具有共生性、时代性、全球性的特点。吴汉东教授着重论述了人工智能在民事主体法、著作权法、专利权法、侵权责任法、人格权法、交通法、劳动法等诸多方面与现有法律制度形成的冲突，认为人工智能革命对当下的法律规则和法律秩序带来了一场前所未有的挑战，凸显法律制度产品供给的缺陷。吴汉东教授强调，对于人工智能引发的现代性的负面影响，有必要采取风险措施，即预防性行为和因应性制度，面向未来时代的调整规范构成，应以人工智能的发展与规制为主题，形成制度性、法治化的社会治理体系,包括以安全为核心的法律价值目标、以伦理为先导的社会规范调控体系和以技术、法律为主导的风险控制机制。

(2) 提出人工智能时代知识产权治理的时代命题。

吴汉东教授还准确提出了人工智能时代知识产权治理的时代命题和分析框架,为学界研究指引了方向,包括:

① 智能机器人的主体资格问题。吴汉东教授系统总结和分析了实践和学界有关智能机器人主体资格的争议,从民法学角度对其进行了深入的分析,认为将机器人视为"人",赋予其相应的主体资格,难以在现有的民法理论中得到合理的解释,受自然人、自然人集合体——民事主体控制的机器人尚不足以取得独立的主体地位。

② 人工智能生成作品的著作权问题。吴汉东教授提出对于人工智能生成的作品,著作权法有两个问题需要解决,即机器人设计的作品是否享有权利?该项权利应归属于机器还是创制机器的人?而在《人工智能生成作品的著作权法之问》一文中,吴汉东教授结合机器创作"数据输入—机器学习—结果输出"的过程,进一步提出人工智能时代的著作权之问可归结为"机器阅读"的行为性质问题、"机器创作"的主体资格问题与"机器作品"的可版权性问题。

③ 人工智能生成发明的专利权问题。在考察了"可专利性主题"的变迁史以及人工智能对现代社会产生的影响后,吴汉东教授提出对法律所保护的先进技术仅为信任是不够的,还应当对人工智能发明的可专利性进行必要的限制。而在《人工智能生成发明的专利法之问》一文中,吴教授进一步指出人工智能技术的发展为专利法带来了诸多挑战,包括三个主要问题:一是人工智能发明的可专利性问题,即如何开放"授权范围"和规范"排除领域";二是人工智能专利的主体资格问题,即有无必要区分"发明机器"和"机器发明人";三是人工智能专利授权的"三性"判断标准问题,如何调整"现有技术"认定、"普通技术人员"识别以及"现实效果"评价规则。

(3) 描摹人工智能时代知识产权具体法律制度。

吴汉东教授还致力于人工智能知识产权具体法律制度构建的研究,他结合人工智能不同发展阶段的特点,尤其是生成式人工智能阶段的特征,提出诸多具有建设性和前瞻性的思想观点。

在人工智能生成内容的版权规制方面，吴汉东教授从实务现状出发，对著作权理论进行深刻的检视与反思，并在"输入—学习—输出"三个方面提出法律因应路径。

① 对于"数据输入"阶段，吴汉东教授提出数据输入是人工智能生成作品的前提和基础，输入阶段的数据挖掘，意味着对已有作品自动化、批量化的"阅读"，是为著作权法中的合理使用。在仔细比较美国、日本与欧盟等的立法动向和司法经验后，他认为当前中国著作权法尚不能为数据训练提供侵权豁免，未来修法有必要进行规则补充和完善，即增设数据信息分析的合理使用类型，明确"使用目的""使用方式""使用后果"的合理性要素，建构数据库许可交易、权利保留、数据信息披露、适当补偿等辅助性制度。

② 对于"机器学习"阶段，吴汉东教授强调学习阶段的"算法创作"实际上是"机器作者"与人类作者的共同创作，有别于"人类中心主义"下的创作主体结构，应当承认"人机共创"的事实，未来立法可扩大拟制作者条款的适用范围，将生成式人工智能"视为"作者，以修正"人类作者中心主义"的理论假定。但在建立人类作者与机器作者的"二元创作主体结构"时，仍应秉持"以人为本"的著作权法立场，不能随意偏离人的主体性原则。基于此，吴汉东教授主张对现行人工智能创作的主体规范进行改造，包括作者身份条款、自然人作者条款、拟制作者条款和作者身份推定和证明条款，以承认拟制作者即人工智能的创作主体身份，以及与人类作者共同创作作品即合作作品的创作事实。

③ 对于"结果输出"阶段，吴汉东教授强调新的传播技术特别是人工智能技术推动着"创作平权时代"的到来，在人工智能时代，作品独创性判断不应以揭示作者身份为前提，"智能作品"的思想表达及其人格内涵应以社会公众的评价为依据。但是独创性原则应具有人类智力劳动的要义，即人类作者对人工智能作品做出的"必要安排"和"实质贡献"。基于此，吴汉东教授改造著作权法的客体规范，未来独创性应强调创作的独立性和原创性，不以自然人人格为基础，独创性内涵不应该以创作者身份为必要，只要人类作者介入人工智能作品，且"机器作品"与他者作品不构成"实质性相似"，并基于以人类读者为基础的"一般社会公众"认可，即可作为著作权作品看待。而就"机器作

品"著作权利的归属，吴汉东教授认为应当根据"创作主义"或"投资主义"原则，将著作权分配给有意思能力和责任能力的自然人或法人。

在人工智能生成发明的专利规制方面，吴汉东教授系国内最早系统提出应对人工智能挑战专利法变革理论的学者之一。吴汉东教授认为，在人工智能时代下，专利法应当考量的问题有：人工智能生成发明能否作为可专利主题？谁是人工智能生成发明的发明人和专利权人？人工智能生成发明在挑战专利授权的判断标准？

① 人工智能生成发明的可专利主题。吴汉东教授深刻分析了反对人工智能生成发明可专利性的观点，并在考察专利主题扩张史以及各国专利立法司法实例后强调，就专利制度的立法目的而言，意在"鼓励发明创造，推动发明创造的应用，提高创新能力，促进科学技术进步和经济发展"。人工智能作为新技术方案的设计工具，位居发明创造活动的上游，其本身就是一种突出的技术创新。专利法不应以某一发明属于人工智能生成，或是借助人工智能完成，而对该发明授权采取否定立场。当下应明确人工智能专利的排除领域，包括有悖公共秩序的发明、不属于技术方案和某些特定技术领域的发明等。

② 人工智能专利权主体的界定。吴汉东教授认为现行专利法以"人类发明者中心主义"为基本原则，秉持人的主体性与智能机器客体性的基本立场。但是，人工智能从辅助人类创造到独立进行创造将会成为可能，未来法律似应从发明人与专利权人"二元主体结构"出发，承认"机器发明人"这一法律事实，并参照职务发明专利、雇佣发明专利有关规定，赋予人工智能的投资人或雇主单位以专有权利。

③ 人工智能生成发明的可专利性标准。吴汉东教授指出，专利授权的条件，即新颖性、创造性和实用性的认定，在人工智能时代都应有所调整，例如新颖性标准中的"现有技术"判断、创造性标准中的"普通技术人员"识别、实用性标准中的"实际效果"评价等。

（4）数据财产赋权。

吴汉东教授指出，在数字经济时代，算力、算法和数据资源构成了经济的三大要素，其中数据资源的专门财产赋权显得尤为重要，吴汉东教授也将研究视角转向了数据财产赋权这一新兴领域，对数据财产赋权进行了全面深入的探讨，展现了其深厚的学术底蕴和对时代脉搏的精准把握。他的研究不仅在理论上具有创新性，而且在实践层面提供了切实可行的指导方案。

① 制度实践总结。

吴教授详细分析了国内外数据保护实例，梳理了数据库保护的历史脉络，考察了国际层面数据库的著作权和特殊权利保护以及国内层面"数据库专有赋权＋行为规制"的规范体系，深入探讨了数据财产赋权在实践中的运作机制和面临的挑战，并针对时代挑战提出了富有前瞻性的见解。吴汉东教授指出，传统的数据库著作权制度和特殊权利制度在大数据时代已不敷使用。"分置的产权运行机制"是我国建立现代数据产权制度的重要指引，而欧盟以使用权为中心的数据共享机制则在立法文本上为我们提供了有益的参考。知识产权学界需要对上述政策主张和立法资料进行法理解读，并形成可供选择的制度方案。

② 理论基础构建。

吴汉东教授强调，数据产权立法的核心在于调整数据生成、加工、利用过程中的权属关系和利益分配关系，旨在构建一种基于新资源要素的财产利益法律构造。吴汉东教授认为，数据权属于信息产权，与传统的物权和知识产权有本质区别。他详细论述了数据权作为信息产权的客观性、适应性和包容性，以及数据权与知识产权在权利属性上的差异。数据产权的立法应以权利分置为政策指引，通过建立数据资源的持有权、控制权和使用权等分置并立的权利运行机制，实现数据权益的合理分配和有效流通。吴教授指出，数据权制度也应以保障权益、合规使用为要义，追求数据流通和共享，以促进数字经济的发展。他提出，与知识产权制度保护私权、激励创新的价值取向不同，数据产权立法应注重效益价值和均衡状态，通过合理的权利配置实现数据财产的最优效益。

③ 立法方案选择。

吴汉东教授在数据财产赋权的立法选择方面提出了深刻见解，指出数据的生产要素属性和数据主体的产权需求是数据财产赋权合理性的基础，并深入剖析了数据财产赋权立法的多种模式：数据合同模式强调数据流通与使用，而非权属问题，但受限于合同相对性，不适合作为系统性的数据财产赋权方案；数据库著作权模式是早期保护数据财产的手段，但由于大量数据汇编具有商业价值却缺乏必要的独创性，此模式在大数据时代显示出局限性；数据库邻接权模式与大数据时代的社会关系和数据特性存在较大差异，不适合作为理想的数据财产赋权模式；商业秘密保护模式与大数据的公开性和流通性需求不符，只能为部分数据提供有限保护；竞争规制模式优势在于不以数据赋权为前提，但此模式只能提供被动和防御性保护，不适合作为系统化的数据财产赋权方案。吴汉东教授建议从制度创新出发，构建适应数字经济发展的数据权，以调整私法领域数据财产的归属和利用。他强调数据财产赋权应当以促进数据的开放共享和合法利用为核心，其权利设计旨在平衡排他性与共享性，确保数据流通和利用效率。吴汉东教授深刻洞察数据财产的特殊性，并提出了符合大数据时代需求的立法方案，既考虑了数据的保护，也强调了数据的流通和共享，旨在平衡不同主体间的利益，推动数据经济的健康发展。

④ 法律制度设计。

吴汉东教授在数据财产赋权的立法方案中提出了一个以数据获取和使用规则为核心的系统化法律框架。他主张数据财产权的立法应超越传统的物权和知识产权概念，创建一个包含数据处理者、数据来源者和数据使用者在内的多重权利主体结构。数据处理者应被授予有限的排他性使用权，以鼓励对数据的智力劳动和资本投入；数据来源者则应拥有访问和携带其数据的权利，以确保他们能够分享数据财产的权益；而数据使用者则应获得基于合同或许可的使用权，以促进数据的流通和利用。此外，吴汉东教授强调了数据产权登记的重要性，提议建立一个自愿登记和形式审查相结合的系统，旨在明晰数据权利的界限，并推动数据的合规使用。他还讨论了数据交易合同的规范，提出应制定明确的合同条款来指导数据权利、义务和责任的设定，并特别关注不公平合同条款和数据开放许可合同问题。关于立法形式，吴汉东教授建议将定名为"数据权条例"，这一法规将反映数字经济的客观规律，并作为数据治理政策的规范基石。他认为，该条例应以行政法规的形式，根据《民法典》的相关条款制定，以确保数据财产赋权具有适当的法律效力，并能够充分实现数据财产的价值。

总之，吴汉东教授在数据财产赋权领域的研究成果，以其深刻的理论洞察和实践指导，为我国数据产权制度的建立提供了坚实的学术支撑。他的研究不仅在理论上具有创新性和前瞻性，而且在实践层面提供了切实可行的解决方案，对于推动我国数字经济的健康发展具有重要的理论和实践意义。

⑤ 网络著作权侵权治理。

吴汉东教授指出，网络著作权侵权问题，既是技术发展的必然产物，也是法律制度需要不断适应与完善的挑战。经过深思熟虑与严谨的学术探究，吴教授形成了一套系统而深刻的理论体系，为应对技术变革引领下的网络著作权保护问题提供了有益指引。

吴汉东教授深入分析了网络服务提供者在著作权侵权中的法律地位和责任，特别是对间接侵权责任的过错认定进行了详尽阐释。他提出了网络服务提供者在侵权行为中可能承担的不真正连带责任，并探讨了"通知与删除"规则在处理网络著作权纠纷中的应用。此外，吴汉东教授还对比了国内外相关立法，强调了技术中立原则在界定网络服务提供者责任时的重要性，并指出了中国法律实践中对网络著作权保护的具体规定和挑战。

吴汉东教授还强调了网络技术革命对传统著作权制度的深刻影响。他指出，网络技术的发展不仅改变了信息传播的方式，也重塑了信息拥有者、传播者、使用者三者之间的利益格局，从而对传统著作权制度提出了新的挑战。在此基础上，吴汉东教授提出了网络著作权制度创新的必要性，认为应当明确新的主体界定标准，承认新的客体利用方式，审视新的作品保护措施，增设新的侵权认定规则。首先，吴汉东教授深入分析了网络环境下著作权主体权利配置方式的变革。他指出，在用户创造内容为特征的网络环境下，网络用户的角色多样化，既是创作者也是传播者和使用者，这使得传统的著作权主体界定标准和权利配置方式面临挑战。因此，吴汉东教授主张，应当重新审视并界定网络环境下的著作权主体，以适应网络著作权的新特点。其次，吴汉东教授对网络著作权的客体利用方式进行了深入探讨。他认为，网络环境下的著作权客体利用方式呈现出多元化趋势，不再完全以经济收益为目的，而是更多地体现了社会交往和自我表达的需求。因此，吴汉东教授提出，应当重新审视网络环境下的著作权利用规则，以平衡权利人的利益和社会公共利益。此外，吴汉东教授还关注了网络著作权保护措施的创新。他指出，随着技术的发展，出现了信息网络传播权和数据库作者权等新兴权项，这些都需要在法律上予以明确和规范。同时，吴汉东教授也强调了技术措施保护在网络著作权保护中的重要作用，以及技术措施与合理使用制度之间的关系。最后，吴汉东教授指出中国著作权法的修改应当充分考虑网络时代作品传播环境的变化。

总之，吴汉东教授在网络著作权侵权方面的学术观点，体现了对网络著作权保护现实挑战的深刻认识，对以人工智能引领下的技术变革下法律制度发展趋势的独到见解，以及对平衡各方利益、促进知识创新与法律发展的不懈追求，为理解和应对网络环境下著作权保护的复杂性提供了宝贵的法律视角和解决方案。

四、社会贡献及其反响

（一）主要社会贡献

◎ 1. 知识产权建设方面的贡献

中国知识产权研究网针对吴汉东教授在知识产权建设方面所作的贡献作了以下归纳。

（1）吴汉东教授于知识产权的基础理论领域，构筑了中国知识产权的理论框架。

自从事知识产权研究开始，吴汉东教授便对知识产权的基本范畴与基本理论以及基本制度作了系统、深入的阐述，构建了中国知识产权制度学说体系。他的《知识产权基本问题研究》与《无形财产权制度研究》，是知识产权界公认的极有影响力的权威著述。从著作权的基础理论领域，吴汉东教授借助自己的博士学位论文《著作权合理使用制度研究》及《知识产权精要：制度创新与知识创新》两部专著，率先对世界性难题——合理使用著作权进行了制度研究，从而促推了中国知识产权制度的建立与其建设的加速。

（2）吴汉东教授于知识产权前沿领域，更是创造性地结合多学科进行交叉研究。

吴汉东教授于知识产权前沿领域，更是创造性地结合多学科，如政治学、经济学、管理学以及法学等知识进行交叉研究，独到、深刻地对知识产权的政策实践、法律实践与发展实务等方面的重大现实问题进行了研究，且成功将学术研究成果实现了重大的转化及应用。为此吴汉东教授前后主持国家社会科学基金重大项目、教育部哲学社会科学方面的重大课题及其他国家级、省部级课题30余项，就广泛涉及知识产权的战略化、现代化、国际化、法典化等前沿问题，他的研究成果大多都具有重大学术前瞻性意义与重要现实性的应用价值。作为国家知识产权战略研究基地、国家保护知识产权工作研究基地、国家版权局国际版权研究基地、教育部人文社会科学重点研究基地的主持人与首席专家，吴汉东教授在知识产权领域，非常充分地起到了"国家智库"的重要作用。

（3）吴汉东教授还为国家社会经济的发展及法律制度建设发挥了极具重要性的"智囊"作用。

2006年5月26日，第十六届中共中央政治局举行第31次集体学习，学习由时任中共中央总书记胡锦涛同志主持。这次集体学习的内容为"国际知识产权保护和我国知识产权保护的法律和制度建设"。吴汉东教授作为中国知识产权界的学术权威与专家，同中国社科院法学所的郑成思研究员一道针对上述主题进行讲解，二人同时谈了自己的相关看法及建议。中共中央政治局的领导们认真听取了二位专家的讲解，且就相关的问题作了答疑与讨论。吴汉东教授讲授的是"我国知识产权保护的法律和制度建设"，为了讲好这堂特别的课，吴汉东教授曾5次进北京。据新华社有关报道，最后胡锦涛总书记发表了重要讲话，他强调，加强我国知识产权制度建设，大力提高知识产权创造、管理、保护、运用能力，是增强我国自主创新能力、建设创新型国家的迫切需要，是完善社会主义市场经济体制、规范市场秩序和建立诚信社会的迫切需要，是增强我国企业市场竞争力、提高国家核心竞争力的迫切需要，也是扩大对外开放、实现互利共赢的迫切需要。要充分发挥知识产权在增强国家经济科技实力和国际竞争力、维护国家利益和经济安全方面的重要作用，为我国进入创新型国家行列提供强有力的支撑。胡锦涛强调，各级党委和政府要高度重视知识产权工作，把知识产权工作纳入重要议事日程，完善和落实责任制。要加强知识产权专门人才的培养，特别是要加大知识产权高层次人才培养的力度。

吴汉东教授曾"向中央部委及司法机关提供专家意见50余份，相关意见已转化为立法成果和政策决策。作为中国最早提出知识产权战略观念的学者之一，吴汉东教授为两轮国家知识产权建设纲要提供了专家建议稿，其诸多内容被直接采用。"

吴汉东教授还"先后主持起草了《国家广播影视知识产权战略纲要》、国家知识产权'十二五''十三五''十四五'规划"。

在知识产权法学教育领域，吴汉东教授在知识产权法学教材编写和知识产权人才培养方面皆作出了突出贡献。作为国家级重点学科（民商法学）与国家级优秀教学团队（知识产权教学团队）的学术带头人，吴汉东教授1986年主撰的《知识产权法概论》是我国第一本知识产权法教材，随后其主编的不同类型的国家规划教材、知识产权通识教材，涵盖本科、研究生、自学考试、法官培训、企事业管理人员培训和领导干部培训等诸多行业和领域，被全国各大高校和实务部门广泛采用；2021年9月26日，国家教材委员会发布首届全国教材建设奖奖励的决定，吴汉东教授被授予"全国教材建设先进个人"荣誉称号，其主编的教材《知识产权法》（第五版）获"全国优秀教材（高等教育类）二等奖"。吴汉东教授还为中央党校、国家行政学院、商务部、国资委、国家广电总局、国家知识产权局、国家工商总局、国家版权局、广东、湖北、陕西等二十几个省市的领导干部和30余所高校做过数百场知识产权专题报告；并应邀在中央电视台《焦点访谈》栏目、中央电视台社会与法频道（CCTV-12）、中央电视台科教频道（CCTV-10）等做专家访谈，为中国的知识产权知识普及和政策宣传做了大量的工作。

（4）创建中国私法网[①]，促推民商法学科建设。

2003年，在吴汉东教授亲自组织下，中南财经政法大学创建了一个民商法律学术网站——中国私法网。对于这个网站，吴汉东教授曾流露"我对私法网有着一种特殊的感情"，因为该网站是在他们一批学者探讨民商法学科建设的

---

① 目前该网站已关闭。

时候建立起来的一个学术网站,是在一个"没有资金,没有专门的人员",但有一批青年学者,"完全靠热情,靠一些公司的资助""得以筹备、建站、运作"。这个学术网站不仅"是一个学科建设的载体,也是一个展示学科实力和成就的窗口,更是一个传播学术思想、报道学术动态的重要渠道"。许多外校考取中南财经政法大学民商法学的研究生,都是通过这个平台来了解这个学科的。在吴汉东教授的关怀下,网站不断加大投入、提高学术品位,一度成为反映中南大乃至全国民商法学术成就,展示中南大民商法学科研究成果和学术状态,学者们进行学术讲座、不定期学术沙龙和深层次学科建设的最佳媒介或平台。

(5)对扩大知识产权学科等建设,促推"一国两制"伟大实践的贡献。

吴汉东教授对促推我国"一国两制"伟大实践作出了一定的贡献。早在澳门回归之前,他就担任过澳门立法会议员法律顾问,熟悉澳门各方面的情况;后来还入选横琴岛自贸区专家委员会,成为来自粤港澳地区以外唯一的内地委员。当时他作为演讲嘉宾出席了第一届澳门同内地联合一起举办的知识产权论坛;2003年曾应邀组织中南大学校访问团访问澳门科技大学,亲身感受到了此校在发展知识产权学科方面的恳切。2017年,吴汉东教授受邀特聘为澳门科技大学全职教授、民商法全职博士研究生导师,开始于澳门科技大学法学院招收博士研究生;经教育部批准,2017年,澳门科技大学同内地中南财经政法大学、复旦大学、中国海洋大学、广州中医药大学等四所著名高校共同建立伙伴基地及联合实验室关系,以进一步推动高校学科建设、人才培养与学术研究。2018年4月16日下午,这四所内地著名高校的教育部人文社科重点研究基地和重点实验室在澳门科技大学举行伙伴基地以及联合实验室的正式揭牌仪式,吴汉东教授以中南财经政法大学学术委员会主任、知识产权研究中心名誉主任身份作为重要嘉宾出席了仪式活动。据吴汉东教授介绍,此"共建伙伴"建设,"我校知识产权中心位列其中,一方面是该校学科发展和澳门经济社会发展迫切需要发展知识产权学科,培养知识产权人才;另一方面我校知识产权领域研究实力在全国始终保持领先地位。知识产权学科在澳门科大尚属空白,无师资,可以借助粤港澳大湾区发展,背靠内地,为大湾区发展培养知识产权高端人才。澳门科大独特的历史,使之成为连接中国和欧洲大陆葡语国家的纽带和桥梁，经济文化交流离不开知识产权事业发展，所以选择与我校合作水到渠成。"[1]因此此举也是两校合作交流史上的大事。

针对此关系建设，教育部有关负责人指出，正当国家制定并实施粤港澳大湾区建设方略之时，内地的著名高校能同澳门科技大学建立共建伙伴基地，这是教育部人文社科重点研究基地在管理体制与机制上的又一重大创新。此举有利于各校充分发挥自身优势，促进澳门及海外与内地科研的深度合作，对推动粤港澳大湾区的建设与"一国两制"伟大实践产生深远意义。从而要求合作高校应将伙伴基地与联合实验室工作落到实处，立足于澳门科大，以满足澳门的经济社会发展与需求。

对于知识产权伙伴基地的发展方向，澳门科技大学法学院执行院长方泉向吴汉东提出，一是设置学科硕士、博士点；二是以两校名义申请澳门和内地研究项目；三是开展师资交流。

◎ 2．对高等教育人才培养的贡献

吴汉东教授觉得高等教育不同学历层次应该有不同的目标。他曾以法学为例进行过具体分析，他说："本科教育是通才教育，研究生是专才教育，博士生是高才教育。从法学来看，虽然走向了大众化，但是依然应是精英教育。"他认为，"法学职业应该以本科为起点，以法律本科作为进入法律职业共同体的起码资格。""法律共同体的进入，可以以法律本科为基础，以法科研究生为补充。"吴汉东教授曾以中南财经政法大学的法学教育为例对学历层次教育与学生努力的注重点作过阐述，他说，本科生一定要通过司法考试，研究生则一定要在专业上增加自己就业的竞争力，学历应与今后自己想要从事的工作相联系，不是越高就越好。吴汉东教授还特别指出："博士阶段不是培养法律实务人员，而是法学的教学与研究人员。我认为研究生只有很少一部分来攻读博士，博士主要从事教学研究。当然这里的研究工作也包括立法、司法、行政部门的政策与法律的研究。"

对于有的学生是否适合读博，或者说学生们怎样判断自己适合走什么路？

---

[1] 参见 http://wellan.zuel.edu.cn/2018/0420/c1668a189437/pagem.psp.

吴汉东教授给予了明确指引，他说："其实这个判断应该来自自己，首先你应该有兴趣，把博士学位看成是一种目标来追求，如果是为了从事实务就没有必要，因为研究生三年时间还是很紧的，它的任务最重要的是完成学业取得学位；其次就是尚未通过司法考试的要先通过司法考试，便于择业；第三就是考虑是否继续深造、准备考博。我觉得第一个任务是大家所共同的，到了后面就要分叉了，大部分人应该是选择通过司考从事实务工作，只有少部分人选择继续深造，进行学术研究。我觉得准备考博的这些人应该是有理论兴趣、理论的研究能力的，这是最起码的。应该因人而异，不能一概而论，有一些同学学术、外语很好，文字功底不错，特别擅长理论研究，这部分学生不妨考考博。因为现在博士生招生规模已超过美国了，所以国家会适当加以控制，不会发展很快。现在教育部会重点发展专业硕士教育，比如工商管理硕士，公共管理硕士，和我们的法律硕士，这些硕士也都是面向实务工作的应用型人才。"

◎ **3．对促推学校教师科研成果出版发行的贡献**

为了学校教师教学、科研成果有较好的出版发行平台，在中国财经出版社与学校的充分友好协商下，2001年3月9日，吴汉东教授与中国财经出版社社长在学校行政楼分别代表双方在合作合同书上签字同意成立南财文化发展公司，其目的是"为学校的教学、科研服务，为学校优秀教材和科研成果的出版发行服务，并为学校培养和锻炼一支编辑发行队伍"。此良好平台的创建，为学校老师在之后20余年出版发行许多优秀成果方面起了重要促推作用。

（二）社会肯定

吴汉东教授是一个在国内国际都享有盛誉的学者，他的专著和论文曾经获首届全国优秀博士论文奖、司法部优秀科研成果一等奖、首届中国出版政府奖图书奖、湖北省社会科学优秀科研成果一等奖、教育部高等学校科学研究优秀成果奖（人文社会科学）二等奖、全国法学教材与科研成果奖二等奖、首届中国法学优秀成果奖专著类二等奖等，同时还享有含金量很高的国内外综合荣誉。

◎ 1.吴汉东教授个人代表性综合荣誉

（1）自1992年起享受国务院政府特殊津贴（1993年1月28日批复）；

（2）1996年，遴选为"国家百千万人才工程"第一、二层次人选（1998年批复）；

（3）1994年，1994年度"教育部优秀青年教师资助计划"人选；

（4）1996年2月9日，被评为"1995年度湖北省有突出贡献的中青年专家"；

（5）1999年3月，以《活跃在知识产权领域的法学博士》为题入卷《湖北省社会科学界名人》（第2卷）（湖北省社会科学联合会编）；

（6）2001年3月，与中南大其他两位教授一同荣获武汉市仲裁委员会第二届优秀仲裁员称号；

（7）2009年、2011年两次荣登"中国知识产权风云榜"；

（8）2008年、2010年，获由国家知识产权局、国家工商行政管理总局、国家版权局颁发的2008和2010年度全国知识产权保护重大事件及有影响人物评选活动最具影响力人物；

（9）2009年、2010年分别被国际知识产权权威杂志——英国《知识产权管理》（MIP）杂志评选为"全球知识产权界最具影响力50人"；

吴汉东教授荣誉之一

（图片来源：中南财经政法大学档案馆馆藏，作者手机翻拍）

吴汉东教授在2010年度全国知识产权保护重大事件及
有影响人物评选活动中被评为"最具影响力人物"

（图片来源：中南财经政法大学档案馆校史展览馆展示，作者手机翻拍）

（10）2019年，被湖北省委、省政府授予"荆楚社科名家"称号；

（11）2020年12月，中国版权协会授予吴汉东教授"中国版权事业终身成就奖"。

◎ 2.吴汉东教授在学术和教育方面的荣誉

（1）1986年，论文《试论全民所有制企业内部所有权与经营权分离》获湖北省法学研究会优秀科研成果奖。

（2）1988年，论文《知识产权若干理论问题的思考》获湖北省宣传部理论宣传与现实优秀论文奖。

（3）1989年，论文《论技术竞争市场的法律环境》获湖北省科技法研究会优秀论文一等奖；

（4）1989年，主持的知识产权法教学获湖北省优秀教学成果二等奖。

（5）1990年，主编教材《知识产权法》一书获司法部中青年优秀教材奖。

（6）1990年，合著的《民法新论》获北京市哲学社会科学优秀科研成果奖及国家教委高等院校优秀学术著作奖。

（7）1991年，论文《海峡两岸著作权法律制度比较研究》获湖北省知识产权研究会优秀论文一等奖。

（8）1996年，论文《关于中国著作权法观念的历史思考》获中国社会科学院法学研究所主办的"中国法治之路青年法学论文竞赛"三等奖，撰写的专著《著作权合理使用制度研究》入选《中青年法学文库》。

（9）1998年，专著《著作权合理使用制度研究》获司法部优秀科研成果奖一等奖。

（10）1999年6月，博士学位论文《论合理使用——关于著作权限制与反限制的研究》（专著）获教育部与国务院学位委员会颁发的（全国首届100篇）"1999年全国优秀博士学位论文"奖、司法部优秀科研成果一等奖；《中国区域著作权制度比较研究》（论文）分别获司法部1999年优秀论文奖、湖北省社会科学优秀成果（1994—1998年）一等奖、武汉市社会科学优秀成果一等奖。

《论合理使用——关于著作权限制与反限制的研究》获
首届全国优秀博士学位论文、司法部优秀科研成果一等奖
（图片来源：中南财经政法大学档案馆校史展览馆展示，作者手机翻拍）

《中国区域著作权制度比较研究》湖北省社会科学优秀成果（1994-1998年）一等奖
（图片来源：中南财经政法大学档案馆馆藏，作者手机翻拍）

（11）2003年，《无形财产权制度研究》（合著）获司法部法学教材与法学优秀科研成果一等奖；《知识产权法基础理论研究》（系列论文）获教育部颁发的第三届中国高校人文社会科学研究优秀成果奖二等奖。

2003年，《无形财产权制度研究》（合著）获司法部法学教材与法学优秀科研成果一等奖
（图片来源：中南财经政法大学档案馆馆藏，作者手机翻拍）

（12）2006年，论文《国际化、现代化与法典化：中国知识产权制度的发展道路》获教育部颁发的第四届中国高校人文社会科学研究优秀成果奖二等奖（法学）；《知识产权法学》（北京大学出版社，合著教材）获司法部第二届全国法学教材与科研成果奖二等奖。

（13）2008年，《知识产权基本问题研究》荣获首届中国出版政府奖、首届中国法学优秀成果奖专著类二等奖。

（14）2009年，《中国知识产权制度评价与立法建议》获司法部第三届全国法学教材与科研成果奖一等奖。

（15）2010年，《知识产权多维度解读》获第七届湖北省社会科学优秀成果奖一等奖。

（16）2013年，《知识产权制度变革与发展》获教育部颁发的第六届高等学校科学研究优秀成果奖（人文社会科学）二等奖。

（17）2022年，专著《知识产权精要：制度创新与知识创新》（法律出版社，2017年）荣获第八届钱端升法学研究成果奖一等奖（省部级）；《关于技术市场竞争环境的法学思考》（论文）获湖北省科技法学会优秀论文一等奖；《关于"著作权保护思想的表现形式"理论的辨析》（论文）获中国版权研究会年会优秀论文；《知识产权法概论》（合著）获湖北省青年社会科学优秀科研成果一等奖；《民法通则概论》（参编）获湖北省社联优秀科研成果三等奖；《走向知识经济时代的知识产权法》（主编）获武汉市科学技术进步二等奖。[①]

目前，中国的知识产权理论研究正方兴未艾，溯其肇端，吴汉东教授功不可没。

---

① 以上综合荣誉与学术成果获奖大部分参见2003版与2018版《中南财经政法大学学科学术发展史》学者名录及附录。

参考资料

一、著作

[1] 湖北省社会科学联合会.湖北省社会科学界名人（第2卷）[M].武汉：湖北人民出版社，1999.

[2] 湖北省社会科学联合会.湖北省社会科学界名人（第3卷）[M].武汉：湖北人民出版社，2004.

[3] 赵凌云.《中南财经政法大学学科学术发展史》[M].北京：中国财政经济出版社，2003年.

[4] 栾永玉、杨灿明.《中南财经政法大学学科学术发展史》[M].北京：中国财政经济出版社，2018.

[5] 萧伯符.《中南政法学院史稿》[M].武汉：武汉大学出版社，1995.

[6] 张中华.《转轨时期的投资理论与实践》[M].北京：中国财政经济出版社，1999.

[7] 谷克鉴.《中国的经济转型与贸易流动——基于制度和技术因素的理论考察和计量研究》[M].北京：中国人民大学出版社，2006.

[8] 吴汉东.《知识产权精要：制度创新与知识创新》[M].北京：法律出版社，2017.

二、期刊

[1] 高涤陈.贸易理论创新和研究方法变革的一部力作——评谷克鉴著《中国的经济转型与贸易流动——基于制度和技术因素的理论考察和计量研究》[J].财贸经济，2007，（03）:126.

[2] 张海生，孔瀛.新型工业化选择哪条路更好——访中国人民大学商学院

贸易经济系主任谷克鉴[J].国际融资,2004,(04):56-59.

[3] 谷克鉴.应用于中国贸易政策内生化的模型综合[J].经济研究,2003,(09):58-66+94.

[4] 谷克鉴.中国对外贸易发展中的竞争政策选择[J].中国社会科学,2000,(03):39-49+204.

[5] 谷克鉴,陈福中.净出口的非线性增长贡献——基于1995—2011年中国省级面板数据的实证考察[J].经济研究,2016,51(11):13-27.

[6] 谷克鉴,吴宏.外向型贸易转移:中国外贸发展模式的理论验证与预期应用[J].管理世界,2003,(04):9-16+154.

[7] 谷克鉴.内外经济联动发展的大国贸易模式——兼评《国家规模、制度环境和外贸发展方式》[J].唯实,2020,(03):94-96.

[8] 谷克鉴.国际经济学对引力模型的开发与应用[J].世界经济,2001,(02):14-25.

[9] 谷克鉴.1990～1998年国民与外资部门出口波动差异的实证分析——HBS推断在中国的验证与拓展[J].管理世界,2000,(02):25-33.

[10] 谷克鉴.论过渡时期市场规则的构建[J].中南财经大学学报,1995,(02):14-18.

[11] 着眼全球视角审视中国经济——中国人民大学商学院谷克鉴教授学术观点介绍[J].市场营销导刊,2004,(Z1):84.

三、其他

[1] 画册编辑委员会编:《中南财经大学五十周年校庆》画册,1998年。

[2] 殷修林、徐江、邓杨主编:《中南财经政法大学70周年华诞》图册,2018年9月。

[3] 各导师的个人简介、论著、图片、保存的他人报道与书评等家庭档案。

[4] 佚名:《吴汉东教授访谈:孜孜不倦做学问 辛勤耕耘求创新》,中国法学创新网-法治论坛。

[5] 吴汉东：《一位布衣学者的学术人生选择》。

[6] 徐剑飞：《中国知识产权法学40年回顾与展望暨吴汉东教授法学文集发布会在京举行》，http://law.zuel.edu.cn/2021/0120/c3603a262859/page.htm.

[7] 吕久月：《学者风采 赵曼教授：把科研的根扎在泥土里，把论文写在祖国大地上！》，2021年11月5日，中南财经政法大学官微。

[8] 《谷克鉴教授入选2012年美国罗德岛大学杰出国际访问学者项目并应邀赴美讲学》，中国人民大学商学院。

[9] 《谷克鉴：用全要素生产率方法评价对外开放的成就和规划对外开放的未来》，中国人民大学商学院。

[10] 《谷克鉴应邀在哈佛大学经济系发表"Understanding the Dynamics of China-US Trade Asymmetries（理解中美贸易不对称的动力机制）"的学术演讲》，中国人民大学商学院。

[11] 《谷克鉴教授应邀参加"APEC中小企业参与全球价值链问题研讨会"》，中国人民大学商学院。

[12] 《彭星闾教授管理思想学术研讨会》，中南财经政法大学工商管理学院。

[13] 《文泉工商 长江论坛第五期成功举办（谷克鉴教授学术讲座成功举办）》，中南财经政法大学工商管理学院。

[14] 武汉大学档案馆相关覃有土教授、赵曼教授部分个人档案及其所带博士部分人员的系列教学档案。

[15] 华中科技大学档案馆相关赵曼教授所带博士的教学档案。

[16] 中国人民大学档案馆相关吴汉东教授、谷克鉴教授部分个人人事、科研或出版物档案及其所带博士的系列教学档案。

[17] 南京理工大学档案馆相关吴汉东教授所带博士的系列教学档案。

[18] 对外经济贸易大学档案馆相关林汉川教授所带博士的系列教学档案。

[19] 浙江工业大学档案馆相关林汉川教授所带博士的系列教学档案。

[20] 澳门科技大学档案馆相关吴汉东教授所带博士的系列教学档案。

[21] 中南财经大学、中南财经政法大学相关张中华、覃有土、林汉川、赵曼、罗飞、谷克鉴、吴汉东等教授所带博士的几百份教学或学生档案。

[22] 中南财经大学、中南财经政法大学相关张中华、赵曼、罗飞、吴汉东等教授所合作博士后的系列教学或人事档案。

[23] 中南财经大学时期行政(组织人事)档案。

[24] 中南财经政法大学声像(照片)档案。

[25] 出版物档案：中南财经大学、中南财经政法大学各时期校报相关报道、期刊档案。

[26] 科研档案：中南财经大学——中南财经政法大学相关科研成果。

[27] 中南财经政法大学研究生部公布的"博士生指导教师名单"。

[28] 中南财经政法大学文沁楼有关赵曼教授墙报信息。

[29] 中南财经政法大学文澜新闻网，及其图书馆、相关院系、研究中心官网披露的相关信息。

[30] 中原工学院——法学院、知识产权学院特聘教授信息。

附　录

一、各博导代表性学术成果

（一）张中华教授代表性学术成果

[1] 张中华副主编（之一）：《〈基本建设经济学概论〉学习指导书》，中国财政经济出版社，1989年。

[2] 张中华著：《固定资产投资与财政分配》，经济科学出版社，1993年。

[3] 张中华、李荷君著：《国际投资理论与实务》，中国财政经济出版社，1995年。

[4] 张中华著：《中国市场化进程中的地方政府投资行为研究》，湖南人民出版社，1997年。

[5] 张中华著：《告别短缺：社会总需求、总供给与投资理论新探》，中国财政经济出版社，1998年。

[6] 张中华等编：《项目评估》，高等教育教材，中国财政经济出版社，1999年。

[7] 张中华著：《转轨时期的投资理论与实践（论文集）》，中国财政经济出版社，1999年。

[8] 张中华、谢进城著：《投资学》，中国统计出版社，1996年。

[9] 张中华、谢进城著：《投资学》，中国统计出版社，2001年。

[10] 周骏、张中华、郭茂佳主编：《货币政策与资本市场　2002年中国金融与投资发展报告》，中国金融出版社，2002年。

[11] 周骏、张中华、刘惠好编著：《资本市场与实体经济　2003年中国金融与投资发展报告》，中国金融出版社，2003年。

[12] 周骏、张中华、刘冬姣主编：《保险业与资本市场　2004年中国金融与投资发展报告》，中国金融出版社，2004年。

[13]周骏、张中华、张东主编：《投资与资本市场 2005年中国金融与投资发展报告》，中国金融出版社，2005年。

[14]张中华主编：《管理学通论》（21世纪通才系列教材），北京大学出版社，2005年。

[15]周骏、张中华、宋清华主编：《商业银行创新与资本市场：2006年中国金融与投资发展报告》，中国金融出版社，2006年。

[16]周骏、张中华、朱新蓉主编：《汇率与资本市场：2007年中国金融与投资发展报告》，中国金融出版社，2008年。

[17]张中华、朱新蓉、唐文进主编：《房地产与资本市场：2008年中国金融与投资发展报告》，中国金融出版社，2009年。

[18]张中华、朱新蓉、黄孝武主编：《资本市场创新与风险管理：2009年中国金融与投资发展报告》，中国金融出版社，2010年。

[19]张中华著：《中国投资学科建设研究》，高等教育出版社，2011年。

[20]张中华、朱新蓉、张金林主编：《金融机构创新与风险管理：2010年中国金融与投资发展报告》，中国金融出版社，2011年。

[21]张中华、朱新蓉、陈红主编：《2012中国金融发展报告》，北京大学出版社，2012年。

[22]张中华著：《投资学》（第1版），高等教育出版社，2006年。

[23]张中华著：《投资学》（第2版），高等教育出版社，2009年。

[24]张中华著：《投资学》（第3版），高等教育出版社，2014年。

[25]张中华著：《投资学》（第4版），高等教育出版社，2017年。

[26]张中华著：《投资学》（第5版），高等教育出版社，2021年。

[27]张中华、刘铁炼：《论基本建设微观扩权与宏观控制问题》，载《经济研究》1985年第11期。

[28]张中华、杨军：《基础设施的规模形式与投资乘数决定》，载《现代经济》2000年第4期。

[29]张中华、谢升峰：《我国财政投资效应分析》，载《投资研究》2001年第10期。

[30]张中华、宋清华：《武汉市基金产业发展战略研究》，载《学习与实践》2001年第5期。

[31]张中华：《论我国财政投资的效率及其制约因素》，载《中南财经政法大学学报》2002年第2期。

[32]张中华：《论我国的货币政策、资本市场与经济增长》，载《管理世界》2002年第4期。

[33]张中华：《论我国财政投资效率的制约因素及其对策》，载《财政研究》2002年第8期。

[34]张中华：《论我国的货币政策与资本市场》，载《投资研究》2002年第4期。

[35]张中华、谢升峰：《西方公共投资效应理论综述》，载《经济学动态》2002年第7期。

[36]张中华：《论我国的收入分配、金融资产增长与消费需求变动》，载《中南财经政法大学学报》2003年第4期。

[37]张中华：《健全市场主体 完善市场经济体制》，载《中南财经政法大学学报》2004年第3期。

[38]张中华：《评〈国际直接投资的新发展与外商对华直接投资研究〉》，载《经济评论》2004年第130卷第6期。

[39]张中华、陈池波、张开华：《湖北省贫困地区经济发展战略选择》，载《财政与发展》2004年第11期。

[40]张中华、刘继兵：《经济转型、结构性约束与就业增长——基于湖北省产业结构调整和就业增长的实证分析》，载《中南财经政法大学学报》2005年第3期。

[41]张中华：《中部地区迟发展的劣势及其对策》，载《决策与信息（财经观察）》2005年第5期。

[42]张中华：《我国投资率过高的原因与对策》，载《投资研究》2005年第6期。

[43]张中华、王治：《内部现金流与中国上市公司投资行为：一个综合分析框架》，载《当代经济科学》2006年第6期。

[44]张中华、郑俊：《信贷资产证券化在我国的发展模式分析》，载《科教文汇（下半月）》2006年第9期。

[45]张中华：《论提高我国财政投资效应的对策》，载《中南财经政法大学学报》2007年第2期。

[46]张天祥、张中华：《我国物价水平的非线性调整分析》，载《数量经济技术经济研究》2007年第2期。

[47]张中华：《对美国新经济及新经济条件下经济周期演变趋势的重新认识——陈继勇教授等著〈美国新经济与经济周期研究〉一书评介》，载《经济评论》2007年第144卷第2期。

[48]张中华：《汇率、国际资本流动与经济发展》，载《财贸经济》2007年第7期。

[49]张中华：《论高新技术产业发展环境的评价与构建——兼论武汉市改善高新技术产业发展环境的对策》，载《中南财经政法大学学报》2008年第4期。

[50]张中华：《加速经济发展建设"两型社会"》，载《财政监督》2008年第6期。

[51]张中华：《两型社会建设与投资、消费模式的转变：基于武汉城市圈的思考》，载《湖北社会科学》2008年第7期。

[52]张中华：《论我国资本市场的创新与风险管理》，载《投资研究》2009年第5期。

[53]张中华：《资本市场的创新与风险防范》，载《经济管理》2009年第31卷第7期。

[54]张中华、郑群峰、柳莎：《中国政府投资与民间投资关系研究述评》，载《首都经济贸易大学学报》2010年第5期。

[55]张中华、郑群峰：《西方公共投资和私人投资关系研究综述》，载《经济学动态》2010年第9期。

[56]张中华：《论后危机时期我国金融创新与风险防范的着力点》，载《投资研究》2010年第11期。

[57] 张中华：《论金融机构创新与风险管理》，载《华中师范大学学报（人文社会科学版）》2011年第2期。

[58] 张中华、许璞：《我国政府投资效应的CGE模型分析：基于"刘易斯"宏观闭合框架下的模拟》，载《投资研究》2011年第12期。

[59] 张中华：《正确认识金融监管的作用与局限性》，载《中南财经政法大学学报》，2012年。

[60] 张中华：《论财经类高校高水平特色化发展的路径选择》，载《高等教育评论》，2013年。

[61] 张中华、林众、雷鹏：《货币政策对房价动态冲击效果研究：基于供求关系视角》，载《经济问题》，2013年第2期。

[62] 张中华、唐文进、谢海林：《中国金融宏观调控的问题与对策分析》，载《中南财经政法大学学报》，2013年第2期。

[63] 张中华、林众：《股指期货对股市正反馈交易行为的影响》，载《商业研究》2013年第8期。

[64] 张中华、林众：《汇改机制与货币政策冲击对我国房价的影响研究：兼论"三元悖论"在我国的适用性》，载《宏观经济研究》2013年第9期。

[65] 张中华：《完善办学体制机制 推进高校治理能力建设》，载《中国高等教育》2014年第1期。

[66] 张中华、杜丹：《政府补贴提高了战略性新兴产业的企业投资效率吗？基于我国A股上市公司的经验证据》，载《投资研究》2014年第33卷第11期。

[67] 张中华、朱新蓉、唐文进：《房地产与资本市场》，载《理论月刊》2015年第1期。

[68] 张中华：《着力"四个融入" 培育和践行社会主义核心价值观》，载《学习月刊》2015年第10期。

[69] 张中华：《论坚持和创新发展马克思主义》，载《高等教育评论》2017年第1期。

[70]郭庆宾、张中华：《长江中游城市群要素集聚能力的时空演变》，载《地理学报》2017年第72卷第10期。

[71]张中华、万其龙：《地方政府债务挤出了私人投资吗?》，载《天津财经大学学报》2018年第7期。

[72]张中华、邓江花、万其龙：《风险投资进入时机对企业生产效率的影响研究》，载《工业技术经济》2021年第1期。

[73]张中华：《经济结构转型升级与投资学专业的发展》，载《新文科教育研究》2021年第3期。

[74]邓江花、张中华：《经济政策不确定性与企业创新投资》，载《软科学》2021年第35卷第6期。

[75]张中华、蔡曦、张金朵：《产业投资与经济增长——"溢出效应"还是"挤出效应"》，载《武汉金融》2021年第8期。

[76]张金朵、张中华：《实体企业金融化的关键驱动因素：逐利还是避险?——基于多层因子交互效应面板模型的宏微观分析》，载《经济与管理研究》2021年第42卷第12期。

[77]张中华、刘泽圻：《论高质量发展阶段的投资结构优化》，载《中南财经政法大学学报》2022年第1期。

[78]张中华、刘泽圻：《政府创新补助提高了企业全要素生产率吗?——基于创新和非创新补助影响的比较研究》，载《产业经济研究》2022年第3期。

[79]张中华、蔡曦：《投资结构影响供给结构吗?——基于跨国面板数据的研究》，载《武汉金融》2022年第3期。

[80]张中华：《抢抓历史机遇　建设文化强省》，载《湖北日报》2011年10月27日第012版：关注。

[81]张中华：《加快形成新的经济发展方式》，载《湖北日报》2012年11月20日第014版"理论前沿"。

[82]张中华：《试论我国财政的债务风险及其防范》，2002年第十五次全国财政理论讨论会会议论文。

[83]张中华：《论我国的收入分配、金融资产增长与消费需求变动》，开放

的中国经济安全和世界经济稳定——第三届全国虚拟经济研讨会2004年会议论文。

[84]张中华：《中部地区迟发展的劣势及其对策》，第十六次全国财政理论讨论会2005年会议论文。

[85]张中华：《汇率、国际资本流动与经济发展》，中国财政学会2007年年会暨第十七次全国财政理论讨论会会议论文。

[86]张中华：《充分就业、国民收入增长与中国高投资率之谜》，第五届中国金融学年会2008年会议论文。

（二）覃有土教授代表性学术成果

[1]覃有土编：《经济合同法律知识》，湖南人民出版社，1986年。

[2]覃有土著：《经济法基本知识》，教育科学出版社，1986年。

[3]覃有土等编著：《新编经济法学》，中国地质大学出版社，1989年。

[4]覃有土、王亘编著：《债权法》，光明日报出版社，1989年。

[5]覃有土著：《保险法概论》，高等教育出版社，1993年。

[6]覃有土著：《有价证券法原理与实务》，中国政法大学出版社，1993年。

[7]覃有土主编：《新编保险法学》，武汉测绘科技大学出版社①，1996年。

[8]覃有土主编：《教学管理手册 中南政法学院教学管理文件汇编》，中国大百科全书出版社，1996年。

[9]覃有土、樊启荣著：《社会保障法》（"九五"国家级规划教材），法律出版社，1997年。

[10]覃有土副主编：《民法学》，中国政法大学出版社，1997年。

[11]彭万林、覃有土主编：《民法学》（第八版），中国政法大学出版社，2018年。

[12]彭万林、覃有土主编：《民法学》（第九版），中国政法大学出版社，2022年。

[13]覃有土主编：《商法学》，中国政法大学出版社，1999年。

---

① 2001年初，原武汉大学出版社、原武汉测绘科技大学出版社、原武汉水利电力大学出版社合并组建新的武汉大学出版社。

[14]覃有土主编：《商法学》（高等政法院校法学主干课程教材），中国政法大学出版社，2002年。

[15]覃有土主编：《商法学》，（普通高等教育"十五"国家级规划教材），高等教育出版社，2004年。

[16]覃有土主编：《商法学》（第3版），高等政法院校法学主干课程教材，中国政法大学出版社，2007年。

[17]覃有土主编：《商法学》（修订版），高等政法院校法学主干课程教材，中国政法大学出版社，2006年。

[18]覃有土主编：《商法学》（第2版），中国政法大学出版社，2008年。

[19]覃有土主编：《商法学》，高等教育出版社，2011年。

[20]覃有土主编：《商法学》（第6版），中国政法大学出版社，2015年。

[21]覃有土主编：《商法概论》，武汉大学出版社，2010年。

[22]覃有土主编：《商法概论》，武汉大学出版社，2018年。

[23]覃有土编著：《保险法学》（21世纪法学创新系列教材），高等教育出版社，2003年。

[24]覃有土著：《保险法概论》（第2版）（21世纪法学丛书），北京大学出版社，2001年。

[25]覃有土、孙文桢：《公司超范围经营之法律后果研究——兼论无关联主义》，载《中南财经政法大学学报》2006年第4期。

[26]覃有土、王继远：《论顾客权》，载《法商研究》2006年第1期。

[27]覃有土、陈雪萍：《知识产权信托：知识产权运作机制》，载《法学论坛》2006年第1期。

[28]常茜奕、覃有土：《论WTO下中国对外资银行实行国民待遇问题》，载《经济法论丛》2005年第2期。

[29]覃有土、陈雪萍：《表决权信托：控制权优化配置机制》，载《法商研究》2005年第4期。

[30]覃有土、吴京辉：《略论票据时效》，载《中南财经政法大学学报》2004年第4期。

[31]覃有土、晏宇桥:《论侵权的间接损失认定》,载《现代法学》2004年第4期。

[32]覃有土、李政辉:《析证券投资基金的治理结构》,载《石家庄经济学院学报》2004年第3期。

[33]覃有土、陈雪萍:《侵害婚姻关系之诉探析》,载《法学家》2004年第3期。

[34]麻昌华、覃有土:《论我国民法典的体系结构》,载《法学》2004年第2期。

[35]覃有土、雷涌泉:《人身损害赔偿若干疑难问题研究》,载《法商研究》2005年第1期。

(三)林汉川教授代表性学术成果

[1]林汉川、吴勤堂主编:《企业公共关系原理与实务》,兵器工业出版社,1989年。

[2]林汉川著:《现代公共关系的技巧——国内外企业120例剖析》,机械工业出版社,1990年。

[3]林汉川、吴从勋主编:《外国国有资产管理比较研究》,改革出版社,1991年。

[4]林汉川、刘可风主编:《城市开放开发实务研究》,兵器工业出版社,1992年。

[5]林汉川等主编:《关税与贸易总协定知识手册》,兵器工业出版社,1992年。

[6]林汉川、叶远胜编:《大开放:中国走向世界》,武汉出版社,1993年。

[7]林汉川著:《公关策划学》,复旦大学出版社,1994年。

[8]林汉川、郭跃进主编:《国际经济惯例指南》,中国工人出版社,1997年。

[9]林汉川、李觅芳主编:《公共关系案例教程》,复旦大学出版社,1997年。

[10]林汉川、郭跃进主编:《现代企业管理案例》,中国财政经济出版社,1999年。

[11]林汉川等著:《中小企业发展的国别比较》,中国财政经济出版社,2001年。

[12]林汉川等著:《中国高新技术中小企业发展研究》,中国财政经济出版社,2001年。

[13]林汉川等著:《中国中小企业发展与就业问题研究》,中国财政经济出版社,2001年。

[14]林汉川、魏中奇主编:《中小企业存在与发展》,上海财经大学出版社,2001年。

[15]林汉川、魏中奇主编:《中小企业发展与创新》,上海财经大学出版社,2001年。

[16]林汉川、田东生著:《WTO与中小企业发展》,上海财经大学出版社,2001年。

[17]林汉川主编:《WTO与中小企业转型升级》,经济管理出版社,2002年。

[18]林汉川、夏敏仁主编:《企业信用评级理论与实务》,对外经济贸易大学出版社,2003年。

[19]林汉川等著:《我国中小企业竞争力评价与实证研究》,中国财政经济出版社,2004年。

[20]林汉川、邱红著:《中小企业创业管理》,对外经贸大学出版社,2005年。

[21]林汉川、邱红著:《中小企业战略管理》,对外经贸大学出版社,2006年。

[22]林汉川、邱红著:《中小企业运营与控制》,对外经贸大学出版社,2006年。

[23]林汉川、邱红主编:《中小企业管理教程案例集》,上海财经大学出版社,2006年。

[24]林汉川、邱红主编:《中小企业管理教程》,上海财经大学出版社,2006年。

[25]林汉川、邱红主编:《中小企业管理》,高等教育出版社,2006年。

[26]林汉川主编:《中国中小企业创新与持续发展研究》,上海财经大学出版社,2006年。

[27]林汉川主编:《北京企业国际化经营发展报告2005》,北京同心出版社,2005年。

[28]林汉川主编:《北京企业国际化经营发展报告2006》,北京同心出版社,2006年。

[29]林汉川等著:《北京高新技术企业国际化经营研究》,中国经济出版社,2007年。

[30]林汉川主编:《北京企业国际化经营发展报告2007》,北京同心出版社,2007年。

[31]林汉川等主编:《中国企业国际化经营研究报告 2010》,中国商务出版社,2010年。

[32]林汉川等主编:《中国企业国际化经营研究报告 2011》,中国商务出版社,2011年。

[33]林汉川、张新民等主编:《中国企业国际化经营研究报告 2012》,中国商务出版社,2012年。

[34]池仁勇、林汉川等主编:《转型期我国中小企业发展的若干问题研究》,中国社会科学出版社,2012年。

[35]林汉川等主编:《中国中小企业发展研究报告 2011》,企业管理出版社,2011年。

[36]林汉川等主编:《中国中小企业发展研究报告 2012》,企业管理出版社,2012年。

[37]林汉川等主编:《中国中小企业发展研究报告 2013》,企业管理出版社,2013年。

[38]林汉川等著:《中国企业转型升级若干问题的调研报告》,企业管理出版社,2013年。

[39]张新民、林汉川等主编:《中国企业海外发展报告 2013》,对外经济贸易大学出版社,2013年。

[40]张新民、林汉川等主编:《中国企业海外发展报告 2014》,对外经济贸易大学出版社,2014年。

[41]张新民、林汉川等主编:《中国企业海外发展报告 2015》,对外经济贸易大学出版社2015年。

[42]张新民、林汉川等主编:《中国企业海外发展报告 2016》,对外经济贸易大学出版社,2016年。

[43]张新民、林汉川等主编:《中国企业海外发展报告 2017》,对外经济贸易大学出版社,2017年。

[44]池仁勇、林汉川等主编:《中国中小微企业转型升级与景气动态的调研报告》,中国社会科学出版社,2014年。

[45]林汉川主编:《中小企业管理》,高等教育出版社,2015年。

[46]林汉川等主编:《中国中小企业发展报告 2014》,北京大学出版社,2014年。

[47]林汉川等主编:《中国中小企业发展报告 2015》,北京大学出版社,2015年。

[48]林汉川等主编:《中国中小企业发展报告 2016》,北京大学出版社,2016年。

[49]林汉川等主编:《中国中小企业发展报告 2017》,北京大学出版社,2017年。

[50]林汉川等主编:《中国中小企业发展报告 2018》,北京大学出版社,2018年。

[51]林汉川等著:《提升中国产品海外形象研究》,企业管理出版社,2017年。

[52]刘淑春、林汉川等著:《新时代中国中小企业提升国际竞争力若干问题的调研报告》,企业管理出版社,2018年。

[53]林汉川等主编:《中国中小企业发展报告 2019》,对外经济贸易大学出版社,2019年。

[54]林汉川等主编:《中国中小企业发展报告 2020》,对外经济贸易大学出版社,2020年。

[55]林汉川等主编《中国中小企业发展报告 2021》，对外经济贸易大学出版社，2021年。

[56]刘淑春、林汉川等著：《新发展格局下中国中小企业高质量发展若干问题的理论与实践》，企业管理出版社，2020年。

[57]林汉川等著：《我国中小企业成长壮大与高质量发展若干问题研究》，企业管理出版社，2021年。

[58]林汉川：《高新技术开发区建设的理论思考》，载《中国社会科学》1995年第4期。

[59]Lin Hanchuan: The Construction of New High-Technology Development Zones in China, Social Sciences in China, 载《中国社会科学》（英文版）(1996)。

[60]林汉川等：《中小企业发展中所面临的问题——北京、辽宁、江苏、浙江、湖北、广东、云南问卷调查报告》，载《中国社会科学》2003年第2期。

[61]林汉川等：《中国不同行业中小企业竞争力评价比较研究》，载《中国社会科学》2005年第3期。

[62]Lin Hanchuan and Guan Hongxi: Comparative Study on the Evaluation of the Competitiveness of SMEs in Different Industries in China, 载《中国社会科学》（英文版）春季号(2006)。

[63]林汉川、管鸿禧：《我国东中西部中小企业竞争力实证比较研究》，载《经济研究》2004年第12期。

[64]林汉川、魏中奇：《美、日、欧盟中小企业最新界定标准比较研究》，载《管理世界》2002年第1期。

[65]林汉川等：《中国民营与国有上市公司中行业先锋企业比较研究》，载《管理世界》2006年第7期。

[66]林汉川等：《环境绩效、企业责任与产品价值再造》，载《管理世界》2007年第5期。

[67]林州钰、林汉川：《中国制造业企业的技术创新活动——社会资本的作用》，载《数量经济技术经济研究》2012年第10期。

[68]林汉川、管鸿喜：《中小企业财务融资现状与对策探析》，载《数量经济技术经济研究》2002年第2期。

[69]林汉川、夏敏仁：《发展中国家剩余劳动力转移的三个模型分析》，载《数量经济技术经济研究》2002年第5期。

[70]林汉川、魏中奇：《中小企业存在理论评述》，载《经济学动态》2000年第4期。

[71]王分棉、林汉川：《国际品牌：一个新的概念及实证分析》，载《中国工业经济》2011年第5期。

[72]林州钰、林汉川：《所得税改革与中国企业技术创新》，载《中国工业经济》2013年第9期。

[73]王玉燕、林汉川、吕臣：《全球价值链嵌入的技术进步效应——来自中国工业面板数据的经验研究》，载《中国工业经济》2014年第9期。

[74]林汉川、魏中奇：《中小企业界定与评价》，载《中国工业经济》2000年第7期。

[75]林汉川、叶红雨：《高新技术中小企业更需产权制度创新》，载《中国工业经济》2001年第6期。

[76]林汉川、杨仕辉：《回应反倾销博弈模型与案例分析》，载《中国工业经济》2004年第4期。

[77]林汉川、陈宁：《构建我国煤矿安全生产保障体系的思考》，载《中国工业经济》，2006年第6期。

[78]林汉川等：《安全管制、责任规制与煤矿企业安全行为》，载《中国工业经济》2008年第6期。

[79]林州钰、林汉川：《中小企业融资集群的自组织演进——以中小企业集合债组织为例》，载《中国工业经济》2009年第9期。

[80]林洲钰、林汉川：《政府质量与企业研发投资》，载《中国软科学》2013年第2期。

[81]林汉川、田东山：《国际贸易的绿色壁垒及其突破探析》，载《中国软科学》2002年第3期。

[82]张思雪、林汉川:《新常态下创新与社会责任对中国产品海外形象的影响研究——基于全球108个国家海外消费者的问卷调查》,载《中国软科学》2017年第2期。

[83]林汉川、田东山:《WTO与中小企业融资服务体系》,载《财贸经济》2001年第9期。

[84]林汉川、何杰:《法制、融资环境与中小企业竞争策略选择》,载《财贸经济》2004年第10期。

[85]林汉川、魏中奇:《日本小企业界定标准的演变与启示》,载《世界经济》2002年第1期。

[86]林洲钰、林汉川等:《什么决定国家标准制定的话语权:技术创新还是政治关系》,载《世界经济》2014年第12期。

[87]林汉川、管鸿喜:《中小企业发展现状与面临问题剖析——湖北、广东中小企业问卷调查》,载《改革》2001年第1期。

[88]林汉川、周晖:《试论我国中小企业的行业结构与行业定位》,载《改革》2003年第8期。

[89]林汉川、管鸿喜:《中小企业信息需求与服务问题探析》,载《科研管理》2002年第3期。

[90]林洲钰、林汉川等:《研发投资对于企业业绩的影响研究》,载《科研管理》2016年第7期。

[91]林洲钰,林汉川等:《集团化经营对企业技术创新的影响研究——基于人力资本视角》,载《科学学研究》2015年第3期。

[92]林洲钰、林汉川等:《政府补贴对企业专利产出的影响研究》,载《科学学研究》2015年第6期。

[93]张思雪、林汉川:《技术创新和社会责任标签化时代下的变现能力研究》,载《南开管理评论》2018年第2期。

[94]尚会永、林汉川:《建设制造强国不能忽视中小企业》,载《人民日报》2015年9月9日。

[95]刘淑春、林汉川:《推动数字经济和实体经济融合发展》,载《人民日报》2022年2月11日。

[96]刘淑春、林汉川：《发展具有全球竞争力的数字经济》，载《光明日报》2022年7月12日。

[97]刘淑春、林汉川：《探索符合我国实际的中小企业数字化转型之路》，载《光明日报》2021年10月26日。

[98]林汉川：《转换企业经营机制更需加强企业管理》，载《经济日报》1993年7月6日。

[99]林汉川：《城镇集体企业的改革》，载《光明日报》1988年8月20日。

[100]林汉川、陈永和：《破产整顿复苏后的思考》，载《光明日报》1987年5月2日。

[101]林汉川：《承包制的问题与对策》，载《光明日报》1989年9月23日。

[102]林汉川：《债转股的风险与防范》，载《光明日报》2000年3月31日。

[103]林汉川、田东山：《WTO与中小企业政府支持体系》，载《光明日报》2002年1月15日。

[104]林汉川：《抓住机遇，规避风险》，载《人民日报》2002年4月28日。

[105]林汉川：《发展横向经济联合应注意问题》，载《人民日报》1986年6月27日。

[106]林汉川：《"公关热"的反思》，载《经济日报》1990年12月29日。

[107]林汉川：《企业技术创新的环境优化研究》，载《光明日报》1997年6月7日。

（四）赵曼教授代表性学术成果

[1]赵曼专著：《社会保障制度结构与运行分析》，中国计划出版社，1997年。

[2]赵曼主编：《美国社会保障制度研究与借鉴》，武汉出版社，1999年。

[3]赵曼专著：《社会保障理论探析与制度改革》，中国财政经济出版社，1999年。

[4]赵曼主编：《人力资源开发与管理》（教育部面向21世纪国家级统编教材），中国劳动社会保障出版社，2002年。

[5]赵曼、陈全明主编：《人力资源开发与管理》（教育部面向21世纪国家级统编教材，第3版），中国劳动社会保障出版社，2013年。

[6]赵曼主编：《2002年中国劳动和社会保障发展研究报告》，中国财政经济出版社，2002年。

[7]赵曼主编：《人力资源开发与管理》（教育部面向21世纪课程教材），中国劳动社会保障出版社，2002年。

[8]赵曼主编：《社会保障学》（教育部"九五"规划国家级重点教材），中国财政经济出版社，2003年。

[9]赵曼主编：《企业年金理论与实务》，中国财政经济出版社，2004年。

[10]赵曼主编：《转轨时期反失业的公共政策研究》，中国财政经济出版社，2004年。

[11]赵曼主编：《失地农民就业与社会保障问题研究》，中国财政经济出版社，2004年。

[12]赵曼主编：《公共人力资源开发与管理》，清华大学出版社，2005年。

[13]赵曼主编：《湖北省就业与再就业发展研究报告》，中国财政经济出版社，2005年。

[14]赵曼主编：《社会保障》（教育部"十五"规划国家级重点教材），中国财政经济出版社，2005年。

[15]赵曼主编：《社会医疗保险中的道德风险》，中国劳动社会保障出版社，2006年。

[16]赵曼专著：《社会医疗保险中的道德风险》，中国劳动社会保障出版社，2007年。

[17]赵曼主编：《公共部门人力资源管理》（21世纪公共管理类系列规划教材），华中科技大学出版社，2008年。

[18]赵曼主编：《社会保障学》（国家精品教材，高等学校公共管理类专业课程教材），高等教育出版社，2010年。

[19]赵曼主编：《社会保障》（21世纪高等院校教材，公共管理系列），科学出版社，2010年。

[20]赵曼著：《农村社会保障制度研究》，经济科学出版社，2012年。

[21] 赵曼：《劳动力市场若干理论问题刍议》，载《理论月刊》1995年第6期。

[22] 赵曼：《破产企业职工善后安置与体制转换》，载《中国劳动科学》1995年第12期。

[23] 赵曼：《卓有成效的锐意探索——读刘涤源、陈恕祥、徐长生的"垄断价格机理研究"》，载《中南财经大学学报》1997年第3期。

[24] 赵曼：《大学生，怎样找个"好"工作》，载《市场周刊》1998年第2期。

[25] 赵曼：《再就业工程中的三对关系刍议》，载《理论月刊》1998年第8期。

[26] 赵曼：《湖北省再就业工程实践、理论与对策研究》，载《理论月刊》1998年第8期。

[27] 赵曼：《医疗保险制度的改革与创新》，载《中国改革》1999年第2期。

[28] 赵曼：《医疗供方之间的竞争方式与医疗保险机构的补偿方式》，载《社保财务》2000年第6期。

[29] 赵曼：《中国改革过程中的城市职工贫困与反贫困政策》，载《社保财务》2001年第3期。

[30] 赵曼：《福利型社会保障制度向何处去》，载《湖北省计划管理干部学院学报》2001年第3期。

[31] 赵曼：《社会保障制度设置原则与制衡关系》，载《湖北省计划管理干部学院学报》2001年第6期。

[32] 赵曼：《医改：兼顾公平与效率》，载《武汉宣传》2002年第2期。

[33] 赵曼：《关于社会医疗保险承保范围分析》，载《财政研究》2002年第3期。

[34] 赵曼：《费用补偿方式对医疗供方竞争方式的影响》，载《国有资产管理》2002年第3期。

[35] 赵曼：《社会保障基金管理体制设置中的权力制衡关系》，载《社保财务》2002年10月（增刊）。

[36] 赵曼：《城市低收入保障政策与反失业的公共政策》，载《湖北经济学

院学报》2003年第1期。

[37]赵曼：《社会医疗保险费用约束机制与道德风险规避》，载《财贸经济》2003年第2期。

[38]赵曼：《就业与失业保险制度的研究思路》，载《开放导报》2003年第4期。

[39]赵曼：《社会保障监督的理论框架》，载《社保财务》2003年第6期。

[40]赵曼：《农村医疗保障与财政政策调整》，载《社保财务》2003年（增刊）。

[41]赵曼：《农村医疗保障体系与社会公共管理应急机制建设》，载《财政经济评论》（2003年卷下。

[42]赵曼：《大学生择业：面向市场的选择》，载《劳动—就业与府保障》2004年第1期。

[43]赵曼：《湖北省城镇职工的下岗、失业与再就业问题研究》，载《劳动—就业与社会保障》2004年第6期。

[44]赵曼：《统筹湖北省城乡就业的对策与思路》，载《劳动—就业与社会保障》2004年第9期。

[45]赵曼：《美国"一站式服务"模式及其启示》，载《劳动—就业与社会保障》2004年第10期。

[46]赵曼：《社会保障基金运行状态分析》，载《劳动—就业与社会保障》2005年第1期。

[47]赵曼：《人力资本对就业影响的理论模型》，载《劳动—就业与社会保障》2005年第1期。

[48]赵曼：《药品价虚设与卫生体制改革》，载《社保财务理论与实践》2005年第1期。

[49]赵曼：《落实科学发展观，推进收入分配就业体制改革》，载《财经政法论坛》2005年第6期。

[50]赵曼：《就业支出绩效评估探析》，载《武汉劳动保障》2006年第7期。

[51]赵曼：《就业支出绩效评估体系建构探析》，载《湖北经济学院学报》2007年第1期。

[52] 赵曼：《武汉市适宜人居与创业环境研究》，载《理论月刊》2007年第6期。

[53] 赵曼：《关于中国医疗保障制度改革的基本建议》，载《中国行政管理》2007年第7期。

[54] 赵曼：《企业核心利益相关者利益要求——紫金矿业案例分析》，载《中国工业经济》2007年第8期。

[55] 赵曼：《社会保障监督的分析框架》，载《社保财务理论与实践》2007年第11期。

[56] 赵曼：《关乎国运惠及子孙的事业》，载《长江日报》2002年9月24日。

[57] 赵曼：《养老保险制度面临三大挑战》，载《长江日报》2002年10月15日。

[58] 赵曼：《失业保险——社会稳定的安全线》，载《长江日报》2002年10月22日。

（五）罗飞教授代表性学术成果

[1] 罗飞、王竹泉等著：《国有企业财务管理与会计监督理论问题研究》，中国财政经济出版社，2019年。

[2] 罗飞、邓启稳等著：《国有企业社会责任信息披露问题研究》，中国财政经济出版社，2019年。

[3] 罗飞、陈辉、温倩译：《管理会计》（原书第14版），雷 H. 加里森（Ray H. Garrison）等，机械工业出版社，2017年。

[4] 罗飞、温情等译：《成本管理》（原书第3版），罗纳德 W. 希尔顿（Ronald W.Hilton）等，机械工业出版社，2010年。

[5] 罗飞、陈辉等译：《管理会计》（原书第11版），雷 H. 加里森（Ray H. Garrison）等，机械工业出版社，2009年。

[6] 罗飞主编：《成本会计》（教育部面向21世纪课程教材），高等教育出版社，2000年。

[7] 罗飞主编：《企业特种会计》（第二版）（财政部推荐教材），湖北科技出版社，1997年。

[8]罗飞等著：《股份合作制企业会计》，立信会计出版社，1998年。

[9]罗飞主编：《企业特种会计》第一版（财政部推荐教材），湖北科技出版社，1994年。

[10]罗飞等著：《西方企业会计》，湖北科技出版社，1994年。

[11]罗飞等著：《企业财务报表阅读与分析》，中国经济出版社，1993年。

[12]罗飞主编：《工业企业会计新编》，中国经济出版社，1993年。

[13]李成章、罗飞编著：《外商投资企业会计》，武汉大学出版社，1993年。

[14]张郁波、罗飞等著：《中外合资经营企业会计》，东北财经大学出版社，1989年。

[15]易庭源、罗飞、李定安著：《企业成本学》，中国财政经济出版社，1988年。

[16]罗飞、詹雷：《论中国大陆企业财务指标体系的改进》，载《会计审计财务管理前沿问题研究——第八届海峡两岸会计与管理学术研讨会论文集》，中国财政经济出版社，2005年。

[17]罗飞、王竹泉：《国家出资者对国有企业财务管理的激励和监督约束机制研究》，载《会计论坛》2004年卷第二辑，中国财经出版社，2004年。

[18]罗飞、王荆州：《文科硕士研究生教育收费改革问题探讨》，载《新经济时代的会计、财务问题研究》，中国财经出版社，2004年。

[19]罗飞等：《企业对外投资内部控制状况调查》，载《总会计师论坛》2004年卷，湖北科技出版社，2004年。

[20]罗飞：《会计监督若干问题》，载《特区财会》2003年第12期。

[21]罗飞、王竹泉：《论国家出资者对国有企业的管理应以财务管理为中心》，载《国际财务与会计》2003年第1期。

[22]罗飞、王竹泉：《论国有企业的财务决策机制》，载《财经论丛》2003年第3期。

[23]罗飞：《关于在我国开展会计硕士专业学位研究生教育的探讨》，载《学位与研究生教育》2003年5期。

[24]罗飞、王竹泉：《论国有企业财务管理的环境与财务关系》，载《会计

论坛》2002第一辑，中国财政经济出版社，2002年。

[25]罗飞：《2000年会计监督实践与会计监督理论探索评说》，载《2001年会计年鉴》，中国财政经济出版社，2001年。

[26]罗飞、王竹泉：《国家出资者对国有企业的会计监督：理论与模式》，载《中国会计理论与实务前沿》，科学技术文献出版社，2021年。

[27]罗飞：《独立董事制度与财务监督》，载《财会通讯》2001年10期。（人大复印报刊资料《财务与会计导刊》2001年12期。）

[28]罗飞、王竹泉：《论国家作为出资者对国有企业的财务管理》，载《会计研究》2001年4期。

[29]罗飞等：《关于国有控股公司财务管理模式的调查》，载《经济研究参考》2000年第81期，总144期。

[30]罗飞：《国有企业的财务与会计监督》，载台湾《管理会计》第五十三期，2000年7月。

[31]罗飞：《会计学研究生教育改革的几个问题》，载《财会通讯》2000年增刊。

[32]罗飞：《论国有企业财务机制制度创新》，载《湘潭工学院学报（社会科学版）》1999年第1期。

[33]罗飞：《会计监督是保证现代企业制度良好运行的一项重要机制》，载《财会通讯》2000年第3期。

[34]罗飞：《企业购并会计股权联合法探讨》，载《中南财经大学学报》2000年第1期。

[35]罗飞：《企业购并下推法会计评介》，载《财会通讯》1999年10期。

[36]罗飞：《中国会计学研究生教育改革的几个问题》，载《Perspective》The Journal of ACCA Hong Kong，Autumn 1999。

[37]罗飞：《关于高校会计专业培养目标的几个问题》，载《中国财政教育》1998年3期。

[38]罗飞：《股份合作制企业的特点及其财务、会计的有关问题》，载《财会通讯》1998年6期。

[39]罗飞：《略论合并财务报表的产生与发展》，载《上海会计》1998年2期。

[40] 罗飞：《企业购并会计购买法的若干问题》，载《中南财经大学学报》1998年1期。

[41] 罗飞：《股权联合法刍议》，载《四川会计》1997年第11期。

[42] 罗飞：《传统合并报表理论的缺陷及理论重构》，载《经济与管理论丛》1997年第5期。

[43] 罗飞：《论负商誉的性质及会计处理》，载《电子财会》1997年第11期。

[44] 罗飞：《谈会计学生素质和能力的培养》，载《中南财经大学校报》第406期，1997年10月10日。

[45] 罗飞：《关于会计师的知识结构及会计高等教育的目标》，载《财会月刊》1997年第10期。

[46] 罗飞：《论商誉的性质及购买商誉的会计处理》，载《会计研究》1997年第1期。

[47] 罗飞：《关于合并会计报表与会计原则的几个问题》，载《财会月刊》1997年第1期。

[48] 罗飞：《试论合并报表的集团主体观点——重购合并报表理论的探讨》，载《中南财经大学学报》1997年第1期。

[49] 罗飞：《合营及合营财务报表的比例合并问题》，载《中南财经大学学报》1996年第6期。（人大报刊复印资料《财务与会计》1997年1期）

[50] 罗飞：《物价变动会计》，载《走向21世纪的现代会计》，东北财经大学出版社，1996年。

[51] 罗飞：《企业财务管理的若干问题》，载《中南财经大学学报》1996年第三期。（人大报刊复印资料《财务与会计》，1996年7期）

[52] 罗飞：《企业财务管理目标刍议》，载《对外经贸财会》1996年第4期。

[53] Myron J.Gordon，Luo Fei，Wang Zhengping，International Comparison of China's GNP，Advances in Chinese Industrial Studies，Volume 3，1992，JAI PRESS，LONDON，1992。

[54] 梅农·戈登、罗飞、王争平：《中国国民生产总值的国际比较》，载《内部参阅》第47期，人民日报总编室，1991年9月10日。

[55]梅农·戈登、罗飞、王争平：《按西方计量原则和价格计量的中国国民生产总值》，载《中南财经大学学报》1991年第3期。

[56]罗飞：《两个被遗忘的成本内容》，载《安徽财会》1991年第4期。

[57]梅农·戈登、罗飞、王争平：《中国国民生产总值的国际比较研究》，载《管理世界》1991年第1期。

[58]罗飞：《企业会计人员行为初探》，载《电子财会》1989年第6期。

[59]罗飞：《人力资源会计中的几个难题》，载《福建会计》1989年第4期。

[60]罗飞：《人力资源会计中的人力资本模式》，载《福建会计》1988年第10期。

[61]罗飞：《西方人力资源会计简介》，载《财贸经济》1988年第8期。

[62]罗飞：《试论成本控制的基本原理》，载《会计研究》1985年第3期。

[63]罗飞：《试论社会主义企业的会计原则》，载《湖北财经学院学报》1984年第2期。

[64]罗飞：《加速资金周转 提高经济效益》，载《研究生学报》1983年第3期。

[65]罗飞：《社会主义成本的经济本质》，载《研究生学报》1983年第1期。（人大报刊复印资料《政治经济学》，1983年12期）

（六）谷克鉴教授代表性学术成果

[1]谷克鉴著：《制度变迁与市场国际化》，湖北人民出版社，1995年。

[2]谷克鉴著：《中国的经济转型与贸易流动——基于制度和技术因素的理论考察和计量研究》，中国人民大学出版社，2006年。

[3]谷克鉴、余剑著：《汇率变化与中国产业结构调整研究》，中国人民出版社，2008年。

[4]谷克鉴著：《国际经济学》（新编21世纪国际商务系列教材），中国人民大学出版社，2022年。

[5]谷克鉴：《中国对外贸易发展中的竞争政策选择》，载《中国社会科学》2000第3期。

[6] 谷克鉴、陈福中：《净出口的非线性增长贡献——基于1995—2011年中国省级面板数据的实证考察》，载《经济研究》2016第11期。

[7] 谷克鉴：《应用于中国贸易政策内生化的模型综合》，载《经济研究》2003第9期。

[8] 谷克鉴、吴宏：《外向型贸易转移：中国外贸发展模式的理论验证与预期应用》，载《管理世界》2003第4期。

[9] 谷克鉴：《1990～1998年国民与外资部门出口波动差异的实证分析——HBS推断在中国的验证与拓展》，载《管理世界》2000第2期。

[10] 谷克鉴：《国际经济学对引力模型的开发与应用》，载《世界经济》2001第2期。

[11] 谷克鉴：《新李嘉图模型：古典定律的当代复兴与拓展构想》，载《数量经济技术经济研究》2012第3期。

[12] 谷克鉴：《探寻应用经济学研究方法的转变：以中国开放经济为例》，载《财贸经济》2010第8期。

[13] 谷克鉴：《中国利用外资实践的功能评价与战略选择——基于经济与管理学视角的实证描述》，载《财贸经济》2005第3期。

[14] 谷克鉴：《香港国际贸易中心功能及其在内地的演化与拓展》，载《财贸经济》1997第11期。

[15] 谷克鉴、李晓静、崔旭：《生产性投入进口与企业全要素生产率：水平影响与垂直溢出》，载《国际贸易问题》2020第10期。

[16] 谷克鉴：《后危机时代中国外贸宏观管理的战略调整：金融经济语境的实证描述》，载《国际贸易问题》2019第12期。

[17] 谷克鉴、李晓静、向鹏飞：《解构中国企业对外直接投资的创新效应——基于速度、时间和经验的视角》，载《经济理论与经济管理》2020第10期。

[18] 谷克鉴、崔旭：《中国进口贸易利益规模及其分解——基于产品多样性视角的研究》，载《经济与管理研究》2019第5期。

[19] 谷克鉴、陈福中：《外部因素对中国商品流通影响的长期性分析——以需求为例》，载《中国流通经济》2012第2期。

[20]谷克鉴、刘厉兵：《近年来我国比较优势动因多样性分析——基于新李嘉图模型的开发与应用》，载《商业经济与管理》2009第6期。

[21]谷克鉴：《开放中技术扩散对地区间生产率变动的影响》，载《中南财经政法大学学报》2002第3期。

[22]谷克鉴：《论过渡时期市场规则的构建》，载《中南财经大学学报》1995第2期。

[23]谷克鉴：《中国近期改革的新特征》，载《中南财经大学学报》1994第3期。

[24]谷克鉴：《建立我国市场规则的战略选择》，载《理论月刊》1994第2期。

[25]谷克鉴：《新的改革实践企盼新的改革理论》，载《中南财经大学学报》1994第1期。

[26]谷克鉴：《主动适应当代市场经济要求积极推进贸易经济学科改革》，载《财贸研究》1993第6期。

[27]谷克鉴：《外贸政策同外资政策的宏观协调》，载《国际贸易》1993第12期。

[28]谷克鉴：《建立和发展我国农产品期货市场的经济条件》，载《商业经济与管理》1993第4期。

[29]谷克鉴：《重返关贸总协定与我国外贸数量调节体系的完善》，载《中南财经大学学报》1993第3期。

[30]谷克鉴：《外贸效益与现阶段出口结构的调整》，载《中南财经大学学报》1992第1期。

（七）吴汉东教授代表性学术成果

[1]吴汉东主编/第一作者：《知识产权法》（第六版），法律出版社，2023年。

[2]吴汉东主编：《中国涉外知识产权典型案例评述（2021年）》，法律出版社，2023年。

[3]吴汉东主编/第一作者：《知识产权法》（第六版），北京大学出版社，2022年。

[4]吴汉东主编：《知识产权法》（第七版），中国政法大学出版社，2022年。

[5]吴汉东主编/第一作者：《知识产权法学》（第八版），北京大学出版社，2022年。

[6]吴汉东主编：《中国知识产权蓝皮书（2019—2020）》，知识产权出版社，2021年。

[7]吴汉东主编/第一作者：《中国知识产权蓝皮书（2018—2019）》，知识产权出版社，2020年。

[8]吴汉东主编/第一作者：《中国知识产权蓝皮书（2017—2018）》，知识产权出版社，2019年。

[9]吴汉东主编/第一作者：《中国知识产权蓝皮书（2016—2017）》，知识产权出版社，2018年。

[10]吴汉东主编/第一作者：中国当代法学家文库·吴汉东知识产权研究系列（七卷本）（"十三五"国家重点出版物出版规划项目），中国人民大学出版社，2020年。

[11]吴汉东主编/第一作者：《无形财产权基本问题研究》（韩语版），真元社，2018年。

[12]吴汉东主编/第一作者：《知识产权基础问题研究》，中国人民大学出版社，2019年。

[13]吴汉东主编/第一作者：《知识产权前沿问题研究》，中国人民大学出版社，2019年。

[14]吴汉东主编/第一作者：《知识产权应用问题研究》，中国人民大学出版社，2019年。

[15]吴汉东主编/第一作者：《著作权合理使用制度研究》（第四版），中国人民大学出版社，2020年。

[16]吴汉东主编/第一作者：《知识产权总论》（第四版），中国人民大学出版社，2020年。

[17]吴汉东主编/第一作者：《我为知识产权事业鼓与呼》（修订版），中国人民大学出版社，2020年。

[18]吴汉东主编/第一作者:《知识产权法学》(第七版),北京大学出版社,2019年。

[19]吴汉东主编/第一作者:《知识产权法》(第五版),北京大学出版社,2019年。

[20]吴汉东主编/第一作者:《知识产权法》,北京大学出版社,2018年。

[21]吴汉东主编:《中国知识产权理论体系研究》,商务印书馆,2018年。

[22]吴汉东主编/第一作者:《中国知识产权蓝皮书(2015—2016)》,知识产权出版社,2017年。

[23]吴汉东著:《知识产权精要:制度创新与知识创新》,法律出版社,2017年。

[24]吴汉东主编/第一作者:《中国知识产权蓝皮书(2014—2015)》,知识产权出版社,2016年。

[25]吴汉东主编/第一作者:《人民法院知识产权案例裁判要旨通纂》(上下卷),北京大学出版社,2016年。

[26]吴汉东:《著作权合理使用制度研究》(第三版),中国人民大学出版社,2013年。

[27]吴汉东:《知识产权基本问题研究(第二版),中国人民大学出版社,2009年。

[28]吴汉东著:《无形财产权基本问题研究》(第三版),中国人民大学出版社,2013年。

[29]吴汉东著:《知识产权管理》,Managing Intellectual Property(英文版)2009年。

[30]吴汉东:《知识产权管理》,Managing Intellectual Property(英文版)(MIP)杂志2011年02月22日版。

[31]吴汉东(专职)主编/第一作者:《知识产权多维度学理解读》,中国人民大学出版社,2015年。

[32]吴汉东著:《知识产权基本问题研究(总论)》(第二版),中国人民大学出版社,2009年。

[33]吴汉东等著：《知识产权基本问题研究（分论）》（第二版），中国人民大学出版社，2009年。

[34]吴汉东（第一作者）：《科学发展与知识产权战略实施》，北京大学出版社，2012年。

[35]吴汉东（第一作者）：《知识产权中国化应用研究》，中国人民大学出版社，2014年。

[36]吴汉东（第一作者）：《我为知识产权事业鼓与呼》，中国人民大学出版社，2014年。

[37]吴汉东著：《当代法学家文库知识产权总论（第三版）》，中国人民大学出版社，2013年。

[38]吴汉东著：《知识产权法》，法律出版社，2005年。

[39]吴汉东著：《企事业单位管理人员知识产权读本》，人民出版社，2008年。

[40]吴汉东著：《WTO组织知识产权争端解决机制及案例评析》，人民出版社，2008年。

[41]吴汉东著：《知识产权年刊》，北京大学出版社，2007年。

[42]吴汉东（第一作者）：《中国知识产权蓝皮书》，北京大学出版社，2007年。

[43]吴汉东（第一作者）：《改革、创新、发展》（第二期），北京大学出版社，2006年。

[44]吴汉东著：《知识产权法》（第六版），中国政法大学出版社，2012年。

[45]吴汉东著：《知识产权制度变革与发展研究》，经济科学出版社，2013年。

[46]吴汉东著：《法学通论》（第六版）北京大学出版社，2012年。

[47]吴汉东著：《法学通论》（第七版）北京大学出版社，2018年。

[48]吴汉东著：《知识产权法》（第六版），中国政法大学出版社，2012年。

[49]吴汉东著：《知识产权法》（第四版），法律出版社，2011年。

[50]吴汉东著：《知识产权法》（第三版），北京大学出版社，2011年。

[51]吴汉东著：《知识产权法学》（第五版），北京大学出版社，2011年。

[52]吴汉东著：《知识产权法学》，法律出版社，2010年。

[53]吴汉东主编：《知识产权法》（第二版，全国高等教育自学考试指定教材），北京大学出版社，2010年。

[54]吴汉东著:《知识产权法》(第五版),中国政法大学出版社,2009年。

[55]吴汉东著:《知识产权法》(第二版),北京大学出版社,2009年。

[56]吴汉东(第一作者):《知识产权制度变革与发展丛书》,北京大学出版社,2010年。

[57]吴汉东(第一作者):《知识产权年刊》(2008年号),北京大学出版社,2009年。

[58]吴汉东(第一作者)等著:《知识产权制度基础理论研究》,知识产权出版社2009年。

[59]吴汉东(第一作者):《中国知识产权蓝皮书(2007—2008)》,北京大学出版社,2009年。

[60]吴汉东等著:《知识产权基本问题研究》,中国人民大学出版社,2005年。

[61]吴汉东著:《无形财产权制度研究》(修订版),法律出版社,2005年。

[62]吴汉东著:《著作权合理使用制度研究》(修订版),中国政法大学出版社,2005年。

[63]吴汉东等著:《知识产权国际保护制度研究》,知识产权出版社,2007年。

[64]吴汉东著:《知识产权多维度解读》,北京大学出版社,2008年。

[65]吴汉东等著:《中国知识产权制度评价与立法建议》,知识产权出版社,2008年。

[66]吴汉东主编:《财经政法教育新视界——中南财经政法大学的实践与探索》(中文第四辑),北京师范大学出版社,2011年。

[67]吴汉东主编:《财经政法教育新视界——中南财经政法大学的实践与探索》(中文第三辑),北京师范大学出版社,2010年。

[68]吴汉东著:《知识产权法》(第二版)(全国高等教育自学考试指定教材),北京大学出版社,2010年。

[69]吴汉东著:《知识产权法》(第二版),北京大学出版社,2009年。

[70]吴汉东著:《知识产权法》(第五版),中国政法大学出版社,2009年。

[71]吴汉东著:《知识产权法教学案例》,法律出版社,2005年。

[72]吴汉东著:《企事业单位管理人员知识产权读本》,人民出版社,2008年。

[73]吴汉东著:《领导干部知识产权读本》,人民出版社,2006年。

[74]吴汉东著:《WTO知识产权争端解决机制及案例评析》,人民出版社2008年。

[75]吴汉东著:《知识产权法》,中央党校出版社,2008年。

[76]吴汉东著:《知识产权法》,中央党校出版社,2005年。

[77]吴汉东著:《知识产权通识教材》,知识产权出版社,2007年。

[78]吴汉东著:《知识产权法学》,北京大学出版社,2007年。

[79]吴汉东主编:《知识产权法学》,北京大学出版社,2005年。

[80]吴汉东著:《知识产权法学》(第三版)法律出版社,2009年。

[81]吴汉东著:《知识产权法学》(第四版),北京大学出版社,2009年。

[82]吴汉东著:《知识产权法》,法律出版社,2004年。

[83]吴汉东著:《知识产权法》,法律出版社,2007年。

[84]吴汉东主编:《高科技发展与民法制度创新》,中国人民大学出版社,2003年。

[85]吴汉东、胡开忠等著:《走向知识经济时代的知识产权法》,法律出版社,2002年。

[86]吴汉东主编:《私法研究》,中国政法大学出版社,2002年。

[87]吴汉东等编著:《知识产权法自学考试指导与题解》,北京大学出版社,2001年。

[88]吴汉东等著:《西方诸国著作权制度研究》,中国政法大学出版社,1998年。

[89]吴汉东著:《著作权合理使用制度研究》,中国政法大学出版社,1996年。

[90]吴汉东、闵锋著:《知识产权法概论》,中国政法大学出版社,1986年。

[91]吴汉东:《数字内容产业发展与网络版权保护》,载《版权理论与实务》2023年第4期。

[92]吴汉东:《光荣与梦想:中国商标立法四十年》,载《中华商标》2023年第2期。

[93]吴汉东：《数据财产赋权的立法选择》，载《法律科学》2023年第3期。

[94]吴汉东：《试论中国自主的知识产权知识体系》，载《知识产权》2023年第2期。

[95]吴汉东：《恶意商标注册的概念体系解读与规范适用分析》，载《现代法学》2023年第1期。

[96]吴汉东：《中国知识产权制度现代化的实践与发展》，载《社会科学文摘》2023年第1期。

[97]吴汉东：《禁止著作权滥用的法律基础和司法适用——以〈庆余年〉超前点播事件引入》，载《湖南大学学报》（社会科学版）2022年第3期。

[98]吴汉东：《中国知识产权制度现代化的实践与发展》，载《中国法学》2022年第5期。

[99]吴汉东：《准确把握知识产权保护的核心要义和法治要求》，载《中国市场监管研究》2022年第7期。

[100]吴汉东：《中国知识产权法律体系论纲——以〈知识产权强国建设纲要（2021—2035年）〉为研究文本》，载《知识产权》2022年第3期。

[101]吴汉东：《计算机软件专利保护问题研究》，载《当代法学》2022年第3期。

[102]吴汉东：《〈著作权法〉第三次修改的立法安排与实施展望》，载《法律适用》2022年第3期。

[103]吴汉东：《试论"民法典时代"的中国知识产权基本法》，载《知识产权》2021年第2期。

[104]吴汉东：《论疫情防控常态化下的专利申请新颖性丧失例外——评2020年〈专利法〉第24条第一项立法》，载《电子知识产权》2021年第2期。

[105]吴汉东：《网络版权治理的算法技术与算法规则》，载《网络法律评论》2021年第1期。

[106]吴汉东：《知识产权惩罚性赔偿的私法基础与司法适用》，载《法学评论》2021年第3期。

[107]吴汉东:《〈民法典〉知识产权制度的法理阐释与法律适用》,载《法律科学(西北政法大学学报)》2021年第6期。

[108]吴汉东:《专利技术转化与无形资产运营》,载《专利代理》2016年第2期。

[109]吴汉东:《网络版权的技术革命、产业变革与制度创新》,载《中国版权》2016年第6期。

[110]吴汉东:《国家治理现代化与法治化问题研究》,载《法学评论》2015年第5期。

[111]吴汉东:《试论"实质性相似+接触"的侵权认定规则》,载《法学》2015年第8期。

[112]吴汉东:《我国〈著作权法〉第三次修订之评析》,载《东岳论丛》2020年第2期。

[113]吴汉东:《专利间接侵权的国际立法动向与中国制度选择》,载《现代法学》2020年第2期。

[114]吴汉东:《人工智能生成作品的著作权法之问》,载《中外法学》2020年第3期。

[115]吴汉东:《国际贸易体制中的知识产权保护》,载《东南法学》2019年第1期。

[116]吴汉东:《新时代中国知识产权制度建设的思想纲领和行动指南——试论习近平关于知识产权的重要论述》,载《法律科学(西北政法大学学报)》2019年第3期。

[117]吴汉东:《试论知识产权制度建设的法治观和发展观》,载《知识产权》2019年第3期。

[118]吴汉东:《人工智能生成发明的专利法之问》,载《当代法学》2019年第4期。

[119]吴汉东:《人工智能时代的冷思考》,载《中国报业》2018年第3期。

[120]吴汉东:《中国知识产权制度发展:法律、政策和文化》,载《中国发明与专利》2018年第8期。

[121]吴汉东：《知识产权法院建设的现代化目标与路径》，载《中国审判》2018年第15期。

[122]吴汉东：《中国知识产权法院建设的理论与实践》，载《知识产权》2018年第2期。

[123]吴汉东：《中国知识产权法律变迁的基本面向》，载《中国社会科学》2018年第8期。

[124]吴汉东：《人工智能对知识产权法律保护的挑战》，载《中国法律评论》2018年第2期。

[125]吴汉东：《改革开放四十年的中国知识产权法》，载《山东大学学报（哲学社会科学版）》2018年第3期。

[126]吴汉东：《知识产权损害赔偿的市场价值分析：理论、规则与方法》，载《法学评论》2018年第1期。

[127]吴汉东：《人工智能时代的制度安排与法律规制》，载《法律科学（西北政法大学学报）》2017年第5期。

[128]吴汉东：《论知识产权一体化的国家治理体系》，载《知识产权》2017年第3期。

[129]吴汉东：《财产权的类型化、体系化与法典化——以〈民法典（草案）〉为研究对象》，载《现代法学》2017年第3期。

[130]吴汉东：《知识产权制度与法治城市建设》，载《法学评论》（增刊）。

[131]吴汉东：《知识产权损害赔偿的市场价值基础与司法裁判规则》，载《中外法学》2016年第6期。

[132]吴汉东：《民法法典化运动中的知识产权法》，载《中国法学》2016年第4期。

[133]吴汉东：《经济新常态下知识产权的创新、驱动与发展》，载《法学》2016年第7期。

[134]吴汉东：《专利技术转化与无形资产运营》，载《专利代理》2016年第2期。

[135]吴汉东：《知识产权领域的表达自由：保护与规制》，载《现代法学》2016年第3期。

[136]吴汉东:《法学教育发展的历史轨迹与中国道路》,载《中国大学教学》2016年第1期。

[137]吴汉东:《网络技术革命与版权制度变革》,载《中国出版》2015年第23期。

[138]吴汉东:《中国知识产权法院建设:试点样本与基本走向》,载《法律适用》2015年第5期。

[139]吴汉东:《知识产权"入典"与民法典"财产权总则"》,载《法制与社会发展》2015年第4期。

[140]吴汉东:《安全软件警示内容的商业言论规制 兼评"非公益必要不干扰原则"》,载《电子知识产权》2015年第3期。

[141]吴汉东:《论反不正当竞争中的知识产权问题》,载《现代法学》2013年第1期。

[142]吴汉东:《试论知识产权的无形资产价值及经营方略》,载《中国社会科学》2011年第9期。

[143]吴汉东:《中国发展大局中的商标法修改》,载《中国工商管理研究》2013年第1期。

[144]吴汉东:《中国知识产权司法保护的理念与政策》,载《当代法学》2013年第5期。

[145]吴汉东:《安全软件警示内容的商业言论规制兼评非公益必要不干扰原则》,载《电子知识产权》2015年第3期。

[146]吴汉东:《知识产权"入典"与民法典"财产权总则"》,载《法制与社会发展》2015年第4期。

[147]吴汉东:《知识产权理论的体系化与中国化研究》,载《法制与社会发展》2014年第6期。

[148]吴汉东:《知识产权法的制度创新本质与知识创新目标》,载《法学研究》2014年第3期。

[149]吴汉东:《知识产权侵权诉讼中的过错责任推定与赔偿数额认定——以举证责任规则为视角》,载《法学评论》2014年第5期。

[150]吴汉东：《国家治理现代化的三个维度：共治、善治与法治》，载《法制与社会发展》2014年第5期。

[151]吴汉东：《知识产权限制制度的法律变革》，载《京师知识产权法论丛》北京师范大学出版社，2012年。

[152]吴汉东：《网络时代的版权产业和版权保护问题》，载《法人杂志》2009年第1期。

[153]吴汉东：《知识产权的制度风险与法律控制》，载《法学研究》2012年第4期。

[154]吴汉东：《文化大发展大繁荣与版权战略实施》，《新华文摘》转载2013年第18期。

[155]吴汉东：《协同创新：卓越法律人才教育培养的战略选择》，载《法学教育研究》2013年第1期。

[156]吴汉东：《文化大发展大繁荣与版权战略实施》，载《中国版权》2013年第3期。

[157]吴汉东：《试论知识产权的无形资产价值及其经营方略》，载《南京理工大学学报》2013年第1期。

[158]吴汉东：《中国发展大局中的商标法修改》，载《中国工商管理研究》2013年第2期。

[159]吴汉东：《知识产权法价值的中国语境解读》，载《中国法学》2013年第4期。

[160]吴汉东：Multiple Attributes and Research Paradigms of Intellectual Property Rights，载《中国社会科学英文版》2013年第2期。

[161]吴汉东：《论反不正当竞争中的知识产权问题》，载《现代法学》2013年第1期。

[162]吴汉东：《国家软实力建设的知识产权问题研究》，载《知识产权》2011年第1期。

[163]吴汉东：《知识产权限制的法理基础》，《中国社会科学文摘》转载2012年第10期。

[164]吴汉东：《〈著作权法〉第三次修改的背景、体例和重点》，载《法商研究》2012年第4期。

[165]吴汉东：《试论知识产权限制的法理基础》，载《法学杂志》2012年第6期。

[166]吴汉东：《著作权法第三次修改草案的立法方案和内容安排》，载《知识产权》2012年第3期。

[167]吴汉东：《知识产权战略实施的国际环境与中国场景——纪念中国加入世界贸易组织及〈知识产权协议〉10周年》》，载《法学》2012年第2期。

[168]吴汉东：《试论人格利益和无形财产利益的权利构造——以法人人格权为研究对象》，载《法商研究》2012年第1期。

[169]吴汉东：《设计未来：中国发展与知识产权》，载《高等学校文科学术文摘》2011年第5期。

[170]吴汉东：《中国知识产权法制30年的9个问题》，载《中国知识产权蓝皮书》知识产权出版社，2009年。

[171]吴汉东：*One Hundred Years of Progress: The Development of The Intellectual Property System in China*，The WIPO journal(2010-01-07)。

[172]吴汉东：《设计未来：中国发展与知识产权》，载《法律科学》2011年第4期。

[173]吴汉东：《论网络服务提供者的著作权侵权责任》，载《中国法学》2011年第2期。

[174]吴汉东：《知识产权的多元属性及研究范式》，载《中国社会科学》2011年第9期。

[175]吴汉东：《用立法助推武汉城市圈试验区建设——〈武汉城市圈资源节约型和环境友好型社会建设综合配套改革试验促进条例〉解读》》，载《楚天主人》2010年第1期。

[176]吴汉东：《知识创新时代的中国知识产权法》，载《高等学校文科学术文摘》2010年第5期。

[177]吴汉东：《知识创新时代的中国知识产权法》，载《北方法学》2010年第14期。

[178]吴汉东：《中国知识产权法学研究30年》，载《法商研究》2010年第3期。

[179]吴汉东：《论传统文化的法律保护——以非物质文化遗产和传统文化表现形式为对象》，载《中国法学》2010年第1期。

[180]吴汉东：《契合社会需求 推行法学本科人才特色培养方案》，载《中国大学教学》2009年第12期。

[181]吴汉东：《国际知识产权制度的发展潮流与中国知识产权制度的发展道路》，载《法制与社会发展》2009年第6期。

[182]吴汉东：《实施知识产权战略 建设创新型国家》，载《国防科技工业》2009年第5期。

[183]吴汉东：《视频分享网站版权案件审理的原则》，载《中国版权》2009年第6期。

[184]吴汉东：《网络环境下的版权热点问题与思考》，载《中国版权》2009年第1期。

[185]吴汉东：《论武汉城市圈"两型社会"建设的法制保障——以〈武汉城市圈改革试验促进条例（草案）〉的制定为视角》》，载《中国地质大学学报》（社会科学版）2009年第4期。

[186]吴汉东：《当代中国知识产权文化的构建》，载《华中师范大学学报》（人文社会科学版）2009年第2期。

[187]吴汉东：《国际变革大势与中国发展大局中的知识产权制度》，载《法学研究》2009年第2期。

[188]吴汉东：《侵权责任法视野下的网络侵权责任解析》，载《法商研究》2010年第6期。

[189]吴汉东：《中国知识产权法制建设的评价与反思》，载《中国法学》2009年第1期。

[190]吴汉东：《"先行先试"立法模式及其实践——以"武汉城市圈""两型"社会建设立法为中心》，载《法商研究》2009年第1期。

[191]吴汉东:《地方商标战略及其制度完善——以〈湖北省著名商标认定与促进条例〉的制定为例》,载《江汉论坛》2008年第4期。

[192]吴汉东:《学术规范化中的自律与他律》,载《社会科学论坛》2005年第2期。

[193]吴汉东:《广州讲坛第四十讲:知识产权制度建设与创新型城市战略》,载《南方论坛》2007年。

[194]吴汉东:《网络传播权与网络时代的合理使用》,载《科技与法律》2004年第2期。

[195]吴汉东:《调整结构,彰显特色,提升质量,契合社会需求》,载《中国高等教育》2007年第7期。

[196]吴汉东:《对高校评估与人才培养关系的思考》,载《中国高等教育2006年第19期。

[197]吴汉东:《新时期提升人才培养质量的战略思考》,载《中国高等教育》2006年第5期。

[198]吴汉东:《追忆郑成思教授》,载《知识产权》2006年第6期。

[199]吴汉东:《彰显优势办特色,追求卓越创一流》,载《中国高等教育》2005年第23期。

[200]吴汉东:《中国知识产权的国际战略选择与国内战略安排》,载《今日中国论坛》2006年第6期。

[201]吴汉东:《国际化、现代化与法典化:中国知识产权制度的发展道路》,载《法商研究》2004年第3期。

[202]吴汉东:《知识产权国际保护制度的基本原则》,载《知识产权年刊》2005年(12月15日)创刊号。

[203]吴汉东:《知识产权国际保护制度的变革与发展》,载《法学研究》2005年第3期。

[204]吴汉东:《罗马法的"无体物"理论与知识产权制度的学理基础》,载《江西社会科学》2005年第7期。

[205]吴汉东:《后TRIPS时代知识产权制度的变革与中国的应对方略》,载《法商研究》2005年第5期。

[206]吴汉东:《形象的商品化和商品化的形象权》,载《法学》2005年第2期。

[207]吴汉东:《信息技术革命与信息网络传播权立法》,载《中国版权》2005年第1期。

[208]吴汉东:《论财产权体系——兼论民法典中的财产权总则》,载《中国法学》2005年第2期。

[209]吴汉东:《自主创新体系与知识产权制度》,载《中国版权》2006年第1期。

[210]吴汉东:《关于知识产权私权属性的再认识——兼评"知识产权公权化"理论》,载《社会科学》2005年第10期。

[211]吴汉东:《利弊之间:知识产权制度的政策科学分析》,载《法商研究》2006年第5期。

[212]吴汉东:《关于遗传资源客体属性与权利形态的民法学思考》,载《月旦民商法研究》2006年第2期。

[213]吴汉东:《知识产权本质的多维度解读》,载《中国法学》2006年第5期。

[214]吴汉东:《中国应建立以知识产权为导向的公共政策体系》,载《中国发展观察》2007年第3期。

[215]吴汉东:《以知识产权制度支撑创新型国家建设》,载《中国新闻》2007年第12期。

[216]吴汉东:《企业核心竞争力与知识产权》,载《中华商标》2007年第5期。

[217]吴汉东:《知识产权制度运作:他国经验分析与中国路径探索》,载《中国版权》2008年第3期。

[218]吴汉东:《知识产权法的平衡精神与平衡理论——冯晓青教授〈知识产权法利益平衡理论〉评析》,载《法商研究》2007年第5期。

[219]吴汉东:《文化多样性的主权、人权与私权分析》,载《法学研究》2007年第6期。

[220]吴汉东:《知识产权法律构造与移植的文化解释》,载《中国法学》2007年第6期。

[221]吴汉东:《政府公共政策与知识产权制度》,载《中国版权》2008年第1期。

[222]吴汉东:《著作权法修订应立足国情与时俱进》,载《中国知识产权报》,2012-02-10。

[223]吴汉东:《深入实施知识产权战略 加快建设创新型国家》,载《中国社会科学报》,2012-06-13。

[224]吴汉东:《品牌提升中国"软实力"》,载《人民日报》,2012-08-23。

[225]吴汉东:Strategies of Innovation,载China Daily,2011-05-03。

[226]吴汉东:《"中国创造"与知识产权战略实施》,载《检察日报》,2011-03-11。

[227]吴汉东:《知识产权法学的并进发展》,载《检察日报》,2010-11-18。

[228]吴汉东:《创新时代中国知产立法再起航》,载《法治周末》,2010-04-29。

[229]吴汉东:《保护知识产权是中国创造内在需求》,载《长江日报》,2010-04-06。

[230]吴汉东:《创新、知识产权与全球化》,载《中国知识产权报》,2010-04-16。

[231]吴汉东:《传统文化保护制度的法理学分析》,载《中国知识产权报》,2010-03-12。

[232]吴汉东:《新修改的专利法实施细则带来的影响:细则着重突出六大内容》,载《中国知识产权报》,2010-01-22。

[233]吴汉东:《关于地理标志的知识产权保护》,载《法制日报》,2005-09-11。

[234]吴汉东:《知识产权保护要双关齐下》,载《经济日报》,2005-09-09。

[235]吴汉东:《专利指标体现国家核心竞争力》,载《中国知识产权报》,2011-05-18。

[236]吴汉东:《创新、知识产权与全球化》,《人民网》全文转载,2010-04-21。

[237]吴汉东:《以立法助推武汉城市圈改革实验区建设》,载《湖北日报》,2009-12-25。

[238]吴汉东:《金融危机凸显知识产权力量》,载《中国教育报》,2009-06-29。

[239]吴汉东:《网络时代的版权保护问题及对策建议》,载《青年记者》,2009-02-10。

[240]吴汉东:《国际变革大势与中国发展大局中的商标法修改》,载《法制日报》,2009-09-16。

[241]吴汉东:《国际金融危机下的中国知识产权战略实施》,载《中国知识产权报》,2009-05-15。

二、各博导所带博士名单①

序号	姓名	性别	导师	生源	入学时间	毕业时间	所学专业	培养学校（未标注的为本校学生）
张中华所带博士名单									
1	谢进城	男	张中华	中南财经大学投资系	1996	—	财政学	中南财经政法大学
2	李星源	男	张中华	深圳市建行	1996	—	财政学	中南财经政法大学
3	马毓杰	男	张中华	厦门汽车股份有限公司	1996	—	财政学	中南财经政法大学
4	汪洋	男	张中华	深圳市人事局	1997	—	投资经济	中南财经政法大学
5	罗俊伟	男	张中华	中南财经大学	1997	—	投资经济	中南财经政法大学
6	何太平	男	张中华	武汉城市建设学院	1997	—	投资经济	中南财经政法大学
7	杨军	男	张中华	湖北省计划管理干部学院	1998	—	投资经济	中南财经政法大学

① 注:本信息只作各博士生导师所带博士的参考,不能作为学生学历学位的依据。法律凭据以档案馆实际查到的档案为准。

续表

序号	姓名	性别	导师	生源	入学时间	毕业时间	所学专业	培养学校（未标注的为本校学生）
8	刘志强	男	张中华	新华社香港分社经济部	1998	—	投资经济	中南财经政法大学
9	谢升峰	男	张中华	华中农业大学	1999	—	国民经济学	中南财经政法大学
10	何承锋	男	张中华	深圳特区发展财务公司	1999	—	国民经济学	中南财经政法大学
11	岳洪波	男	张中华	中南财经大学	1999	—	国民经济学	中南财经政法大学
12	邵永发	男	张中华	武汉市东西湖区计划经济委员会	2000	—	国民经济学	中南财经政法大学
13	李国锋	男	张中华	中国农业银行北京分行	2000	—	国民经济学	中南财经政法大学
14	马国强	男	张中华	中南财经政法大学	2001	—	国民经济学	中南财经政法大学
15	吴楚松	男	张中华	云南师范大学	2001	—	国民经济学	中南财经政法大学
16	陈琼华	女	张中华	中南财经政法大学	2001	—	国民经济学	中南财经政法大学
17	王凌云	女	张中华	中南财经政法大学金融学院	2002	—	国民经济学	中南财经政法大学
18	郭圣乾	男	张中华	华中师范大学	2002	—	国民经济学	中南财经政法大学
19	张秋生	男	张中华	深圳发展银行珠海支行	2002	—	国民经济学	中南财经政法大学
20	卢建新	男	张中华	中南财经政法大学	2003	—	国民经济学	中南财经政法大学
21	李俊英	女	张中华	新疆财经学院财政系	2003	—	国民经济学	中南财经政法大学
22	胡星城	男	张中华	中南财经政法大学	2003	—	国民经济学	中南财经政法大学
23	颜永军	男	张中华	亚洲证券有限公司	2003	—	国民经济学	中南财经政法大学
24	刘继兵	男	张中华	武汉市人民政府	2003	—	国民经济学	中南财经政法大学
25	李建华	男	张中华	中南财经政法大学金融学院	2004	—	国民经济学	中南财经政法大学
26	张家峰	男	张中华	中南财经政法大学	2004	—	国民经济学	中南财经政法大学
27	王治	男	张中华	中南财经政法大学	2004	—	国民经济学	中南财经政法大学
28	林帆	男	张中华	建设银行湖北省分行	2004	—	国民经济学	中南财经政法大学
29	董道元	男	张中华	国家开发银行河南省分行	2005	—	国民经济学	中南财经政法大学
30	姜学勤	男	张中华	长江大学经济学院	2005	—	国民经济学	中南财经政法大学

续表

序号	姓名	性别	导师	生源	入学时间	毕业时间	所学专业	培养学校（未标注的为本校学生）
31	杨巧	女	张中华	中南财经政法大学	2005	-	国民经济学	中南财经政法大学
32	宋琴	女	张中华	中南财经政法大学	2006	-	国民经济学	中南财经政法大学
33	钱露	女	张中华	中南财经政法大学（应届学生）	2006	-	国民经济学	中南财经政法大学
34	多淑杰	女	张中华	中山职业技术学院	2007	-	国民经济学	中南财经政法大学
35	高文丽	女	张中华	中国人民银行武汉分行	2007	-	国民经济学	中南财经政法大学
36	李娟	女	张中华	湖北大学	2007	-	国民经济学	中南财经政法大学
37	郑群峰	男	张中华	中南财经政法大学（应届学生）	2008	-	国民经济学	中南财经政法大学
38	柳莎	女	张中华	应届硕士毕业生	2008	-	国民经济学	中南财经政法大学
39	许璞	男	张中华	其他教学人员	2009	-	国民经济学	中南财经政法大学
40	杜丹	女	张中华	高等教育教师	2010	-	国民经济学	中南财经政法大学
41	胡义芳	女	张中华	高等教育教师	2011	-	国民经济学	中南财经政法大学
42	张子荣	女	张中华	高等教育教师	2012	-	国民经济学	中南财经政法大学
43	张立新	男	张中华	其他在职人员	2012	-	国民经济学	中南财经政法大学
44	李屹同	男	张中华	应届硕士毕业生	2013	-	国民经济学	中南财经政法大学
45	樊怿霖	男	张中华	其他在职人员	2013	-	国民经济学	中南财经政法大学
46	李箐	女	张中华	高等教育教师	2014	-	国民经济学	中南财经政法大学
47	李璐	女	张中华	其他在职人员	2015	-	国民经济学	中南财经政法大学
48	刘爽	男	张中华	应届硕士毕业生	2016	-	国民经济学	中南财经政法大学
49	万其龙	男	张中华	高等教育教师	2017	-	国民经济学	中南财经政法大学
50	邓江花	女	张中华	高等教育教师	2018	-	投资学	中南财经政法大学
51	蔡曦	男	张中华	高等教育教师	2019	-	投资学	中南财经政法大学
52	张金朵	女	张中华	行政办公人员	2019	-	投资学	中南财经政法大学
53	刘泽圻	男	张中华	未就业人员	2020	-	投资学	中南财经政法大学
54	李清波	-	张中华	应届硕士毕业生	2021	-	国民经济学	中南财经政法大学
覃有土所带博士名单								
1	赵家仪	男	覃有土	中南财经政法大学	2002	-	民商法	中南财经政法大学
2	吴京辉	女	覃有土	中南财经政法大学	2002	-	民商法	中南财经政法大学

续表

序号	姓名	性别	导师	生源	入学时间	毕业时间	所学专业	培养学校（未标注的为本校学生）
3	李政辉	男	覃有土	武汉雅泰公司	2002	—	民商法	中南财经政法大学
4	刘江天	男	覃有土	深圳市华泰机电设备公司	2002	—	民商法	中南财经政法大学
5	李强	男	覃有土	中南财经政法大学	2003	—	民商法学	中南财经政法大学
6	黎桦	男	覃有土	中南财经政法大学	2003	—	民商法学	中南财经政法大学
7	李亮	男	覃有土	南通市中级人民法院	2003	—	民商法学	中南财经政法大学
8	柯吕辉	男	覃有土	中南财经政法大学	2003	—	民商法学	中南财经政法大学
9	洪锦	男	覃有土	中南财经政法大学	2003	—	民商法学	中南财经政法大学
10	王继远	男	覃有土	广东省江门市经济贸易局办公室	2004	—	民商法学	中南财经政法大学
11	豆景俊	男	覃有土	广东商学院	2004	—	民商法学	中南财经政法大学
12	陈雪萍	女	覃有土	中南民族大学法学院	2004	—	民商法学	中南财经政法大学
13	向前	男	覃有土	中南财经政法大学	2004	—	民商法学	中南财经政法大学
14	王麸	男	覃有土	大连外国语学院国际经法学院	2004	—	民商法学	中南财经政法大学
15	李岩	男	覃有土	中南财经政法大学	2005	—	民商法学	中南财经政法大学
16	孙文桢	男	覃有土	西安财经学院文法学院法学系	2005	—	民商法学	中南财经政法大学
17	孙耀胜	男	覃有土	湖北工业大学	2005	—	民商法学	中南财经政法大学
18	戴瑛	女	覃有土	中南财经政法大学（应届学生）	2006	—	民商法学	中南财经政法大学
19	胡玲	女	覃有土	中国地质大学(武汉)政法学院	2006	—	民商法学	中南财经政法大学
20	邓世新	男	覃有土	广东佛山南海供电局	2006	—	民商法学	中南财经政法大学
21	陈雪娇	女	覃有土	五邑大学	2007	—	经济法学	中南财经政法大学
22	卢明威	男	覃有土	广西师范学院	2007	—	经济法学	中南财经政法大学
23	彭晓娟	女	覃有土	中南财经政法大学	2007	—	经济法学	中南财经政法大学
24	刘乃忠	—	覃有土	—	—	2000	民商法	武汉大学
25	王平	—	覃有土	—	—	2000	民商法	武汉大学
26	邓娟闰	—	覃有土	—	—	2002	民商法	武汉大学

续表

序号	姓名	性别	导师	生源	入学时间	毕业时间	所学专业	培养学校（未标注的为本校学生）
27	李石山	-	覃有土	-	-	2002	民商法	武汉大学
28	樊启荣	男	覃有土	高等教育教师	-	2002	民商法	武汉大学
29	麻昌华	男	覃有土	高等教育教师	-	2002	民商法	武汉大学
30	吕琳	-	覃有土	-	-	2003	民商法	武汉大学
31	彭晓辉	-	覃有土	-	-	2004	民商法	武汉大学
32	黄勇	-	覃有土	-	-	2004	民商法	武汉大学
33	李巧毅	-	覃有土	-	-	2004	民商法	武汉大学
34	雷涌泉	-	覃有土	-	-	2004	民商法	武汉大学
35	晏宇桥	-	覃有土	-	-	2004	民商法	武汉大学
36	韩桂君	-	覃有土	-	-	2005	民商法	武汉大学
林汉川所带博士名单								
1	邵亚良	男	林汉川	湖北省证券管理处	1998	2001	-	中南财经政法大学
2	万朝领	男	林汉川	中融基金管理有限公司	1998	2001	-	中南财经政法大学
3	马腾	男	林汉川	湖北省工商银行	1999	2002	-	中南财经政法大学
4	魏中奇	男	林汉川	河南大学	1999	2002	-	中南财经政法大学
5	叶红雨	女	林汉川	中南财经政法大学	1999	2002	-	中南财经政法大学
6	汪前元	男	林汉川	湖北大学	2000	2003	-	中南财经政法大学
7	王银成	男	林汉川	深圳市保险公司	2000	2003	-	中南财经政法大学
8	高海乡	男	林汉川	深圳市保税局	2000	2003	-	中南财经政法大学
9	夏敏仁	男	林汉川	江西鹰潭教育学院	2001	2004	-	中南财经政法大学
10	何杰	男	林汉川	西南财经大学	2001	2004	-	中南财经政法大学
11	李龙勤	男	林汉川	武汉长江光纤股份有限公司	2001	2004	-	中南财经政法大学
12	鲁焕生	男	林汉川	国家开发银行	2002	2005	-	中南财经政法大学
13	汪涛	男	林汉川	武汉大学外语学院	2002	2005	-	中南财经政法大学
14	管鸿禧	男	林汉川	中南财经政法大学	2003	2006	-	中南财经政法大学
15	张仕伟	男	林汉川	中共湖北省委党校	2003	2006	-	中南财经政法大学
16	邱红	女	林汉川	中原大学（台湾）	2003	2006	-	中南财经政法大学
17	王莉	女	林汉川	-	2004	2007	-	中南财经政法大学

续表

序号	姓名	性别	导师	生源	入学时间	毕业时间	所学专业	培养学校（未标注的为本校学生）
18	汪睿	女	林汉川	–	2004	2007	–	中南财经政法大学
19	陈宁	女	林汉川	–	2004	2007	–	中南财经政法大学
20	林佐正	男	林汉川	台湾高雄	2004	2007	–	中南财经政法大学
21	杨仕辉	男	林汉川	湖北大学商学院	2003	2006	–	对外经济贸易大学
22	韩淑伟	男	林汉川	对外经济贸易大学	2004	2007	–	对外经济贸易大学
23	王分棉	女	林汉川	对外经济贸易大学	2006	2009	–	对外经济贸易大学
24	唐锦辉	女	林汉川	对外经济贸易大学	2006	2009	–	对外经济贸易大学
25	付子墨	男	林汉川	北京第二外国语学院	2007	2010	–	对外经济贸易大学
26	郭巍	男	林汉川	中国地质大学	2009	2012	–	对外经济贸易大学
27	林洲钰	男	林汉川	对外经济贸易大学	2010	2013	–	对外经济贸易大学
28	张万军	男	林汉川	中信银行	2011	2014	–	对外经济贸易大学
29	赵敏	女	林汉川	对外经济贸易大学	2011	2015	–	对外经济贸易大学
30	王玉燕	男	林汉川	中南财经政法大学	2012	2015	–	对外经济贸易大学
31	吕臣	男	林汉川	四川省社科院	2013	2016	–	对外经济贸易大学
32	胡海晨	男	林汉川	新疆石河子大学	2014	2017	–	对外经济贸易大学
33	张思雪	女	林汉川	黑龙江财经大学	2014	2017	–	对外经济贸易大学
34	方巍	女	林汉川	河北科技学院	2014	2020	–	对外经济贸易大学
35	陈蔚伶	女	林汉川	北京安全学院	2015	2018	–	对外经济贸易大学
36	倪嘉成	男	林汉川	北京林业大学	2016	2019	–	对外经济贸易大学
37	蔡悦灵	女	林汉川	广西大学	2017	2020	–	对外经济贸易大学
38	刘泽岩	男	林汉川	山西财经大学	2018	2021	–	对外经济贸易大学
39	刘淑春	女	林汉川	浙江万向职业学院	2013	2016	–	浙江工业大学
40	李夏迪	女	林汉川	在读	2021	–	–	浙江工业大学
赵曼所带博士名单								
1	王定元	男	赵曼	东莞证券公司	1998	–	投资经济	中南财经政法大学
2	田宇	男	赵曼	建设银行海南省分行	1998	–	投资经济	中南财经政法大学
3	杨海文	男	赵曼	武汉工业大学	1999	–	国民经济学	中南财经政法大学
4	孟建民	男	赵曼	财政部统计评价司	1999	–	国民经济学	中南财经政法大学
5	肖春海	男	赵曼	中南财经大学	1999	–	国民经济学	中南财经政法大学

续表

序号	姓名	性别	导师	生源	入学时间	毕业时间	所学专业	培养学校（未标注的为本校学生）
6	高萍	女	赵曼	中南财经大学	1999	-	国民经济学	中南财经政法大学
7	李波	男	赵曼	昆明理工大学	2000	-	国民经济学	中南财经政法大学
8	王长城	男	赵曼	中南财经大学	2000	-	国民经济学	中南财经政法大学
9	黄楚平	男	赵曼	共青团武汉市委	2000	-	国民经济学	中南财经政法大学
10	叶学平	男	赵曼	湖北省社科院	2001	-	国民经济学	中南财经政法大学
11	吕国营	男	赵曼	中南财经政法大学	2001	-	国民经济学	中南财经政法大学
12	陈芳	女	赵曼	中南财经政法大学	2001	-	国民经济学	中南财经政法大学
13	周维红	女	赵曼	深圳大学	2001	-	国民经济学	中南财经政法大学
14	项晨光	男	赵曼	中南财经政法大学哲政系	2002	-	国民经济学	中南财经政法大学
15	董萍	女	赵曼	光大深圳分行	2002	-	国民经济学	中南财经政法大学
16	谢华勇	男	赵曼	湖北三江雷诺汽车有限公司	2002	-	国民经济学	中南财经政法大学
17	谢小青	女	赵曼	武昌造船厂	2003	-	国民经济学	中南财经政法大学
18	杨晓天	男	赵曼	农行东湖支行	2003	-	国民经济学	中南财经政法大学
19	李镇光	男	赵曼	三峡财务有限责任公司	2003	-	国民经济学	中南财经政法大学
20	刘江军	男	赵曼	湖北省仪器仪表工业公司	2003	-	国民经济学	中南财经政法大学
21	陈劲超	男	赵曼	武汉地产开发投资集团	2004	-	国民经济学	中南财经政法大学
22	雷建	男	赵曼	武汉证券有限责任公司	2004	-	国民经济学	中南财经政法大学
23	陈华林	男	赵曼	武汉市审计	2004	-	国民经济学	中南财经政法大学
24	徐晓	男	赵曼	共青团武汉市委	2005	-	国民经济学	中南财经政法大学
25	李礼	女	赵曼	中南财经政法大学	2005	-	社会保障	中南财经政法大学
26	陶裕春	男	赵曼	华东交通大学	2005	-	社会保障	中南财经政法大学
27	梁戈敏	男	赵曼	广西壮族自治区政府采购中心	2006	-	国民经济学	中南财经政法大学
28	胡铁军	男	赵曼	湖北团省委	2007	-	国民经济学	中南财经政法大学
29	卢林	男	赵曼	武汉市审计局投资处	2007	-	国民经济学	中南财经政法大学
30	杨芳	女	赵曼	江汉大学文理学院	2007	-	国民经济学	中南财经政法大学

续表

序号	姓名	性别	导师	生源	入学时间	毕业时间	所学专业	培养学校（未标注的为本校学生）
31	杨萍	女	赵曼	武汉市汉阳区人民政府江汉二桥	2007	—	社会保障	中南财经政法大学
32	刘鑫宏	男	赵曼	应届硕士毕业生	2008	—	国民经济学	中南财经政法大学
33	吕雪枫	男	赵曼	其他教学人员	2008	—	社会保障	中南财经政法大学
34	李梅香	女	赵曼	高等教育教师	2008	—	社会保障	中南财经政法大学
35	顾永红	女	赵曼	未就业人员	2009	—	社会保障	中南财经政法大学
36	张勇	女	赵曼	高等教育教师	2009	—	社会保障	中南财经政法大学
37	赵蔚蔚	女	赵曼	高等教育教师	2009	—	社会保障	中南财经政法大学
38	张海枝	女	赵曼	高等教育教师	2009	—	社会保障	中南财经政法大学
39	马广博	男	赵曼	高等教育教师	2010	—	社会保障	中南财经政法大学
40	叶男	女	赵曼	应届硕士毕业生	2010	—	社会保障	中南财经政法大学
41	于长永	男	赵曼	应届硕士毕业生	2010	—	社会保障	中南财经政法大学
42	吴烨	男	赵曼	其他在职人员	2010	—	国民经济学	中南财经政法大学
43	杜建华	女	赵曼	高等教育教师	2010	—	国民经济学	中南财经政法大学
44	路畅	男	赵曼	应届硕士毕业生	2011	—	国民经济学	中南财经政法大学
45	周琼	女	赵曼	行政办公人员	2011	—	社会保障	中南财经政法大学
46	张乃仁	男	赵曼	应届硕士毕业生	2011	—	社会保障	中南财经政法大学
47	左克源	男	赵曼	其他专业技术人员	2011	—	社会保障	中南财经政法大学
48	胡思洋	男	赵曼	高等教育教师	2012	—	社会保障	中南财经政法大学
49	韩丽	女	赵曼	应届硕士毕业生	2012	—	社会保障	中南财经政法大学
50	再努尔买买提	女	赵曼	应届硕士毕业生	2012	—	社会保障	中南财经政法大学
51	苏民毫	男	赵曼	应届硕士毕业生	2012	—	社会保障	中南财经政法大学
52	程翔宇	女	赵曼	应届硕士毕业生	2013	—	社会保障	中南财经政法大学
53	李振	男	赵曼	其他在职人员	2013	—	社会保障	中南财经政法大学
54	王玺玮	男	赵曼	行政办公人员	2013	—	社会保障	中南财经政法大学
55	张晓香	女	赵曼	高等教育教师	2014	—	社会保障	中南财经政法大学
56	朱丽君	女	赵曼	应届硕士毕业生	2015	—	社会保障	中南财经政法大学
57	林丛	男	赵曼	行政办公人员	2015	—	社会保障	中南财经政法大学
58	司晓波	男	赵曼	行政办公人员	2016	—	社会保障	中南财经政法大学

序号	姓名	性别	导师	生源	入学时间	毕业时间	所学专业	培养学校（未标注的为本校学生）
59	许立志	男	赵曼	高等教育教师	2017	—	社区社会管理	中南财经政法大学
60	于大川	男	赵曼	高等教育教师	—	2013	社会保障	华中科技大学
61	周红云	女	赵曼	高等教育教师	2005	2010	公共经济管理	武汉大学
62	薛新东	男	赵曼	应届硕士毕业生	2006	2009	公共经济管理	武汉大学
63	杨程文	男	赵曼	应届硕士毕业生	2008	2015	社会保障	武汉大学
罗飞所带博士名单								
1	唐国平	男	罗飞	中南财经大学会计系	1998	—	会计学	中南财经政法大学
2	晏静	女	罗飞	深圳市清水河实业公司	1998		会计学	中南财经政法大学
3	王竹泉	男	罗飞	青岛建筑工程学院	1999		会计学	中南财经政法大学
4	张蕊	女	罗飞	江西财经大学	1999		会计学	中南财经政法大学
5	罗殿英	女	罗飞	中南财经大学	1999		会计学	中南财经政法大学
6	黄本尧	男	罗飞	深圳君安证券公司	1999		会计学	中南财经政法大学
7	朱锦余	男	罗飞	云南财贸学院	2000		会计学	中南财经政法大学
8	刘金文	女	罗飞	军事经济学院	2000		会计学	中南财经政法大学
9	刘家松	男	罗飞	华安财产保险公司	2001		会计学	中南财经政法大学
10	李秉成	男	罗飞	武汉科技大学	2001		会计学	中南财经政法大学
11	汤湘希	男	罗飞	中南财经政法大学	2002		会计学	中南财经政法大学
12	郑军	男	罗飞	财会通讯社	2002		会计学	中南财经政法大学
13	季小琴	女	罗飞	中南财经政法大学	2002		会计学	中南财经政法大学
14	陈辉	女	罗飞	中南财经政法大学	2003		会计学	中南财经政法大学
15	杨汉明	男	罗飞	中南财经政法大学	2003		会计学	中南财经政法大学
16	王惠芳	女	罗飞	太原青春绿草园林绿化公司	2003		会计学	中南财经政法大学
17	黄中生	男	罗飞	武汉康乐药业公司	2003		会计学	中南财经政法大学
18	李长爱	女	罗飞	湖北经济学院	2003		会计学	中南财经政法大学
19	骆铭民	男	罗飞	浙江财经学院	2004		会计学	中南财经政法大学

续表

序号	姓名	性别	导师	生源	入学时间	毕业时间	所学专业	培养学校（未标注的为本校学生）
20	黄晓波	男	罗飞	北大学商学院	2004	–	会计学	中南财经政法大学
21	刘圻	男	罗飞	中南财经政法大学会计学院	2004	–	会计学	中南财经政法大学
22	贡峻	男	罗飞	中南财经政法大学	2004	–	会计学	中南财经政法大学
23	董黎明	男	罗飞	郑州航空工业管理学院	2005	–	会计学	中南财经政法大学
24	温倩	女	罗飞	中南财经政法大学	2005	–	会计学	中南财经政法大学
25	郑玲	女	罗飞	中南财经政法大学	2005	–	会计学	中南财经政法大学
26	邓启稳	男	罗飞	山西财经大学会计学院	2005	–	会计学	中南财经政法大学
27	黄平	男	罗飞	浙江财经学院	2006	–	会计学	中南财经政法大学
28	彭艳	女	罗飞	中南财经政法大学	2006	–	会计学	中南财经政法大学
29	田笑丰	女	罗飞	武汉科技大学	2006	–	财务管理	中南财经政法大学
30	吴灿	女	罗飞	湖北大学	2007	–	会计学	中南财经政法大学
31	赵纯祥	男	罗飞	中南财经政法大学	2007	–	会计学	中南财经政法大学
32	谢海洋	男	罗飞	高等教育教师	2008	–	会计学	中南财经政法大学
33	邓九生	男	罗飞	高等教育教师	2008	–	会计学	中南财经政法大学
34	黄淙淙	女	罗飞	应届硕士毕业生	2009	–	会计学	中南财经政法大学
35	杨德伟	男	罗飞	高等教育教师	2009	–	财务管理	中南财经政法大学
36	白露珍	女	罗飞	高等教育教师	2010	–	会计学	中南财经政法大学
37	徐国艺	男	罗飞	高等教育教师	2010	–	会计学	中南财经政法大学
38	俞华	女	罗飞	高等教育教师	2011	–	会计学	中南财经政法大学
39	厉国威	男	罗飞	高等教育教师	2012	–	会计学	中南财经政法大学
40	刘春奇	女	罗飞	高等教育教师	2013	–	会计学	中南财经政法大学
41	杨萱	女	罗飞	高等教育教师	2014	–	会计学	中南财经政法大学
42	王俊涛	男	罗飞	其他在职人员	2014	–	会计学	中南财经政法大学
43	严丽娜	女	罗飞	行政办公人员	2015	–	会计学	中南财经政法大学
44	张学慧	女	罗飞	高等教育教师	2015	–	会计学	中南财经政法大学
45	戴钰慧	女	罗飞	高等教育教师	2016	–	会计学	中南财经政法大学
46	孙蕊	女	罗飞	其他在职人员	2016	–	会计学	中南财经政法大学

续表

序号	姓名	性别	导师	生源	入学时间	毕业时间	所学专业	培养学校（未标注的为本校学生）
47	兰俊涛	男	罗飞	高等教育教师	2017	—	会计学	中南财经政法大学
48	杨悦	女	罗飞	其他教学人员	2017	—	财务管理	中南财经政法大学
49	杨文莺	女	罗飞	高等教育教师	2018	—	会计学	中南财经政法大学
50	文文	女	罗飞	应届硕士毕业生	2018	—	会计学	中南财经政法大学
51	吴珊	女	罗飞	高等教育教师	2019	—	会计学	中南财经政法大学
52	张芸芸	女	罗飞	泰国留学生	2009	—	会计学	中南财经政法大学
谷克鉴所带博士名单								
1	杜进朝	男	谷克鉴	中国工商银行杭州分行	1998	200106	商业经济	中南财经政法大学
2	张相文	男	谷克鉴	中南财经大学贸经系	1998	200106	商业经济	中南财经政法大学
3	彭有轩	男	谷克鉴	湖北省对外贸易经济合作厅	1998	200206	商业经济	中南财经政法大学
4	王祺扬	男	谷克鉴	湖北省财政厅办公室	1999	200206	企业管理	中南财经政法大学
5	喆儒	女	谷克鉴	中南财经大学	1999	200506	企业管理	中国人民大学
6	吴宏	男	谷克鉴	武汉华大朗奇多媒体通信技术公司	2000	200306	国际贸易学	中国人民大学
7	龚新宇	男	谷克鉴	中南财经大学	2000	200306	国际贸易学	中国人民大学
8	姜鸿	男	谷克鉴	中南财经大学	2000	200312	国际贸易学	中南财经政法大学
9	喻春娇	女	谷克鉴	湖北大学	2001	200412	国际贸易学	中南财经政法大学
10	曹亮	男	谷克鉴	中南财经政法大学	2001	200606	国际贸易学	中国人民大学
11	高中军	男	谷克鉴	湖北省利华公司	2001	200412	国际贸易学	中南财经政法大学
12	张明	男	谷克鉴	—	200209	200506	—	中国人民大学
13	侯海英	女	谷克鉴	—	200209	200506	—	中国人民大学
14	谭祖谊	男	谷克鉴	—	200309	200606	—	中国人民大学
15	孙杰	男	谷克鉴	—	200309	200606	—	中国人民大学
16	余剑	男	谷克鉴	—	200309	200606	—	中国人民大学
17	陈咏梅	女	谷克鉴	—	200409	200706	—	中国人民大学
18	李刚	男	谷克鉴	—	200409	200706	—	中国人民大学
19	李才波	男	谷克鉴	—	200409	201001	—	中国人民大学
20	李强	男	谷克鉴	—	200509	200806	—	中国人民大学

续表

序号	姓名	性别	导师	生源	入学时间	毕业时间	所学专业	培养学校（未标注的为本校学生）
21	周世民	男	谷克鉴	-	200509	200806	-	中国人民大学
22	刘厉兵	男	谷克鉴	-	200609	200906	-	中国人民大学
23	陈勇兵	男	谷克鉴	-	200609	200906	-	中国人民大学
24	谷鸣	女	谷克鉴	-	200709	201006	-	中国人民大学
25	关兵	女	谷克鉴	-	200709	201006	-	中国人民大学
26	何兴容	女	谷克鉴	-	200809	201106	-	中国人民大学
27	周一	男	谷克鉴	-	200909	201306	-	中国人民大学
28	刘红英	女	谷克鉴	-	200909	201206	-	中国人民大学
29	陈福中	男	谷克鉴	-	201009	201406	-	中国人民大学
30	周聪慧	女	谷克鉴	-	201109	201507	-	中国人民大学
31	高爽	女	谷克鉴	-	201109	201501	-	中国人民大学
32	汪亮	男	谷克鉴	-	201209	201706	-	中国人民大学
33	孙磊	男	谷克鉴	-	201209	201507	-	中国人民大学
34	黄羽	男	谷克鉴	-	201409	201706	-	中国人民大学
35	蒋灵多	女	谷克鉴	-	201409	201806	-	中国人民大学
36	崔旭	男	谷克鉴	-	201509	202001	-	中国人民大学
37	刘成	男	谷克鉴	-	201509	202106	-	中国人民大学
38	向鹏飞	男	谷克鉴	-	201609	202012	-	中国人民大学
39	李晓静	女	谷克鉴	-	201609	202012	-	中国人民大学
40	程诺	女	谷克鉴	-	201709	202006	-	中国人民大学
41	晏程杨	男	谷克鉴	-	201809	202106	-	中国人民大学
42	胡林瑶	女	谷克鉴	-	201809	202206	-	中国人民大学
43	冯帆	女	谷克鉴	-	201909	202306	-	中国人民大学
44	孟可心	女	谷克鉴	-	202009	202306	-	中国人民大学
45	朱婷	女	谷克鉴	-	202109	在读	-	中国人民大学
46	史佳宁	男	谷克鉴	-	202109	在读	-	中国人民大学
47	徐馨	女	谷克鉴	-	202209	在读	-	中国人民大学
48	王志豪	男	谷克鉴	-	202209	在读	-	中国人民大学
49	张琦	男	谷克鉴	-	202309	在读	-	中国人民大学

续表

序号	姓名	性别	导师	生源	入学时间	毕业时间	所学专业	培养学校（未标注的为本校学生）
吴汉东所带博士名单								
1	曹新明	男	吴汉东	中南财经政法大学	2001	-	民商法学	中南财经政法大学
2	董炳和	男	吴汉东	苏州大学	2001	-	民商法学	中南财经政法大学
3	刘大洪	男	吴汉东	中南财经政法大学	2001	-	民商法学	中南财经政法大学
4	李中原	男	吴汉东	苏州大学法学院	2002	-	民商法	中南财经政法大学
5	黄玉烨	女	吴汉东	中南财经政法大学法学院	2002	-	民商法	中南财经政法大学
6	张秀全	男	吴汉东	郑州大学	2002	-	民商法	中南财经政法大学
7	唐昭红	男	吴汉东	中南财经政法大学法学院	2002	-	民商法	中南财经政法大学
8	严永和	男	吴汉东	贵州工业大学法学系	2002	-	民商法	中南财经政法大学
9	张桂红	女	吴汉东	中南财经政法大学	2003	-	民商法学	中南财经政法大学
10	彭学龙	男	吴汉东	武汉理工大学	2003	-	民商法学	中南财经政法大学
11	张今	女	吴汉东	中国政法大学	2003	-	民商法学	中南财经政法大学
12	张耀明	男	吴汉东	国务院法制办公室	2003	-	民商法学	中南财经政法大学
13	蔡军	男	吴汉东	中南财经政法大学	2003	-	民商法学	中南财经政法大学
14	彭涛	男	吴汉东	中国地质大学	2003	-	民商法学	中南财经政法大学
15	何华	男	吴汉东	武钢建工集团修建公司	2004	-	民商法学	中南财经政法大学
16	王莲峰	女	吴汉东	郑州大学法学院	2004	-	民商法学	中南财经政法大学
17	胡淑珠	女	吴汉东	民建抚州市委员会	2004	-	民商法学	中南财经政法大学
18	郭雷生	男	吴汉东	中南财经政法大学	2004	-	民商法学	中南财经政法大学
19	杨红军	男	吴汉东	中南财经政法大学	2004	-	民商法学	中南财经政法大学
20	陈义华	女	吴汉东	江西新余市政协	2004	-	民商法学	中南财经政法大学
21	卢海君	男	吴汉东	中南财经政法大学	2005	-	民商法学	中南财经政法大学
22	宋慧献	男	吴汉东	中国版权保护中心	2005	-	民商法学	中南财经政法大学
23	王瑞龙	男	吴汉东	中南民族大学法学院	2005	-	民商法学	中南财经政法大学
24	杨建斌	男	吴汉东	黑龙江大学法学院	2005	-	民商法学	中南财经政法大学
25	胡充寒	男	吴汉东	广东佛山市中级人民法院	2006	-	民商法学	中南财经政法大学

续表

序号	姓名	性别	导师	生源	入学时间	毕业时间	所学专业	培养学校（未标注的为本校学生）
26	陈娜	女	吴汉东	中南财经政法大学	2006	-	民商法学	中南财经政法大学
27	马波	男	吴汉东	内蒙古大学	2006	-	民商法学	中南财经政法大学
28	牛强	男	吴汉东	中南财经政法大学（应届学生）	2007	2010	知识产权	中南财经政法大学
29	燕妮	女	吴汉东	贵州警官职业学校	2007	2010	知识产权	中南财经政法大学
30	张爱国	男	吴汉东	西北政法大学	2007	2011	知识产权	中南财经政法大学
31	周俊强	男	吴汉东	安徽师范大学政法学院	2007	2010	知识产权	中南财经政法大学
32	陈淑贞	女	吴汉东	台湾法务工作人员	2007	2015	知识产权	中南财经政法大学
33	聂振华	男	吴汉东	其他在职人员	2008	2012	知识产权	中南财经政法大学
34	李国英	女	吴汉东	高等教育教师	2008	2013	知识产权	中南财经政法大学
35	孙昊亮	男	吴汉东	高等教育教师	2008	2013	知识产权	中南财经政法大学
36	何平	女	吴汉东	高等教育教师	2009	2017	知识产权	中南财经政法大学
37	梁细林	男	吴汉东	行政办公人员	2009	2015	知识产权	中南财经政法大学
38	司晓	男	吴汉东	其他在职人员	2009	2014	知识产权	中南财经政法大学
39	杨斌	男	吴汉东	行政办公人员	2009	2012	民商法学	中南财经政法大学
40	王超政	男	吴汉东	应届硕士毕业生	2010	2013	知识产权	中南财经政法大学
41	姚鹤徽	男	吴汉东	应届硕士毕业生	2010	2013	知识产权	中南财经政法大学
42	邓少荣	男	吴汉东	行政办公人员	2010	2015	知识产权	中南财经政法大学
43	王忠诚	男	吴汉东	行政办公人员	2010	2017	知识产权	中南财经政法大学
44	张钦坤	男	吴汉东	行政办公人员	2010	2015	知识产权	中南财经政法大学
45	张汉国	男	吴汉东	行政办公人员	2010	2016	知识产权	中南财经政法大学
46	瞿昊晖	男	吴汉东	应届硕士毕业生	2011	2014	知识产权	中南财经政法大学
47	陈默	男	吴汉东	应届硕士毕业生	2011	2014	知识产权	中南财经政法大学
48	张鹏	男	吴汉东	行政办公人员	2011	2015	知识产权	中南财经政法大学
49	余义胜	男	吴汉东	台湾法务工作人员	2011	2017	知识产权	中南财经政法大学
50	邵燕	女	吴汉东	高等教育教师	2012	2015	知识产权	中南财经政法大学
51	张颖	女	吴汉东	其他在职人员	2012	2016	知识产权	中南财经政法大学
52	李萍	女	吴汉东	高等教育教师	2012	2016	知识产权	中南财经政法大学
53	李钢	男	吴汉东	高等教育教师	2012	2017	知识产权	中南财经政法大学

续表

序号	姓名	性别	导师	生源	入学时间	毕业时间	所学专业	培养学校（未标注的为本校学生）
54	姚维红	女	吴汉东	高等教育教师	2012	2018	知识产权	中南财经政法大学
55	贾丽萍	女	吴汉东	其他教学人员	2013	2016	知识产权法	中南财经政法大学
56	王小夏	男	吴汉东	其他在职人员	2013	2018	知识产权法	中南财经政法大学
57	覃文萍	女	吴汉东	行政办公人员	2013	2020结业	知识产权法	中南财经政法大学
58	刘智鹏	男	吴汉东	其他在职人员	2014	在校	知识产权法	中南财经政法大学
59	张继文	男	吴汉东	其他在职人员	2014	2017	知识产权法	中南财经政法大学
60	夏淑萍	女	吴汉东	行政办公人员	2014	2018	知识产权法	中南财经政法大学
61	何荣华	女	吴汉东	高等教育教师	2015	2018	知识产权法	中南财经政法大学
62	杨晓丽	女	吴汉东	科学研究人员	2015	在校	知识产权法	中南财经政法大学
63	苏崑	男	吴汉东	其他在职人员	2015	2020结业	知识产权法	中南财经政法大学
64	宋戈	男	吴汉东	应届硕士毕业生	2016	2019	知识产权法	中南财经政法大学
65	雷蕾	女	吴汉东	行政办公人员	2016	在校	知识产权法	中南财经政法大学
66	刘鑫	男	吴汉东	应届硕士毕业生	2017	2020	知识产权法	中南财经政法大学
67	孜里米拉·艾尼瓦尔	女	吴汉东	未就业人员	2017	2021	知识产权法	中南财经政法大学
68	周澎	女	吴汉东	应届硕士毕业生	2018	2021	知识产权法	中南财经政法大学
69	秦健	男	吴汉东	其他在职人员	2018	在校	知识产权法	中南财经政法大学
70	司马航	男	吴汉东	应届硕士毕业生	2019	2022	知识产权法	中南财经政法大学
71	李安	男	吴汉东	应届硕士毕业生	2019	2022	知识产权法	中南财经政法大学
72	万俊	男	吴汉东	应届硕士毕业生	2020	—	知识产权法	中南财经政法大学
73	姚叶	女	吴汉东	应届硕士毕业生	2020	2023	知识产权法	中南财经政法大学
74	高婧	女	吴汉东	应届硕士毕业生	2021	在校	知识产权法	中南财经政法大学
75	林妍池	女	吴汉东	应届硕士毕业生	2022	在校	知识产权法	中南财经政法大学
76	覃楚翔	男	吴汉东	应届硕士毕业生	2022	在校	知识产权法	中南财经政法大学
77	张笑尘	男	吴汉东	应届硕士毕业生	2023	在校	知识产权法	中南财经政法大学
78	李睿	女	吴汉东	—	2015	—	知识产权法	南京理工大学
79	陈明媛	女	吴汉东	—	2016	—	知识产权法	南京理工大学

续表

序号	姓名	性别	导师	生源	入学时间	毕业时间	所学专业	培养学校（未标注的为本校学生）
80	邓雨亭	男	吴汉东	-	2016	2022	知识产权法	南京理工大学
81	王玥	女	吴汉东	-	2018	-	知识产权法	南京理工大学
82	张乐	男	吴汉东	-	2019	-	知识产权法	南京理工大学
83	陈艳	女	吴汉东	-	2020	-	知识产权法	南京理工大学
84	樊赛尔	女	吴汉东	-	2021	在读	知识产权法	南京理工大学
85	宁红丽	女	吴汉东	河南省商丘市	2000	200307	民商法学	中国人民大学
86	唐义虎	男	吴汉东	安徽省东至县	-	200406	民商法学	中国人民大学
87	杨明	男	吴汉东	湖北省荆州市	-	200406	民商法学	中国人民大学
88	张鹏	男	吴汉东	江苏省高邮市	2002	200506	民商法学	中国人民大学
89	肖志远	男	吴汉东	湖北省仙桃市	2003	2006.06.20	民商法学	中国人民大学
90	徐伟	男	吴汉东	河南省鲁山县	2004	200706	民商法学	中国人民大学
91	肖尤丹	男	吴汉东	湖北省武汉市	2005	200806	民商法学	中国人民大学
92	余澜	女	吴汉东	天津市	2006	200906	民商法学	中国人民大学
93	熊琦	男	吴汉东	湖北省武汉市	2007	201006	民商法学	中国人民大学
94	陈明涛	男	吴汉东	山东省青岛市城阳区	2008	201106	民商法学	中国人民大学
95	汪涌	男	吴汉东	湖北省嘉鱼县	2009	201201	民商法学	中国人民大学
96	马利	女	吴汉东	河南省开封市	2010	2013.06.13	民商法学	中国人民大学
97	锁福涛	男	吴汉东	河南省信阳市固始县	2011	2014.06.13	民商法学	中国人民大学
98	徐小奔	男	吴汉东	海南省海口市美兰区	2012	2015.06.15	民商法学	中国人民大学
99	石一峰	男	吴汉东	浙江省杭州市桐庐县	2013	2016.06.15	民商法学	中国人民大学
100	贺涛	男	吴汉东	陕西省咸阳市秦都区	2014	2018.01	民商法学	中国人民大学
101	宋兵	-	吴汉东		2017	-	经济法	澳门科技大学
102	赵筝	-	吴汉东		2017	-	经济法	澳门科技大学
103	廖斯	-	吴汉东		2018	-	经济法	澳门科技大学
104	陈婷	-	吴汉东		2018	-	经济法	澳门科技大学

续表

序号	姓名	性别	导师	生源	入学时间	毕业时间	所学专业	培养学校（未标注的为本校学生）
105	陈倩文	–	吴汉东	–	2018	–	经济法	澳门科技大学
106	苏崑	–	吴汉东	–	2019	–	民商法	澳门科技大学
107	黄文瑄	–	吴汉东	–	2019	–	民商法	澳门科技大学
108	薛家冰	–	吴汉东	–	2019	–	民商法	澳门科技大学
109	徐丹丹	–	吴汉东	–	2020	–	民商法	澳门科技大学
110	齐凌艺	–	吴汉东	–	2020	–	民商法	澳门科技大学
111	郝江峰	–	吴汉东	–	2020	–	民商法	澳门科技大学
112	罗曼	–	吴汉东	–	2021	–	民商法	澳门科技大学
113	周梦懿	–	吴汉东	–	2021	–	民商法	澳门科技大学
114	袁海龙	–	吴汉东	–	2021	–	民商法	澳门科技大学
115	李凯旋	–	吴汉东	–	2022	–	民商法	澳门科技大学
116	朱浩铭	–	吴汉东	–	2022	–	民商法	澳门科技大学
117	王鹏	–	吴汉东	–	2023	–	民商法	澳门科技大学
118	曹鎏	–	吴汉东	–	2023	–	民商法	澳门科技大学
119	龙欣璇	–	吴汉东	–	2023	–	民商法	澳门科技大学

三、各合作导师与合作研究博士后名单[①]

合作导师	博后姓名	性别	来源	入站时间	出站时间	合作专业	状态	站点校名
张中华	吴畏	男	高等教育教师	200112	20091231	应用经济学	出站	中南财经政法大学
张中华	陈池波	男	高等教育教师	200302	200504	应用经济学	出站	中南财经政法大学
张中华	刘笋	男	高等教育教师	200310	200504	应用经济学	出站	中南财经政法大学
张中华	王清平	男	高等教育教师	200512	20090629	应用经济学	出站	中南财经政法大学
张中华	刘璠	女	在职人员	201507	20200616	应用经济学	出站	中南财经政法大学

① 注：本信息只作各博士生导师所带博士的参考，不能作为学生学历学位的依据。法律凭据以档案馆实际查到的档案为准。

续表

合作导师	博后姓名	性别	来源	入站时间	出站时间	合作专业	状态	站点校名
张中华	郭磊	男	在职人员	200812	-	应用经济学	-	中南财经政法大学
张中华 李志生	韩姣杰	女	非定向就业博士毕业生	201307	20151014	应用经济学	出站	中南财经政法大学
张中华	郭庆宾	男	在职人员	201412	20171221	应用经济学	出站	中南财经政法大学
张中华	姚宏善	男	在职人员	20070314	20101230	应用经济学	出站	中南财经政法大学
张中华	陈倬	男	非定向就业博士毕业生	20070712	20090630	应用经济学	出站	中南财经政法大学
林汉川	张正平	男	高等教育教师	2009	2010	产业经济学	出站	对外经济贸易大学
林汉川	李放	男	高等教育教师	2010	2011	产业经济学	出站	对外经济贸易大学
林汉川	罗玉波	男	高等教育教师	2010	2011	产业经济学	出站	对外经济贸易大学
林汉川	王建秀	-	高等教育教师	2012	2014	产业经济学	出站	对外经济贸易大学
赵曼	黄贻芳	女	在职人员	200304	20080728退站	应用经济学	退站	中南财经政法大学
赵曼	邓汉慧	女	高等教育教师	20051031	20081008	应用经济学	出站	中南财经政法大学
赵曼	王济平	男	在职人员	20081212	20120525	应用经济学	出站	中南财经政法大学
赵曼	刘振宇	男	在职人员	20180710	20210708	公共管理	出站	中南财经政法大学
赵曼	代志明	男	在职人员	20120726	20140702	公共管理	出站	中南财经政法大学
赵曼	NDYALI LYATAMILA SELESTINE	女	外籍人员	20140528	20160615	公共管理	出站	中南财经政法大学
赵曼	柯高峰	男	非定向就业博士毕业生	20110713	20120518退站	公共管理	退站	中南财经政法大学
赵曼	甘丹丽	女	-	20180911	-	公共管理	-	中南财经政法大学
赵曼	熊鹰	男	在职人员	20160713	-	公共管理	-	中南财经政法大学
赵曼	王晓旭	女	在职人员	20140703	20160615	应用经济学	出站	中南财经政法大学
赵曼 陈小君	范广军	男	在职人员	20101231	20180928退站	公共管理	退站	中南财经政法大学
赵曼	孙才华	男	非定向就业博士毕业生	20101231	20180929退站	公共管理	退站	中南财经政法大学
赵曼	陈天学	男	非定向就业博士毕业生	20100810	20180930退站	公共管理	退站	中南财经政法大学

续表

合作导师	博后姓名	性别	来源	入站时间	出站时间	合作专业	状态	站点校名
赵曼	黄宏伟	男	在职人员	20140715	20200624	公共管理	出站	中南财经政法大学
赵曼	孙红玉	女	非定向就业博士毕业生	20170717	20210118	公共管理	出站	中南财经政法大学
郭道扬 罗飞	伍中信	男	非定向就业博士毕业生	1998	-	工商管理	出站	中南财经政法大学
郭道扬 罗飞	王永海	男	在职人员	-	-	工商管理	出站	中南财经政法大学
郭道扬 罗飞	叶向阳	男	非定向就业博士毕业生	200512	20071231 退站	工商管理	退站	中南财经政法大学
郭道扬 罗飞等	祁怀锦	男	非定向就业博士毕业生	199911	20061108	工商管理	出站	中南财经政法大学
郭道扬 罗飞	谢获宝	男	在职人员	2002	200611	工商管理	出站	中南财经政法大学
彭辰 罗飞	李秉成	男	非定向就业博士毕业生	200411	20070530	工商管理	出站	中南财经政法大学
郭道扬 罗飞	李心合	男	南京大学	200312	20070531	工商管理	出站	中南财经政法大学
罗飞	李锐	男	在职人员	20080806	20120717	工商管理	出站	中南财经政法大学
罗飞	张富田	男	在职人员	20120718	20151014	工商管理	出站	中南财经政法大学
谷克鉴	邵亚良	男	在职人员	200209	200407	应用经济学	出站	中国人民大学
谷克鉴	容伟	女	在职人员	200309	200507	应用经济学	出站	中国人民大学
谷克鉴	王建平	男	高等教育教师	2003	2005	应用经济学	出站	中国人民大学
谷克鉴	孟庆儒	男	在职人员	202009	202208	应用经济学	出站	中国人民大学
谷克鉴	李立达	男	在职人员	202209	202408（预计）	应用经济学	在站	中国人民大学
吴汉东	王太平	男	高等教育教师	200612	20100204	法学	出站	中南财经政法大学
吴汉东	郭德忠	男	高等教育教师	-	20101230	法学	出站	中南财经政法大学
吴汉东	王静	男	在职人员	20071206	退站	法学	退站	中南财经政法大学
吴汉东	丛立先	男	在职人员	20071229	20100114	法学	出站	中南财经政法大学
吴汉东	詹映	男	在职人员	20081212	20131224	法学	出站	中南财经政法大学
吴汉东	邓社民	男	在职人员	20081212	20130711	法学	出站	中南财经政法大学
吴汉东	黄武双	男	在职人员	20081230	退站	法学	退站	中南财经政法大学
吴汉东	李强	男	现役军人	20091105	退站	法学	退站	中南财经政法大学
吴汉东	刘友华	男	在职人员	20100201	退站	法学	退站	中南财经政法大学

续表

合作导师	博后姓名	性别	来源	入站时间	出站时间	合作专业	状态	站点校名
吴汉东	曹阳	男	在职人员	20100810	退站	法学	退站	中南财经政法大学
吴汉东	王敏敏	女	非定向就业博士毕业生	20110713	20150715	法学	出站	中南财经政法大学
吴汉东	黄汇	男	在职人员	20110719	退站	法学	退站	中南财经政法大学
吴汉东	李晓秋	女	在职人员	20120117	20151231	法学	出站	中南财经政法大学
吴汉东	徐元	男	在职人员	20120718	20150715	法学	出站	中南财经政法大学
吴汉东	贺志军	男	在职人员	20130105	20180704	法学	出站	中南财经政法大学
吴汉东	赵双阁	男	在职人员	20130110	20151231	法学	出站	中南财经政法大学
吴汉东	焦和平	男	在职人员	20130718	20160630	法学	出站	中南财经政法大学
吴汉东	何鹏	女	在职人员	20130722	20190617	法学	出站	中南财经政法大学
吴汉东	徐红菊	女	在职人员	20131224	20170718	法学	出站	中南财经政法大学
吴汉东	谢光旗	男	在职人员	20150714	20210708	法学	出站	中南财经政法大学
吴汉东	王宇	男	非定向就业博士毕业生	20170706	2021	法学	出站	中南财经政法大学
吴汉东	王晋	女	在职人员	20171221	在站	法学	在站	中南财经政法大学
吴汉东	张洋	女	在职人员	20180712	20221226	法学	出站	中南财经政法大学
吴汉东	陈骞	男	在职人员	20210629	在站	法学	在站	中南财经政法大学
吴汉东	范小渝	男	在职人员	20210914	在站	法学	在站	中南财经政法大学
吴汉东	彭亚媛	女	在职人员	20211008	在站	法学	在站	中南财经政法大学
吴汉东	卢结华	女	在职人员	20220919	在站	法学	在站	中南财经政法大学
吴汉东	张美扬	女	非定向就业博士毕业生	20230718	在站	法学	在站	中南财经政法大学